靖节高风在柴桑

陶渊明研究论文集

九江市柴桑区文物保护中心
《九江学院学报》编辑部　编

百花洲文艺出版社
BAIHUAZHOU LITERATURE AND ART PRESS

图书在版编目（CIP）数据

靖节高风在柴桑 / 九江市柴桑区文物保护中心,《九江学院学报》
编辑部编. — 南昌：百花洲文艺出版社,2023.10
ISBN 978-7-5500-5284-0

I.①靖… II.①九…②九… III.①陶渊明（365-427）- 人物研究 - 文集
②陶渊明（365-427）- 古典文学研究 - 文集 IV.①K825.6-53②I206.2-53

中国国家版本馆CIP数据核字（2023）第173634号

靖节高风在柴桑

JINGJIE GAOFENG ZAI CHAISANG

九江市柴桑区文物保护中心
《九江学院学报》编辑部　编

出 版 人	陈　波
责任编辑	余丽丽　童子乐
书籍设计	张诗思
制　　作	何　丹
出版发行	百花洲文艺出版社
社　　址	南昌市红谷滩世贸路898号博能中心一期A座20楼
邮　　编	330038
经　　销	全国新华书店
印　　刷	江西省和平印务有限公司
开　　本	720mm×1000mm　1/16　　印张　16.75
版　　次	2023年10月第1版
印　　次	2023年10月第1次印刷
字　　数	200千字
书　　号	ISBN 978-7-5500-5284-0
定　　价	46.00元

赣版权登字　05-2023-318

邮购联系　0791-86895108
网　址　http://www.bhzwy.com
图书若有印装错误，影响阅读，可向承印厂联系调换。

前　言

陶渊明，字元亮，又名潜，寻阳柴桑人。生于晋哀帝兴宁三年
（365），卒于宋文帝元嘉四年（427），终年六十有二，私谥"靖节征
士"，世称"靖节先生"。陶渊明年轻时渴望"大济苍生"，但因权臣当
道，始终有志难伸。一生五仕五隐，曾任江州祭酒、桓玄参军、建威参
军、镇军参军等职，最后出任彭泽县令，在官八十多天便弃职而去，从此
归隐田园，不再出仕。

陶渊明热爱生活，热爱田园，热爱自然，热爱人类。他用浊酒、菊
花打造了诗意的栖居，使人间充满了温馨；他用桃花、欢欣打造了理想的
桃源，使人们充满了希望。陶渊明的思想及其诗文对后世产生了深广的
影响。他是东晋末至南朝宋初期伟大的诗人、辞赋家，也是"隐逸诗人之
宗""田园诗人之祖"，在我国文学史上享有崇高的地位。习近平总书记
在《论中国共产党历史》一书中引用了陶渊明《归去来兮辞》的句子，用
以勉励共产党人学习陶渊明自我反省、自我完善的精神："他（陶渊明）
在《归去来兮辞》中写道：'悟已往之不谏，知来者之可追。实迷途其未
远，觉今是而昨非。'我们共产党人应该有很强的反思精神，不断反省自
己、完善自己。"可以说，陶渊明是一个一生都在自我完善、自我升华的
人，也是一个随时代发展前行的人，一个活在当下、能与我们倾情相诉的
古人。

1.柴桑:充满文化底蕴的地名

汉高帝六年(前201),柴桑县设立,县因山而得名。《山海经》注曰:"柴桑之山,其上多银,其下多碧,多泠石、赭。其木多柳、芑、楮、桑。"柴桑县名一直沿用到南朝陈。《隋书·地理志》:"湓城旧曰柴桑,置寻阳郡。梁又立汝南县。平陈,郡废,又废汝南、柴桑二县,立寻阳县,十八年改曰彭蠡。大业初置郡,县改名焉。"柴桑县故地在隋朝属于湓城县,在唐朝属于浔阳县。南唐以来,在柴桑县的主要区域设立德化县,民国时期改名九江县。2017年,九江县更名为柴桑区,恢复了古柴桑的名号;而经过历史的演变,古柴桑的边缘地区现在分属于九江市的浔阳区、濂溪区、八里湖新区、瑞昌市、德安县、庐山市。

柴桑以诞生了文化名人陶渊明为荣。陶渊明的高祖陶丹,三国东吴时期任扬武将军,封柴桑侯;陶丹之妾湛氏,人称陶母,因"封坛退鲊""截发延宾"的著名事迹而名列"四大贤母",去世之时,相传有白鹤来吊唁,鹤问湖就因她而得名,柴桑区的中华贤母园也因她和岳飞的母亲而建造。陶渊明的曾祖陶侃,起家寒微而功勋赫赫,他平定了多次叛乱,稳固了建立在南方的东晋王朝,官至大司马,封为长沙公。陶渊明生于柴桑,隐于柴桑,葬于柴桑,以其无与伦比的文学成就,令柴桑大放光彩。

南朝时期,陶渊明已经被誉为"隐逸诗人之宗"。到了唐朝,王维、孟浩然、韦应物、柳宗元等著名诗人都仿效陶渊明而作田园山水诗歌,为此奠定了陶渊明"田园诗人之祖"的地位。到了北宋,苏轼等文化名人对陶渊明钦佩不已,陶渊明上升到了前所未有的地位。因此,人们来到庐山脚下,就会自然而然地想起柴桑,想起陶渊明。

经过无数文人墨客的歌咏,"柴桑"变成了一个底蕴丰厚的文化符号。人们把陶渊明称为"柴桑处士""柴桑老子""柴桑人""柴桑叟""柴桑翁""柴桑老",如北宋李彭《醉书》:"遣客我欲眠,深怜柴桑叟。"元代王奕《和陆放翁多景楼》:"何代非卿非相,底事柴桑老子，偏恁不推刘。半体鹿皮服，千古晋貔貅。"明代方鹏《重建甫里先生祠堂记》："羊裘老子柴桑翁，地殊代异臭味同。"这些称呼，体现了人们对陶渊明无与伦比的尊敬程度。陶渊明的风度、节操被称为"柴桑风""柴桑风度"，如宋代胡寅《示程生二首》："柴桑风度极清真，地位当齐古逸民。"陶渊明的归隐、归田，被称为"柴桑隐""柴桑归"，如唐代皎然《九月十日》："爱杀柴桑隐，名溪近讼庭。"宋代惠洪《石门文字禅》卷六："永怀柴桑归，悠然见真诚。"陶渊明的内心世界，被称为"柴桑心事"，如宋代黄升的词作《贺新郎》："柴桑心事君知否。把人间、功名富贵，付之尘垢。"陶渊明的诗集被称为"柴桑诗""柴桑集"，如宋代蔡确《夏日登车盖亭》："溪潭直上虚亭里，卧展柴桑处士诗。"陶渊明的房宅，被称为"柴桑宅"，如宋代王安石《五柳》："五柳柴桑宅，三杨白下亭。往来无一事，长得见青青。"陶渊明种的菊花，被称为"柴桑菊"，如宋代曹勋《杂诗》："聊种柴桑三径菊，未输严濑一丝风。"以陶渊明为题材的图画，被称为"柴桑图"，如宋代陈杰有诗《柴桑图》。此外，"柴桑"也代表了一种无与伦比的生活情趣、高情远韵，甚至出现了"柴桑乐"一词。如明代孙奇逢《日谱》卷三十三："山居、岩居、楼居、茅居、廓居、船居、水居、村居，各极其致，余谓总之柴桑乐。"清代方轮子甚至还撰写了《柴桑乐》的戏曲，今南京图书馆藏有稿本。

总之，由于陶渊明的影响，"柴桑"已成为一个充满文化底蕴的名词，牢牢扎根在人们心里。人们到了九江，总会想起"柴桑"，如陆游《入蜀记》："晚抵江州，州治德化县，即唐之浔阳县。柴桑、栗里，皆其地也。"陆游经过江州，特意要想象一下当年的"柴桑""栗里"。明末清初黄宗羲《海外恸哭记》："徐果亭宫詹访公黄竹浦，谓'胜于过柴桑、问浣花也'。"在他眼里，"过柴桑"俨然已经成为一件赏心乐事。因此，弘扬以陶渊明为代表的"柴桑文化"，既是历史和传统，也是现代柴桑人义不容辞的责任。

2.陶渊明在柴桑的居住地及其后裔

陶渊明在诗歌中提到的住处，有园田居、南村、西庐、上京等地。由于历史变迁，寻找这些居住地的确切方位已经很困难，但陶渊明的"柴桑故里"和"南村"显然就在柴桑区。

陶渊明的故居距离柴桑城较近，在德化县楚城乡，后人称为"柴桑故里"或"柴桑里"。《永乐大典》卷六千七百载录《元一统志·渊明祠胜览》曰："在德化县西南九十里柴桑里，即其故居也。"白居易《访陶公旧宅》："今来访故宅，森若君在前。不慕樽有酒，不慕琴无弦。……柴桑古村落，栗里旧山川。不见篱下菊，但余墟中烟。"指的就是这里。宋代王必成《修祠记》曰："楚城，号古柴桑，渊明故里也。邦人景企高踯，祠而祝之。"

陶渊明居住的南村大致就在柴桑区城区附近，靠近东林寺。陶渊明移居南村时作《移居》诗曰："昔欲居南村，非为卜其宅。闻多素心人，乐与数晨夕。怀此颇有年，今日从兹役。"《止酒》云："居止次城邑，逍遥自闲止。"这首诗作于移居南村之后，表明他居住的南村就在古代的寻阳城附近。

1981年5月，江西省文物普查试点工作队在九江县的赛城湖、七里湖一带发现了古代的寻阳城址。1985年2月，趁湖水低落之时，再次进行勘查，共勘察了3平方公里的地方，发现陶瓷作坊一处，陶瓷窑址十一处，砖窑两处，水井九处，宫殿遗迹一处，并发现了大量两晋南朝时期的陶纺轮、石臼、石磨等生产用具，陶瓷罐、钵、缸、瓮等生活用具，砖瓦等建筑材料。周边山上发现墓葬多处，多为两晋时期的墓葬[①]。

在古代的寻阳城南面，依次为七里湖、蛟滩坂以及现在柴桑区所在的县城沙河街。寻阳城的偏西南方向为贫瘠的丘陵地带，不适合农业生产，现在居民也不多；偏东南方向为湖水，退水时期为弯曲的河道。沙河街在古代主要是低山丘陵，过了县城，离古寻阳城就比较远了。因此，南村最

---

① 李科友、刘晓祥《江西九江县发现六朝寻阳城址》，《考古》1987年第7期。

有可能就在七里湖边的蛟滩坂一带,靠近沙河县城。蛟滩坂现在是湖滩,但现在的寻阳城也在水底。当古代寻阳城全部暴露出来的时候,蛟滩坂的地势更高,完全是一片冲积平原,土地肥沃,且处于河流的下游,灌溉方便,很适合居住。如果南村就在蛟滩坂,则距离寻阳城、东林寺都很近,非常符合陶渊明"居止次城邑"又经常与东林寺附近隐士交往的情况。

陶渊明生有五个儿子,后代众多,主要散布在长江中下游地区。《中国家谱总目》一书载录清朝、民国刊刻的陶氏家谱121种,其中有四十余种陶氏家谱或以"五柳堂""浔阳堂"为堂号,或云从九江(浔阳、柴桑)迁出,或自称为陶渊明的后裔①。

陶渊明的长子陶俨定居在寻阳。明代陶明通《陶氏各县会谱旧序》说:"陶长子俨居寻阳,为九江陶,其支有还居鄱阳之故里,为饶州陶。余常之漳郡,过芝山,其中之豪杰与余言,与予故谱合。自饶州分豫章,则为进贤陶、南昌陶、新建陶、新昌陶。"

陶渊明长子陶俨的后代,到宋朝有陶仁哲、陶鉴等人。1983年1月,在赛阳镇汤桥发现宋墓一座,出土墓志一方,墓主为"寻阳陶府君十九郎",名陶仁哲,去世于北宋太平兴国八年,他是"寻阳之盛族,五柳之明宗","本柴桑人也,居庐岳之西,甘泉乡侯溪社"。②《庐山志》引《坚瓠秘集》记载石龙山之原有骁卫将军陶鉴墓,据《续资治通鉴》卷三十七、《梦溪笔谈》卷十二,寻阳人陶鉴在宋仁宗天圣年间任监真州排岸司、右侍禁。《永乐大典》卷六千七百收录宋代潘希杰《修祠记》曰:"予世居楚城,距甘山百余里,甘山陶姓数百,先生之裔也。今间蹼科选布仕路者,唯将军骁卫公之家而已。"在陶氏家谱中,这位骁卫将军陶鉴就是陶渊明长子陶俨的后裔。

---

① 上海图书馆《中国家谱总目》,上海古籍出版社,2009年,第2585—2597页。
② 李科友、梅绍裘《江西九江市、乐安县发现宋墓》,《考古》1984年第8期。

3.柴桑故里靖节祠的变迁

陶渊明柴桑故里的靖节祠出现得很早。到了宋代，陶渊明影响巨大，柴桑故里的靖节祠也多次得到重修。据《永乐大典》卷六千七百收录的《九江志》，"靖节祠在楚城乡，即旧居，晋置，相传始于谢康乐，本朝自元丰至嘉熙间四加修葺"。按照这个说法，柴桑故里的靖节祠最早是著名诗人谢灵运修建的。

据《九江志》，宋代四次重修分别为："元丰六年，邑人潘希杰修；重和元年，帅漕命邑宰赵侃之修；乾道六年，尉罗长康帅里人修；嘉熙二年，葛崇节修，再给田以供应烝尝。"事实上，在嘉熙二年之前还有一次重修，亦即嘉定元年的重修，见王必成《修祠记》。因此，靖节祠在两宋时期得到了五次重修。

宋神宗元丰六年（1083）重修靖节祠，是本地人潘希杰出资并主持的，他撰有《修祠记》，说自己世居楚城，距甘山百余里，"甘山陶姓数百，先生之裔也"，其中在外为官的只有骁卫将军陶鉴。潘希杰与陶氏有姻亲关系，因见位于甘山的靖节祠"庙貌甚坏"，"于是出私钱为新其宇，藩篱钓阁无不备，又粉板以录前后留题"。1990年，九江县黄老门乡大塘村发现一座古墓，墓主为南唐保大年间的"江州德化县楚城乡甘山社殁故亡人周氏一娘"[①]。据此可知，潘希杰所说的甘山应当就是甘山社，在今柴桑区黄老门乡。

宋徽宗重和元年（1118），德化县令赵侃之主持重修靖节祠。宋代曾敏行《独醒杂志》说："江州德化县楚城乡，乃渊明所居之地，诗中所谓柴桑者。宣和初部刺史即其地立陶渊明祠，洪刍驹甫为之记。祠前横小溪，溪中盘屹一石，人谓渊明醉石也。土人遇重九日，即携酒撷菊，醉奠祠下，岁以为常。"[②]所记载的就是重和元年重修之后的情况。

---

① 《九江县五代南唐周一娘墓》，刘晓祥《柴桑考古集》，2002年自印本，第92页。

② 《独醒杂志》卷四，中华书局重印《丛书集成初编》，第2775册，第27页。洪刍有《老圃集》两卷，从《永乐大典》中辑出，但全是诗歌，文章未见。朱熹有《跋洪刍所作靖节祠记》。

宋孝宗乾道六年（1170），县尉罗长康主持重修靖节祠，没有留下详细记录。

宋宁宗嘉定元年（1208），德化县令主持重修靖节祠，江州曹掾王必成《修祠记》曰："楚城，号古柴桑，渊明故里也。邦人景企高躅，祠而祝之。"此时距离乾道六年的重修已经三十八年，在风雨侵袭之中，靖节祠的窗户破了，柱子也烂了，于是"今令尹始撤而新之，裨以官地"。经过重修扩建之后，"绘事既饬，庙祀崇严"，县令又安排道士在这里主持祭祀，负责管理。

宋理宗嘉熙二年（1238）县令葛崇节的重修，见林宋伟的《重修祠记》。林宋伟，福州永福人，字力叟，号橘园居士。宋宁宗嘉定十六年进士，累官至吉州通判、提点广南刑狱。据林宋伟记载，县令葛崇节字陶翁，上任之后，因见靖节祠破败日甚，便带头捐款集资，令庐山圆通寺负责主持修复靖节祠，"旧有公田二十余亩，用赡于守者，后侵于豪民，复增给五十亩"，"享祀之外，余给守者，仍以圆通主其田"。

元灭南宋之时，柴桑故里的靖节祠尚未遭到破坏，这从《永乐大典》卷六千七百收录的《元一统志·渊明祠胜览》一条可以看出来。靖节祠远离城邑，过往之人较少；元代文人社会地位普遍下降，对靖节祠的关注度也不够高。这些因素导致靖节祠逐渐淡出了人们的视野。到了元末，天下大乱，江州一带战火弥漫，而朱元璋、陈友谅在鄱阳湖鏖战厮杀，又使这一带摧残更甚。应当就在这种情况下，柴桑故里的靖节祠彻底荒废了。

一百多年以后，到了明武宗正德六年（1511），江西提学副使李梦阳根据一块"靖节先生故里"的碑刻认定陶渊明的柴桑故里在鹿子坂，并在附近指认了柴桑山，于是下令将这一带的产业归还给陶氏子孙。他在《陶渊明集序》中说："予既得其山并田，遂迁诸窃据而葬者数家而封识之，然而仍疑焉。及览《渊明集》，有《自祭文》曰'不封不树'，岂其时真不封不树，以启窃据而葬者焉？墓在面阳山德化县楚城乡也。"正德八年（1513），陶氏子孙在柴桑山（面阳山）建造了陶渊明的墓地。嘉靖十二年（1533），巡抚都御史李循义檄令九江知府马纪出官银建造陶靖节祠，同知黄敏才督建，建成后的祠堂位于陶靖节先生墓的左前方山脚下。清朝乾隆元年（1736）、道光九年（1829）以及民国十年（1921）均有较大规模的修葺。明代修建的陶渊明墓、陶靖节祠与宋代的靖节祠、陶渊明墓在地点上可能存在一定的偏差，但综合历代所叙，陶渊明墓、陶靖节祠位于柴桑区黄老门乡、马回岭镇一带则是确定无疑的。

4.陶渊明纪念馆

新中国成立以来，党和人民政府对陶靖节祠和陶渊明墓非常重视。1959年11月将两者列为省级文物保护单位，1962年又拨款维修墓地，迄今保存完好。面阳山陶靖节祠坐西北向东南，为砖木结构的古书院建筑，面积约250平方米。经过"文革"十年浩劫，祠内徒有四壁，兼之年久失修，外墙满布野藤青苔，前堂东厢顶已经坍塌，梁柱椽子均已腐烂，大有倾倒之势。1982年4月20日，国家文物局和江西省文化厅批准将面阳山陶靖节祠迁往九江县沙河街东北隅蔡家洼重建。1983年，江西省政府倡建江西十大历史名人纪念馆并拨款22万元，九江县政府拨款8万元，在新建的陶靖节祠旁边修建陶渊明纪念馆，1985年7月30日正式建成并对外开放。开馆之际，全国人大常委会原副委员长许德珩题赠了馆名。7月31日，全国首届陶渊明学术讨论会开幕式、陶渊明纪念馆开馆典礼同时举行，相关领导及全国14个省、市的专家、学者，文博、新闻界的代表共150余人出席了两个仪式，自此拉开了现代柴桑人尊陶、崇陶、习陶的序幕。1995年，时值陶渊明诞辰1630周年之际，为方便海内外游人凭吊、祭拜，按面阳山陶渊明墓地的原貌在陶渊明纪念馆内复建了陶渊明墓，并建造了牌坊、神道、碑亭等纪念性设施。至此陶渊明纪念馆初具规模。整个纪念馆占地面积26000多平方米，建筑面积2600平方米，由纪念馆、陶靖节祠、陶渊明墓三部分组成，附有归来亭、碑廊、洗墨池、柳巷等景点。建馆二十多年来，陶渊明纪念馆在馆藏方面形成了自己的特色，其中如各种版本的《陶渊明集》、各地的《陶氏宗谱》、海内外的陶学成果、地方陶渊明研究成果的收藏等，均具有重要的价值。

九江县历届领导、柴桑区现任领导都非常重视陶渊明纪念馆，不断拨付资金进行维修。2013年，县政府拨款13万余元，江西省财政厅、江西省文化厅下拨45万元，用以维修陶靖节祠。2016年拨付资金29万，对原有的矮围墙进行加高，修建了驼峰式围墙。2019年拨付资金45万，对归来亭、陶靖节祠等建筑进行了维修。2021年又拨付20万，修建了东篱菊圃，让"采菊东篱下，悠然见南山"的景观付诸眼前。菊花盛放时，每天来馆内参观者达数千人。

习近平总书记指出："中华优秀传统文化是我们最深厚的文化软实力，也是中国特色社会主义植根的文化沃土。"大力弘扬传统文化是国家的大政方针，在这种情况下，柴桑区人民理当高度重视陶渊明文化的建设。2021年，陶渊明纪念馆特地委托《九江学院学报》编辑部编选一部陶渊明研究论文集。《九江学院学报》编辑部连续开办"陶渊明研究专栏"30多年，与国内外从事陶渊明研究的专家学者交往密切，多次举办大型的国际、国内学术研讨会，大力支持陶渊明纪念馆的文化建设，积极促进柴桑区的陶渊明文化交流，为此也欣然接受了我们的委托，精心挑选了十多篇名家陶研论文以飨读者。通过这些论文，我们可以进一步感受到陶渊明文化的博大精深，也可以进一步提高我们的文化自信，从而更加自觉而积极地促进陶渊明文化建设。

目　录

拆碎七宝楼台：解构陶渊明

——以田晓菲《尘几录——陶渊明与手抄本文化研究》为例

龚　斌①

陶渊明研究正在走向现代化。突破传统的研究模式，以新理论、新方法解读陶渊明正成为可能，这反映了学术发展的规律。然而，从二十世纪初以来的近百年的学术史，始终存在一种不良风气，即唯洋唯新是瞻。这种风气，也影响到最近一二十年的陶渊明研究。陶渊明作为中国隐逸文化、中国古典诗歌的杰出代表，与中国古代优秀文化紧密相关。因此，陶渊明研究深深地打上了中国学术的烙印。不具备对中国文化的深刻理解，不熟悉中国民族特性，或者不理解人性的丰富性和复杂性，死搬硬套西方的理论来研究千载之上的陶渊明，往往南辕北辙，严重者甚至近于说梦。当然，若对陶渊明理解很肤浅，那么即使说梦也可谅解；问题在于有极少数人搬弄西方新理论，企图全面推倒陶渊明这座文化偶像。

二十世纪八十年代以来，流行于西方的后现代的解构主义开始在中国徘徊。在西方的有识之士越来越看清解构主义的弊病，觉得这种阐释学已经难以为继之时，少数陶渊明研究者却捡起快过时的旧武器，以此解构陶

---

① 龚斌，华东师范大学教授。

渊明并重塑之。具有西方文化背景的美籍华人学者田晓菲的《尘几录——陶渊明与手抄本文化研究》，便是以解构主义研究陶渊明的代表作①。美国《中国文学研究》杂志称赞此书"观点新颖，建立在深刻细致的文本阅读上"（见该书封底页）。国内的有些读者也不作深究，赞美《尘几录》"为我们展现了陶诗的真正特异之处"，"充分融合了东西方中国古代文学研究方法的长处"②。关于《尘几录》有意夸大《陶集》异文的流动性和不确定性，瓦解文本的确切意义，从而达到颠覆陶渊明的目的，笔者曾在去年发表的《〈陶渊明集〉异文问题之我见》③一文中指出，但尚未指明《尘几录》的西方解构主义的理论背景，故再作此文以分析《尘几录》的解构策略，看它是如何拆碎七宝楼台，留下一堆残壁断垣的。

一、颠覆历史：拆碎文化偶像的第一步

我们了解古人，唯有三种途径：古人的传记资料、古人的著述、地下出土文物。迄今为止，未曾发现与陶渊明有关的出土文物。陶渊明的传记资料则有四篇：沈约《宋书·隐逸传》、萧统《陶渊明传》、《晋书·隐逸传》、《南史·隐逸传》。这四篇传记是后人了解陶渊明的家世、生平事迹、个性特征的重要资料。传记之外，更重要的是陶渊明本人的作品。

陶渊明在当时虽为"寻阳三隐"之一，但并不是具有影响力的名士。《归去来兮辞》序自叙为救穷，"亲故多劝余为长吏，脱然有怀，求之靡途"，欲谋一个县里的小官吏，尚且一时无门路。门望之低，不难想见。名不见经传之人，生时无人记录行事，身后也就无传记资料留世。我们读《世说新语》，会发现名门望族及一流名士，多数有氏族谱、家传、别传。陶氏家族本出于寒门，仅其曾祖陶侃有《陶侃别传》《陶氏叙》。陶

---

① 田晓菲《尘几录——陶渊明与手抄本文化研究》，中华书局，2007年。以下所引该书仅注明页码。

② 见于溯的评论，《书品》，2009年第4辑。

③ 见《九江学院学报》，2010年第4期。

侃之后，陶氏家族很快衰落，陶氏子孙多默默无闻。即使渊明祖父曾为武昌太守，名字也有异说。《晋书·隐逸传》说："祖茂，武昌太守。"李公焕《笺注陶渊明集》注引陶茂麟《家谱》，谓陶渊明父亲为陶岱。沈约作《宋书·隐逸传》，很难搜集到渊明的生平资料，于是取其四篇文章《五柳先生传》《归去来兮辞》《与子俨等疏》《命子诗》，连缀而成渊明生平传记。

继沈约之后，萧统作《陶渊明传》，在《宋书·隐逸传》的基础上，又增益檀道济馈渊明以粱肉、江州刺史王弘欲识渊明等轶事。四篇传记之中，萧统所作的传记内容比较丰富，这有可能是因为萧统本人看到了有关渊明的生平资料。传记作家取舍传主的著述，是传记的写作传统和写作经验，本来无可非议，何况在传主生平资料缺乏的情况之下。譬如《后汉书》《晋书》中的人物传记，都不乏取材传主作品的例子。如《晋书·夏侯湛传》载录夏侯湛之《抵疑》《昆弟诰》，占传记很大篇幅，而生平事迹则很少。《晋书·潘岳传》载录《藉田赋》《闲居赋》，情况与《夏侯湛传》相似。真实可信的人物传记作品，理应事迹与作品二者可以互相印证。《尘几录》却对陶渊明传记多取材于陶渊明作品的做法不以为然，居然运用否定孟子"知人论世"和"诗言志"的策略，论证渊明诗文的不真实。田女士说，"知人论世"和"诗言志"，"这样的诗学带来一系列问题，强调'志'与语言表达的一致性，必然导致对'真'的焦虑，对语言透明的焦虑"（第55页）。中国的传统文学理论，历来强调文辞之达意，即作家情志与语言表达的一致。越是"言为心声"，作品越是真实，价值也越高。为什么"志"与语言表达一致了，必然会导致对"真"的焦虑，对语言透明的焦虑？"焦虑"为何意？是否写诗作文，情志与语言不一致，明明"志"在肯定，而语言表达却是否定，这才是不焦虑？在《尘几录》似乎深奥的语言表达的背后，其实质即是反对"诗言志"，把情志与言辞分开。"知人论世"以及"诗言志"的诗歌理论基础，是中国文艺学批评的重要原则。离开了作家（包括哲学家、历史学家、艺术家）所处的时代文化背景，就很难"知人"，也难以理解文学的产生以及何以如此。

田女士虽然在这里质疑"知人论世",却在其他场合说:"但是我把诗放在历史、政治文化、物质文化的大背景下讨论,把诗看作是大的文化中的一个部分。"(见张冠梓主编《哈佛看中国·文化与艺术卷》)所谓把诗放在文化大背景中,其实质就是"知人论世"。可是,同是田女士,在讨论陶渊明传记与陶渊明作品二者关系时,却反叛中国传统文学批评的主流,拒绝"知人论世",拒绝"诗言志"。这正是解构主义的基本支撑点——拒绝权威,瓦解权威。

《尘几录》将陶渊明传记与陶渊明作品之间的密不可分的关系,拆碎成互不相干、不能互证的两块。为了论证其看法的正确,《尘几录》首先颠覆陶渊明的传记。这种颠覆是全方位的。为了叙述更有条理,这里暂且概括主要的三点:

1.曲解并否定《五柳先生传》的自传性质。《五柳先生传》是作者自我形象的最早也是最生动的表述,陶渊明基本形象的主要方面已在这篇作品中成形。所以凡是以颠覆陶渊明为目的的人,都会渴望在五柳先生身上读出别样的味道来。《尘几录》首先说陶渊明在这篇虚拟自传中,"已经宣称五柳先生的真实身份是不可知的"(第56页)。并以陶渊明的名字之多,暗示这篇虚拟自传的不可信。关于《五柳先生传》一再用"不"字,钱锺书先生以为这是激于俗世"卖声名","跨门第",显示自己的"狷者不为",否则,岂会作自传而不知自己的姓名籍贯呢?(见钱锺书《管锥编》第4册)钱先生的解读非常精到。然而,田女士以为钱先生尚有没有指出的,"一切否定都包含了它所否定的东西。譬如说,当作者宣称五柳先生已经'忘怀得失',得失的概念就镶嵌在这一陈述中。如果我们把《五柳先生传》作为自传来对待,把作者和五柳先生视为同一个人,我们就会体会到其中的反讽"(第58页)。田女士以似乎高深的哲学语言对陶渊明的否定,再作否定——意思是说陶渊明所否定的,其实包含了肯定。如此说来,"不慕荣利",包含了慕荣利;"不求甚解",包含了求甚解;"不吝情去留",包含了吝情去留……总之,《五柳先生传》中的"不",包含了"是"。田女士读出了这篇作品的"反讽",而钱锺书和历代的读者都没有读出。真是"独特的解读"，立刻瓦解了崇高。

《五柳先生传》是一篇寓言式的自传，不同于《史记》中的历史人物传记。作者以诙谐的语言自画像，虽然不能把作者与五柳先生完全画等号，但五柳先生就是作者的镜像，是作者的写照。五柳先生"好读书，不求甚解"，《读山海经》诗"泛览《周王传》，流观《山海图》"二句就是佐证。五柳先生性嗜酒，陶诗中不少有关酒的诗皆可印证。五柳先生"短褐穿结，箪瓢屡空，晏如也"，《饮酒》其九、其十四等诗皆能看出作者安于贫贱。颜延之的《陶征士诔》是最早最可靠的有关陶渊明生平和个性的资料。其中序文"心好异书，性乐酒德，简弃烦促，就成省旷。殆所谓国爵屏贵，家人忘贫者钦"数句，诔文"赋诗归来，高蹈独善。亦既超旷，无适非心"及"陈书辍卷，置酒弦琴。居备勤俭，躬兼贫病。人否其忧，子然其命"，写渊明读书、饮酒、简旷作风，安贫乐道，与五柳先生是否若合符契？四篇传记引《五柳先生传》后，皆有"时人谓之实录"一句评语。综合渊明作品与颜《诔》，"实录"之评并非虚语。《尘几录》不承认五柳先生是渊明自况，当然更不可能承认此文是渊明的实录，而说成"只是个人理想的投射"（第65页）。理想当然不是事实，于是一笔就把陶渊明的形象抹杀了。

2.怀疑传记"躬耕自资，遂抱羸疾"的记载。历来的主流意见认为，在中国古代作家中，如陶渊明"躬耕自资"这样的人物非常罕见。陶渊明平和实际的独特人格，以及陶诗中的最具创造性的田园诗，与诗人亲自参加农业劳动极有关系。《尘几录》要解构陶渊明形象，否认他亲自参加农耕自然而然成了策略之一。田女士说："'躬耕'一词很模糊：我们不能确知渊明到底亲自参加了多少农业劳动，不过，要是我们以为陶渊明像一个真正的农民那样做到在田地里'力耕'，并以此来养活全家大小，显然是很荒唐的。"（第66页）其实，对陶诗稍微熟悉的人，都不会怀疑渊明亲自耕种的经历。"商歌非我事，依依在耦耕。"（《辛丑岁七月赴假还江陵夜行涂口》）"秉耒欢时务，解颜劝农人。……日入相与归，壶浆劳近邻。"（《癸卯岁始春怀古田舍》其二）"晨出肆微勤，日入负耒还。"(《庚戌岁九月中于西田获早稻》)"贫居依稼穑,勠力东林隈。不言春作苦,常恐负所怀。"(《丙辰岁八月中于下潠田舍获》)"畴昔苦长饥,投耒去学仕。"(《饮酒》其十九)这些诗句十分真实生动地描写了诗人亲身参加耕种的具体场面与心情,为什么《尘几录》视而不见?说白了,《尘几录》本来就不是一部依据历史和作品的事实立论的著作,书中随处可见浮躁的感悟式的评点,很像是"戏说",一种貌似高雅文化的"游戏"。因此,综观这部书,极少有严密的考证和一丝不苟的逻辑推论,罔顾事实也就成为必然。

3.史载督邮至彭泽县,渊明叹曰:"我不能为五斗米折腰向乡里小儿。"《尘几录》对此表示怀疑,理由是《归去来兮辞并序》未提及督邮来县视察。以这篇序文未及之事为由,断定传记所载为不可信,这也不合逻辑。对于渊明传记与《归去来兮辞》的不同,洪迈《容斋随笔·五笔》卷一解释道:"'矫励''违己'之说疑必有所属,不欲尽言之耳。"意思是疑心序文中"矫励""违己"之说必有其不便明言之事。洪迈之说,能体察行文之理,可以信从。凡事有显有隐,有可道,有不可道。督邮之事不便道,不可道,故序文不写。然序文中"质性自然,非矫励所得。饥冻虽切,违己交病"数句,很有可能就是洪迈所说的"不欲尽言之事",即督邮至县,渊明宣称"不为五斗米折腰向乡里小儿",拂衣归去。

为什么渊明不屑于向督邮折腰?《尘几录》评论说:"到了陶渊明这一代,陶氏家族的社会上升已经达到了相当的程度;和刻意经营政治与经济资本的祖先不同,陶渊明把注意力转向文化资本的积累,已经不屑于为了五斗米向'乡里小人'折腰了。"这段话,问题太多。陶氏家族至东晋,陶侃时为顶峰时期。陶侃封长沙郡公,富可敌国。陶侃死后,子孙不肖,加上庾亮衔恨陶侃,杀戮其子,陶氏家族很快衰落。渊明祖父虽为武昌太守,但《晋书》无传,可见名位并不显。渊明父亲早死,家道沦落到了躬耕自资的地步。渊明自称"生生所资,未见其术",亲老家贫,又拙于生计,哪里是不屑于经营"经济资本"呢?陶渊明不屑于为五斗米折腰向乡里小儿,乃是他"质性自然",不向世俗屈服的傲世性格所致。田女士研究陶渊明，应该了解陶氏家族的盛衰及其原因，了解陶渊明的经济状况和生存困境，怎么会说出陶渊明时，"陶氏家族的社会上升已经达到了相当的程度"这种不顾事实的言论？其实，田女士以所谓"文化资本的积累"，轻轻一笔就抹杀了陶渊明的傲岸，把他不为五斗米折腰歪曲成专注于积累声名的举动。崇高，遇上别有用心，顷刻化为乌有。

二、一知半解：《尘几录》所理解的"隐逸话语"

众所周知，魏晋时期隐逸之风盛行，陶渊明是在隐逸文化的高涨中出现的著名隐士。他是隐士中的高标者，影响了后世无数隐士。若不讲陶渊明，就无法理解魏晋时期的隐逸文化。

《尘几录》解构陶渊明的一个重要的策略，即否认他是真隐士。田女士大段引述沈约《宋书·隐逸传》序言，区分贤人之隐和隐者之隐。沈约罗列《周易》、孔子关于隐士的多种说法，然后提出自己的见解，其要点是：贤人之隐是"迹不外见，道不可知"；隐者之隐，在"事止于违人"。贤人之隐，是"义惟晦道，非曰藏身"，意谓贤人自晦，不必非得"穴处岩栖"；隐者之隐，乃是与俗世相违。最后得出结论说："身隐故称隐士，道隐故曰贤人。"显然，沈约以为贤人之隐高于隐者之隐。然而，"迹不外见"的贤人之隐实际上不存在。"深于自晦""举世莫窥，万物不睹"，则何以知世上有此贤人耶？再说，何谓"道隐"？指隐于道，还是怀道而隐？而此"道"究竟指什么？据此看来，沈约之言与《周易》、孔子关于隐士的言论不符，也无法以隐逸文化的历史证实之，更与"大隐隐朝市，小隐隐山林"的魏晋隐逸的新风相去太远。

《尘几录》以沈约的见解为依据，否认陶渊明的时代有真隐士，以为魏晋隐士都是"奇货可居的姿态"（第60页），是一群追名逐利之徒。如此不分青红皂白，一概否定魏晋隐士，值得商榷。确实，当时不乏假隐士，最著名的如许询、戴逵之流，既享隐士清高之名，又获物质丰厚之利。但也有另一类真隐士。魏末孙登、东晋翟汤、刘子骥，堪称真隐士的代表，其行止风范，丝毫不逊于古贤。例如《晋书·翟汤传》记载寻阳人翟汤"笃行纯素，仁让廉洁，不屑世事，耕而后食，人有馈赠，虽釜庾一无所受"，王导、庾亮、晋康帝相继征辟，皆不就。难能可贵的是，汤子庄、矫，矫子法赐，都遵守汤之高操，"世有隐行"。西方汉学家说"隐居成为奇货可居的姿态"，而田女士又信从之，发挥之。由此看出，他们关于魏晋隐逸文化的知识既片面又肤浅。

由于对隐逸文化理解不深，《尘几录》的一些议论就近于滑稽。譬如说："真正的隐士，应该完全不为人所知。"（第61页）如前所说，完全"迹不外见"的隐士根本不存在，即使伏处大山岩穴之中也很难不露形迹。如果说，有可见之迹者便不是真隐士，照此逻辑，还会有陶渊明其人吗？巢父不留下洗耳颍滨之迹，荷蓧丈人不留下耦耕之迹，今人何以知千年之上有此等著名隐士？《五柳先生传》说："常著文章自娱，颇示己志。"这两句是陶渊明的可见之迹。在《尘几录》看来，渊明既是隐士，何必要"示己志"；而有可见之迹，就不是真隐士。立论既已错，必然导致逻辑混乱。

《尘几录》解读陶渊明的传记，更多地表现出对隐逸文化的不理解。萧统《陶渊明传》、《南史·隐逸传》都记载檀道济往候渊明，谓曰："贤者处世，天下无道则隐，有道则至。今子生文明之世，奈何自苦如此？"渊明对曰："潜也何敢望贤，志不及也。"《晋书·隐逸传》记江州刺史王弘亲自造访渊明，渊明先是称疾不见，既而语人曰："我性不狎世，因疾守闲甚，非洁志慕声，岂敢以王公纡轸为荣邪！夫谬以不贤，此刘公干所以招谤君子，其罪不细也。"此两处记载，写出了渊明坚持隐居，决不再出仕的志向。可是，《尘几录》竟然说渊明回答檀道济之问具有"讽刺意味"，"隐士意在于'隐'，可是偏得不断表白自己的心志。"（第67页）之所以作出这种不可思议的评论，原因还是在《尘几录》认为真隐士不应该有可见之迹，表白心志就是可见之迹了。其实，真正的隐士之"默"，是守默全真，不涉无道之天下，保全自己的本真，而绝不是不言不语，如聋如哑，心如古井，行如走尸。"潜何敢忘贤，志不及也", 以谦恭之语, 表达高操与峻节。何来"讽刺意味"？至于《晋书·隐逸传》渊明拒见王弘之语, 《尘几录》解读说: 这个故事所表现出来的陶渊明, "是一个极为小心谨慎的人", "他对自己的言行充满自觉, 处世谨慎、周全, 毫无'任真'可言"（第72页）。总之, 在田女士看来, 陶渊明是个谨慎小心, 处世圆滑, 不愿得罪官府的乡愿。

这番解读, 说明《尘几录》完全没读懂陶渊明的心志表白, 而其实质, 在于不理解隐士的真精神。《论语·卫灵公》曰: "邦有道则仕, 邦无道则可卷而怀之。"包氏注: "卷而怀, 谓不与时政, 柔顺不忤于人。"渊明的仕与隐, 遵循了孔子所讲的仕隐原则。渊明晚年, 正身处无道之世, 故安于隐居, 拒不出仕。檀道济出于以隐士粉饰太平的目的, 称"今子生文明之世, 奈何自苦若此？", 企图拉渊明入世。渊明自然坚拒之。渊明谦言"潜也何敢忘贤, 志不及也", 正是孔子说的"卷而怀之", 包氏所注的"柔顺不忤于人"。渊明开始不愿见王弘, 语人"性不狎世, 因疾守闲甚, 非洁志慕声"云云, 也是"卷而怀之"之意。凡是真隐士, 在邦无道而隐, 而俗世不断利诱, 企图瓦解他们的隐居之志时, 几乎都以"卷而怀之"式的态度表白自己的志向。《世说新语·栖逸》载: "南阳刘驎之, ……隐于阳岐, 荆州刺史桓冲……征为长史, 遣人船往迎。驎之……一见冲, 因陈无用, 翛然而退。"同篇第九则刘孝标注引《寻阳记》载: "初, 庾亮临江州, 闻翟汤之风, 束带蹑屐而诣焉。亮礼甚恭。汤曰: '使君直敬其枯木朽株耳。'亮称其能言, 表荐之, 征国子博士, 不赴。"又如桓玄劝庐山高僧慧远罢道, 助其王化。慧远作书答曰: "贫道形不出人, 才不应世。"（见《弘明集》卷十一《慧远法师答桓玄劝罢道书并桓玄书》）这些真隐士在世俗面前谦称"无用""枯木朽株""才不应世", 与渊明自称"志不及""非洁志慕声"相同, 看似自放身段, 谦卑柔顺, "小心谨慎", 实质上是实践孔子所说的"卷而怀之", 背后是对抗世俗的傲岸精神和坚不可摧的意志。

颜延之《陶征士诔》赞扬"巢、高之抗行, 夷、皓之峻节", "抗行""峻节"便是真隐士的风骨所在, 万古不灭的真精神所在。如果隐士对浊世视而不见，甚至面对俗世的威胁利诱沉默不言，如沈约所说的"迹不外见，道不可知"，则何以见出隐士的"抗行""峻节"？朱熹评陶诗时说："隐者多是带气负性之人为之。"（《御纂朱子全书》卷六十五）带气负性之人方有真性情、真精神，有是非、有爱憎，才可能有"抗行"和"峻节"。陶渊明就是这样的隐者。辛弃疾尤倾倒于渊明，作《贺新郎》词说："看渊明风流，酷似卧龙诸葛。"《水龙吟》词说："须信此翁未死，到如今凛然生气。"《念奴娇》词说："须信东篱采菊，高情千载，只有陶彭泽。"渊明归田之后，坚持隐居二十多年，常常表白自己的心志，对抗俗世的利诱，保持本真，此难道不是"任真"，不是风骨凛然吗？《尘几录》先是判定真隐士就不应该外露形迹，然后称既然隐了，又不断表白心志，这具有"讽刺意味"，"毫无'任真'可言"。这番解读，无一得其要领。造成这种结果的直接原因，还是在于不理解中国的隐逸文化。所以，一个年轻的学者，若要评判古代某个作家或某种历史现象，必先具备有关的文化素养，否则，难免谬误百出。《尘几录》可作为一个深刻的教训。

三、佛头着粪：塑造"世故与天真"的陶渊明

"世故与天真"的发明者是美国学者Stephen Owen（宇文所安）。他说："陶潜的诗充满矛盾，这些矛盾是因为一个非常世故，自我意识非常强的人渴望变得单纯和天真。"（第108页）田女士欣赏这几句话是"相当精确的判断"，并且不加论证，就将本来评论陶诗的言说，扩展至评价整个中国文化，说："因为中国文化是一个高度自觉的文化，正因如此，它在理念上非常反感自觉，以致把自觉等同于虚伪，殊不知'自觉'的行为比简单的'矫情'或'伪装'要复杂得多。"（同上）这里，我们暂不讨论中国文化是否"世故与天真"。我们先弄明白田女士所说的"自觉"究竟指什么。照一般的理解，"自觉"的含义是指基于理性认识的一种有目的、有计划、有预期的活动。但田女士上面这段话赋予"自觉"以虚伪、

做作、世故等意味，甚至比"矫情"或"伪装"更复杂。记得《尘几录》在评论《晋书》中渊明拒见王弘的故事时，就已说过陶渊明"对自己的言行充满自觉"。至此，我们恍然大悟，原来"自觉"是一个很严重的贬义词，"充满自觉"一语的潜台词，就是充满虚伪、世故、矫情和伪装。说白了，"虚伪"等八个字，就是《尘几录》想要塑造的陶渊明形象。

且看《尘几录》如何"佛头着粪"，把任真自得、志节高尚的陶渊明，解构成为"充满自觉"的"世故与天真"的庸人和小人。

首先，把陶渊明的归隐说成是一种"失落"——归田不是得到田园，收获喜悦与自由，反而是"失落"，失去了田园。众所周知，渊明经过十年左右的时仕时隐，终于在义熙元年（405）辞官归隐。归隐，是渊明生平与思想历程中的重大转折。正是这次转折，形成了陶渊明崇高形象的基本特征。但《尘几录》却从《归园田居》这组诗中，读出了陶渊明弃官回家时"体会到的""失落感"。田女士用一种轻浮的、游移不定的语言评说渊明的归田："可是，做出人生选择是一回事，面对这一选择导致的后果是另一回事，后者不像前者那样激动人心，可是对一个人的生活来说非常重要。譬如说，弃官回家后，如果意外地发现家居生活和官场生活同样令人烦恼，该怎么办呢？或者更糟：如果'家'本身原来只是一个短暂易逝的幻象，又该如何？"（第83页）若有人不懂"学术戏论"为何物，看上面这段话便知。

归隐，是陶渊明长期思考的结果，无悔的人生选择。不论在归隐之初还是在归隐之后，他并没有"失落感"。《归去来兮辞》说："悟已往之不谏，知来者之可追。实迷途其未远，觉今是而昨非。"以为昔日出仕为非，今日归隐为是。渊明最终选择归隐，绝不是一时的激动或冲动。《归去来兮辞》后文叙写归田后的种种乐趣，何来《尘几录》所说的"失落感"？归田之后长期艰苦的生活，难免有不如意和生活的烦恼。但渊明没有退缩，安贫乐道，坚守固穷之志。作于晚年的《与子俨等疏》自述当年归隐带来的后果，表示无悔人生道路的选择："性刚才拙，与物多忤，自量为己，必贻俗患。僶俛辞世，使汝等幼而饥寒。余尝感孺仲贤妻之言，败絮自拥，何惭儿子。"如此坦率真诚的话语，令历代读者无不感动。莫非田女士没有读到？家居生活尽管贫困，但获得人格独立和身心自由，而官场生活矫励情性，为五斗米折腰向乡里小儿。二者看似都有烦恼，却不可相提并论。田女士那些"该怎么办""又该何如"一类的设问，无聊且无的放矢。可能是田女士自己对当下生活的感受，然后拿来度君子之腹。渊明没有"该怎么办""又该如何"的迷惑彷徨。他的许多作品（尤其是《咏贫士》七首），已对自己选择的归隐之路作出了最好最坚定的回答。

《尘几录》解读《归园田居》五首，支离破碎（此点详见下文），不放过任何一个可以曲解的地方，以此俗化、矮化陶渊明。譬如细小之处如组诗的第一首"开荒南野际"一句的"开荒"，本来无须解释。但《尘几录》却看出开荒"是一项花时费力的大工程"，并引证西方某学者的观点："大多数开荒需要人力物力的极大投入，唯富裕人家可办。"（第87页）原来《尘几录》解读"开荒"，主要用意在于暗示陶渊明并不穷，只有富裕人家才能开荒；渊明独自开荒不可信，凭一人之力怎么能完成开荒的大工程呢？然而，若稍具农村劳动常识，不难判断这样解读很荒唐。农人开荒非比军队屯田，开它三分二分面积的荒田，难道也是一项花时费力的大工程？

《归园田居》其一结尾"久在樊笼里，复得返自然"二句，表现诗人脱离官场之樊笼，重新回归田园的喜悦。"复"，异文一作"安"。历来流行的《陶集》都取"复"，因为"复"正呼应前面"羁鸟恋旧林，池鱼思故渊""户庭无尘杂，虚室有余闲"等句的描写。诗人误落尘网有年，如今终于回归故园，似羁鸟返旧林，池鱼回故渊，享受自然美景及人身自由的乐境。"复得返自然"一句，是文理须相通的必然指向。若作"安"，则与整首诗的写景抒怀全不切合。然而《尘几录》偏偏要选择"安"这根"杂草"，原因是"安得返自然"能够把渊明内心的平静和喜悦，化为"仍然充满焦虑和怀疑"（第89页）。《尘几录》刻意要寻找的渊明的"失落感"，寻找他回归田园后仍旧心神不宁的情绪。结果，真的在异文中找到了。

《尘几录》贬低陶渊明躬耕意义的另一策略，是尽力扩大陶渊明与普通农民之间的差距，不断暗示他的务农是不深入的甚至是虚伪的行为。《庚戌岁九月中于西田获早稻》诗写诗人躬耕的艰辛与坚持躬耕的意志。《尘几录》为了论证诗人与田家的差别，也像解读"开荒"一样，对"晨出肆微勤"句中的"微勤"一词作了别样的解读。《尘几录》说，没有任何人认为只靠"微勤"就能从事非常辛苦的劳作，"'微勤'者，只能是诗人在描述自己对农事参与的程度"（第101页）。意思说，诗人的躬耕不过是轻微的劳作，对农事的参与程度是不深的。其实，"微勤"是自谦之辞，如《晋书·苻坚载记》记载王猛上疏苻坚："若以臣有鹰犬微勤，未忍捐弃者，乞待罪一州，效尽力命。""微勤"亦为自谦之辞。"肆微勤"之"肆"，即"用力"之意。"肆微勤"意即"肆勤"。诗人日出而作，日落而息，备受山中风寒，以至四体疲惫。可见卖力劳作，并非"出工不出力"。诗人在《丙辰岁八月中于下潠田舍获》诗中写道："贫居依稼穑，戮力东林隈。不言春作苦，常恐负所怀。"同样可以证明诗人躬耕戮力之程度。《尘几录》曲解自谦之辞"微勤"，称渊明"只凭借'微勤'就'负禾'而还"（第105页），言外之意是说出力甚微，收获颇丰，与田家差异很大。"最终，则表现在诗人用诗的方式，抒发他自己对这些差异的强烈而自觉的意识。"（同上）而我们已经知道，在《尘几录》的词典里，"自觉"是比"矫情""虚伪"还要坏的一个词。

陶渊明与"田家"有区别吗？当然有。而且不是一般的区别。田家只关心农事，渊明归田后当然也关心衣食、关心岁功，但他关心的远不止这些，还读《论语》《庄子》《史记》《汉书》《山海经》，意识到贫士的志节、操守、责任，还关注时局的变化，感慨晋宋易代的大事件，甚至构建桃源社会的美好理想……虽然"寝迹衡门下"，但决不丧失对现实的关怀和对人生、宇宙的思考。"戮力东林隈"的陶渊明如果与田家毫无区别，那还有陶渊明吗？陶渊明不可企及，难道不正是因为他有强烈的现实关怀和终极关怀的文化品格吗？难道无视他的文化品格，把他降至与田家同一等级，才算是找到了"另一个陶渊明"吗？按常理，《尘几录》应该不会不理解陶渊明与田家的区别以及这种区别的意义，之所以刻意夸大这种区别，用意全在抹杀陶渊明躬耕的事实，抹杀躬耕的重大意义。历史上的主流意见一致认为，陶渊明亲身参加劳动二十余年，在中国士大夫文人生活史上是一件了不起的事情。《尘几录》却定要拆碎七宝楼台，把陶渊明说成是个"微勤"的劳动者，他写的那些反映劳动的诗，充满"自觉的意识"，比虚伪和做作更坏。

如果说，《尘几录》在解读《归园田居》其一、"开荒"、"微勤"时，还有一点吞吞吐吐、欲说还休的味道，那么，在解读《有会而作》序中"颇为老农"一句时，就毫无顾忌，肆意曲解了。田女士称古"为"字与"伪"字通用，再引唐代杨倞《荀子》注："凡非天性而人作为之者皆谓之伪。"于是把"颇为老农"句中的"为"字，说成是一个"表演性的动词"（第108页）。表演性，意即作伪。然后引美国学者Owen的观点："陶潜不'是'一个晋代的农人，他'想要'成为一个晋代的农人。"（同上）确实，"为"字有"做"义，有"是"义，也与"伪"相通。问题是，"颇为老农"这句中的"为"字，若解释为"伪"，则牵强附会至极。"颇为老农"之"为"字，应作"是"讲，意为很像是老农。若作"做"讲，亦勉强可通。若作"伪"字讲，则此句意思成："（我）假装做老农很久了。"陶渊明自己会这样讲吗？若以"为""伪"相通解释陶诗，则陶诗中表判断的和作动词用的"为"便都要解作"伪"，如《赠长沙公》序："已为路人。"《游斜川》序："及辰为兹游。"《诸人共游周家墓柏下》："安得不为欢。"《示周续之祖企谢景夷三郎》："思与尔为邻。"……"为"，统统成了有意的作伪。以"为""伪"可以相通为由，把陶渊明二十余年的辛勤劳作，消解为一场旷日持久的"表演"，进而将他的整个人生都歪曲为作伪。世上岂有是理耶？

至于Owen的论调，恰好说明这位洋人虽然读了几本中国古书，但终究不理解中国文化和中国古人。陶渊明当然不是一个晋代的农人，他躬耕田亩，谋衣食之外，更重要的乃是安顿自己的灵魂。在他看来，平静、自然、艰苦的农村，要远胜尔虞我诈危机四伏的官场。躬耕也比为五斗米折腰向乡里小儿强得多。何况，前文已言及，陶渊归田后，始终有自觉（注意：此"自觉"不同于《尘几录》的"自觉"）的现实关怀和深刻的人生思考。他尚友古人，对伯夷、叔齐、伯牙、庄周、荣启期、黔娄、袁安、荆轲等古贤一一表示敬意，于此可见他心目中的道德高标。晋代的农人有这样的文化品格、道德情操吗？以陶渊明不是晋代农人、不像晋代农人为出发点，否定陶渊明，逻辑起点既荒谬，本质上更是不理解中国隐逸文化，不理解陶渊明的归隐情怀。说得不客气一点，Owen与田女士两人，于中国文化似乎都不得要领，搔痒岂止隔靴，离靴子尚距三尺。

四、点金成铁："小言破道"解陶诗

历来的评论一致认为，陶诗平淡自然、情韵醇厚、气象浑融，艺术价值极高。欣赏或解读陶诗，特别应该从情景、旨意两方面细加体会分析，作整体的把握和理解。可是，《尘几录》出于解构陶渊明的目的，解读陶诗支离破碎，分析愈细，离诗的旨趣愈远。正如孔子所说："小辩害义，小言破道。"（《孔子家语》卷二）或如《庄子·齐物论》所说："小知间间。" 成玄英疏："间间，分别也。"结果"点金成铁"，化神奇为朽腐，把好端端的陶诗糟蹋得惨不忍睹。

已经有论者指出《尘几录》解读陶诗时，忽视甚至否认文学艺术本身的审美功能①。这样的批评恰如其分。譬如《尘几录》解读著名的《归园田居》其一，几乎从头至尾点金成铁。开头"少无适俗韵，性本爱丘山"二句，自述诗人喜爱自然，与世俗格格不入的秉性。渊明不为五斗米折腰，告别官场，"结庐在人境，而无车马喧"，归田后拒绝再出仕，皆是"少无适俗韵"的体现。《尘几录》却选择异文"愿"，说"这里的关键不是字的对错，而是哪个字受到编者的偏爱和为什么"（第65页）。这是

---

① 见田晋芳《求真，还是解构后的肆意涂抹？》，《九江学院学报》，2010年第4期。

典型的"小辩害义,小言破道"①。

　　从"方宅十余亩"至"虚室有余闲"十句,描写诗人的故园和农村的自然景色,在看似平凡的景物中发现独特的美;同时,在景物描写中表现诗人的闲静之趣,最能代表渊明田园诗的艺术成就。《尘几录》"细读"了这十句诗,发现了什么呢?发现了诗人的家宅与农人聚居的村落有相当的距离,诗人的家是一个"受到很好保护的空间"。"暧暧远人村"是远方的"朦胧的村落","依依墟里烟"则"既显示了也掩盖了村民的存在"。"诗人没有清楚的视觉印象,只有鸡鸣狗吠的声音远远传来。"(第87页)这种支离破碎的评点,十足是言不及义,没有一句说到点子上,更不要说是美感与趣味了。

　　《癸卯岁始春怀古田舍》其二"平畴交远风,良苗亦怀新。虽未量岁功,即事多所欣"四句,物我交融,本是难得的好句,《尘几录》却又将神奇化为朽腐,作出以下难以理喻的"分析":"一个田夫野人会告诉我们:种田是为了生产粮食,是为了'岁功'。但是当诗人表示岁功不是他目前最关心的东西,他给我们看到的是种田的另一面。视野里包括了'平畴'的诗人,至少在那一刻没有在弯腰耕耘,因为他在极目远眺,欣赏眼前的景物。"(第112页)结论是诗人与农夫有"区别"。我们说,"平畴"四句是渊明的"入道"之语,既有明澈的哲学感悟,也有高超的审美鉴赏,呈现艺术人生的意味。诗人在劳作的间隙,见平畴远风,良苗怀新,顿时心生欣豫。以哲学而言,表现为不分内外,在这一刻,外在的自然与内心的即事多欣融为一体,己之欣豫也就是自然的欣豫。以审美而言,平淡朴素的田间景色,其中有大美存焉,趣味无穷。诗人努力耕耘,生活很艰辛,但在发现美、欣赏美中表现出高洁的情趣,令人感慨的人生顿时有了艺术的意味。然而,《尘几录》完全漠视陶渊明的艺术心灵,反倒以乡愿来要求他,称诗人在这一刻不关心岁功,没有弯腰劳动。难道要

---

① 关于"少无适俗韵"为什么必定是"韵"字的理由,见拙文《陶渊明集异文问题之我见》,《九江学院学报》,2010年第4期。

诗人一刻不停地想着岁功，盘算私利，整天弯腰劳作，无关自然美景，毫无快乐，浑浑噩噩，才表彰他是一个真正的农夫吗？说诗说到这样的境地，算是解构主义的"成就"，陶渊明遇到的空前灾难。

《赠羊长史》诗为陶诗中的佳作，有人甚至赞其为陶诗中的压卷之作。方东树《昭昧詹言》四称："其文法之妙，与太史公《六国表》同工。觉颜（延之）《北使洛》如嚼蜡，如牛负物行深泥，费力而索然无复生气。陶诗当以此为冠卷。"这首诗作于义熙十三年（417），刘裕攻克长安，执秦主姚泓送建康。左军羊长史奉命使秦川，渊明作此诗赠羊，特地表示对商山四皓的敬意，传达诗人在晋宋即将易代之际的难言之隐。理解这首诗，一定要明了晋宋易代前夕的社会大背景。《尘几录》虽然也点出此诗的写作年代，但未曾联系晋宋易代的大事作深入的分析，于是得出结论："这首诗的主题是阻隔。"（第156页）意思是，诗人与"黄虞"一重隔绝，与商山四皓是二重隔绝。"诗人痛切地感到这双重的疏离，加倍的孤独，以'拥怀累代下，言尽意不舒'结束全诗。"（同上）为什么诗人有此"双重的疏离"？"意不舒"之"意"究竟指什么？为什么有"意"却不"舒"？这些问题是理解此诗的要点与难点，应该深入发掘。《尘几录》却不感兴趣，几乎全无解释。

陶渊明对商山四皓情有独钟，《尘几录》对此很感兴趣，于是作出另外的解读，采用的策略是否定商山四皓是真隐士，说四皓"非常善于变通"，"四皓的出与处，视当政者的为人与态度而定"（同上）。并引《晋书·殷仲堪传》所载桓玄与殷仲堪关于评价四皓的分歧作证据。桓玄对四皓"触彼埃尘，欲以救弊"的行为不解，以为隐者不应该如此。殷仲堪作文答之，解释四皓从太子游，而孝惠帝得立的本心，说是"道无所屈而天下以之获宁，仁者之心未能无感"。意思是隐士的或出或隐，心中有道，天下宁与不宁，仁者不能无感。显然，这是儒家的仕隐观，所谓"天下有道则仕，无道则隐"。即使隐了，仍关注天下。后世的隐士，无不信奉之，实践之。诗人于四皓满怀深情，问"精爽今何如"，主要在敬仰四皓是避世的贤者，寄慨四皓，便想起他们所唱的"清谣"。按四皓歌曰：

"漠漠高山，深谷逶迤。晔晔紫芝，可以疗饥。唐虞世远，吾将安归。驷马高盖，其忧甚大。富贵之畏人兮，不如贫贱之肆志。"歌的主旨谓无道之世，仕不如隐，贵不如贱。至于《尘几录》所说的四皓"非常善于变通"，讽刺他们不是隐居不出的真隐士，这再次看出《尘几录》对于中国隐逸文化的不了解。如前所说，真隐士心中有道，对天下不能无感。陶渊明作《咏荆轲》诗，致慨于"惜哉剑术疏，千载有余情"，可见渊明也有仁者之心，隐于田园的背后，深怀着一个"道"字。陶诗（尤其是咏怀诗）往往寄慨深远，解读时不仅要解释古典，更要解释今典。如《赠羊长史》这首诗，只指出典故"黄虞""四皓""清谣"，而不指出羊长史奉使长安的"今典"，那么，就不太可能得其旨趣。请看"人乖运见疏""言尽意不舒"等语，在《尘几录》中是否都忽略不得其解？

正如《尘几录》解读《归园田居》中的佳句"暧暧远人村，依依墟里烟"一样，《癸卯岁十二月中作与从弟敬远》诗中的好句也被解释得平淡无奇。"倾耳无希声，在目皓已洁。"这二句写雪之轻盈、洁白，古代写雪景的诗几乎无出其右。《尘几录》以淡淡的口气解释道："在房间里听不到一点声音，偶然开门一看，世界已经一片洁白。"（第159页）丝毫没有指出这两句诗的高超的审美鉴赏和非凡的语言表达。"高操非所攀，谬得固穷节。"这是诗人通过阅读，直接照面古代"遗烈"的感受和决心。"谬得"的自谦后面，是坚持、自信和自豪。证以《赠羊长史》诗"得知千载外，正赖古人书"二句，可见诗人自觉尚友古时的"遗烈"。《尘几录》却否认这一显而易见的事实，说"谬得"是"黑色幽默"，固穷节是"诗人并未刻意追求，而是偶然得到的，几乎是个不小心出现的差错。"（同上）这样一解释，固穷节简直成了天上掉下的一个馅饼，诗人偶然得到了。诗人长期安贫乐道，自然也成了"黑色幽默"。

不必再举例了。《尘几录》消解陶诗崇高的表达几乎每一页都有，其手法之多样与言说之放纵无据，在历来的陶渊明研究者中所罕见，或许只有日本学者冈村繁才可与之比匹。由此可见，用西方的后现代的解构主义阐述学解读中国古代文化和古代诗人，会带来多大多严重的弊病。最终，必然走向历史虚无主义，中国古代的灿烂文化以及古圣先贤，经其虎奔狼突，必然一片狼藉，遍地鸡毛。

五、余论：心心相契才能理解古人

初唐诗人张若虚的《春江花月夜》有几句特别空明澄澈的诗："江天一色无纤尘，皎皎空中孤月轮。江畔何人初见月，江月何年初照人？人生代代无穷已，江月年年只相似。不知江月待何人，但见长江送流水。"诗人身在江天寥廓、清辉万里之中，油然而生关于宇宙人生、古往今来的沉思遐想。天地、个人、古今，交织成永恒的流动。世世代代接续，江月年年相似。只有纵横时空的思维，才能了悟短暂中的永恒，永恒中的短暂；变有不变，不变有变。若是我们也在春江花月夜，我们也会发生张若虚一样的遐想。为什么如此？原因是古人、今人，世代相续，生活在同一种文化话语中，同一片土地上，同看年年相似的江月，同读代代相似的文字。最根本的是，同有相似的一颗心。王羲之《兰亭序》说得好："后之视今，犹今之视昔。"讲的正是流动中的永恒，读来何等亲切。

《尘几录》解构陶渊明，固然有信奉西方后现代解构主义的理论背景，但根本的原因还是在于心的隔膜。读古人作品，既不相信"诗言志"，又不能反之于己，这就必然处处与古人隔膜。《庐山志》编者吴宗慈以为"渊明醉石"二千年后难以确指所在，"古人风趣，要当意会之"。田女士对意会古人之说提出异见："这种观念不承认历史局限性，就好像古人和今人存在于同一时空，而在古人与今人之间也没有不同的历史背景和社文化条件造成的界限。"（第202页）可见田女士不认同今人可以意会古人，理由是今人古人时空造成的界限。诚然，今人古人不存在于同一时空，历史背景和社会文化条件各异，但我们也应该看到另一面，即人心相通，喜怒哀乐之情相同。见善而悦，见恶而憎；孺子落井，必生恻隐；壮年气盛，衰年嗟老；向往自由，摆脱拘束；凡此之类，古今一律。所以，今人之心与古人之心完全可以相契。

现代新儒学的开山大师熊十力曾谈到怎样通过文字妙会古人之意理："是故读古人文字，能以睿照而迎取古人意理。古人真解实践处，吾可遥会其所以；若其出于意计之私而陷于偏陋浮妄者，吾亦得推其错误之由来，而以吾之经验正之。"①所谓"睿照而迎取古人意理"，与吴宗慈说的"古人风趣，要当意会之"意思相同。"睿照"指什么？熊氏说是"吾之经验"，也就是平日观察、体验、思考所得的情感和道理。古人意理可以睿照而得之的观点，在熊十力的弟子牟宗三那里，上升到中国文化的层面，以为文化是古今生命的"照面"和"通透"。他在《关于文化与中国文化》中说："我现在之看文化，是生命与生命之照面。此之谓生命之通透。古今生命之贯通而不隔，我生在这个文化生命之流中，只要我当下归于我自己的真实生命上，则我所接触的此生命中之一草一木、一枝一叶，具体地说，一首诗、一篇文、一部小说，圣贤豪杰的言行，日常生活所遵守的方式，等等，都可以引发我了解古人文化生命之表现的方式，古人以真实的生命来表现，我以真实生命来契合，则一切是活的，是亲切的，是不隔的，古人文化生命之精彩、成就，与夫缺陷病痛，都是我自己真实生命之分上事，古人之痛痒永是我自己之痛痒，在这种生命之贯通上，我眼前的真实生命得到其恢弘开扩的境地。"②牟氏这段话通俗易懂，其要义是古今生命相通不隔，具体做法是以自己的真实生命契合古人的真实生命。

如此说来，想要理解古人，绝对不能缺少反求默识、求之于己的功夫。有些研究者看到陶渊明是个充满矛盾的人，于是便否认其"任真自得"。而不知人作为万物之灵，会思维、要判断、须抉择，始终处于矛盾之中。求之于己，我们是否也长处矛盾之中？是否也有"贫贱常交战"的意志动摇，也有生死的焦虑？然而，陶渊明最终做到了"道胜无戚颜"，在生命终了之时还能写出《挽歌诗》三首，渐进到生死的彻悟。这便是他

---

① 熊十力《答薛生》，《十力语要》卷一，上海书店出版社，2007年。

② 转引自胡晓明《重建中国文学的思想世界如何可能》，见胡晓明《诗与文化心灵》，中华书局，2006年。

的伟大，我们的渺小。再譬如，田女士批评陶渊明在劳作时欣赏远风新苗，说他在这一刻不是弯腰劳动，不在考虑岁功。其实，田女士如果能设想自己也在劳作，间隙之际直起腰来，看到万物生机盎然，是否也会有一阵欣豫充满心中？《赠羊长史》这首诗寄慨于商山四皓，前贤多读出它的意旨是"托商山以见意"，有感于晋宋易代，如方宗诚《陶诗真诠》所论。又闻人侠《古诗笺》六："陶公此诗，念黄、虞，谢绮、甪，盖致慨于晋宋之间也。"田女士如果设身处地，揣摩渊明之心绪，必定以前贤所说为是，而绝不会得出现在的结论，说"这首诗的主题是隔绝"（第156页），诸如此类。以己心体察古人之心，不难了解、同情、感动，或许还有体谅和宽容。心的投入、心的交流，是读古人文字和研究古代文学的必备的条件。能否求得古人之真精神、真生命，在极大的程度上取决于读者、研究者是否也有真精神、真生命。试想，或者人云亦云，或者媚世阿世，或者心猿意马，或者官迷心窍，若有此品性庸凡者，让他读、论高人逸士陶渊明，如何能意会古人意趣？何来通透不隔？何来冥契体认？

与古人照面，体认古人，另有一个重要的前提是对中国文化、历史上的大学者和大作家必须先存一份敬意。中国文化和古圣先贤历数千年而不坠，为后人铭记、评说，必有其特异卓绝之处。尤其像陶渊明这样的大诗人，千年之前就已成为中国文化和诗歌史上的偶像。这是历史的必然选择，绝不是前人通过所谓"控制文本"塑造出来的。萧统、李白、杜甫、白居易、苏轼、朱熹、辛弃疾等许多杰出的作家，无不对陶渊明表示崇高的敬意，这也是历史的必然。没有敬意，甚至预设拆碎七宝楼台的目标，其结果必然千方百计曲解陶渊明，以己之浅薄心和污染心，妄加猜度渊明的真诚心，不只与古人处处隔膜，甚至处处嘲讽古人。《尘几录》依傍西方解构主义评说陶渊明，貌似新见，实是"学术戏说"。少数青年学子不加深究，追随附和，以至誉为"佳作"，由此反映出来的是缺乏独立思考的浮躁学风。这应该引起我们的注意，并作出必要的回应。

原载《名作欣赏》2012年第4期

陶渊明对神话中天人合一美学意识的传承①

李剑锋②

陶渊明接受的神话传说，主要来自《山海经》和《穆天子传》。其《读山海经》十三首之一云："泛览《周王传》，流观《山海图》。"③《周王传》就是《穆天子传》。至于《山海图》，就是《山海经》的古图。

陶渊明阅读《山海经》和《穆天子传》的态度是一种摆脱实用理性束缚的感性审美态度，与学者的态度不同，也与世俗人的态度不同。学者对它们的重视也好，世俗人对它们的忽视也好，都是出于功利的、实用的或者理性的态度，而不是审美欣赏的态度。刘秀《上山海经表》认为《山海经》"其事质明有信"，"文学大儒皆读学，以为奇可以考祯祥变怪之物，见远国异人之谣俗"，是"博物之君子"的必读书④。郭璞《注山海经叙》为"闳诞迂夸"的《山海经》辩护，他所采取的实用态度与刘秀是

---

① 原标题为《陶渊明对生命一体的神话精神的复活》。

② 李剑锋，山东大学文学与新闻学院教授。

③ 逯钦立校注《陶渊明集》，中华书局，1979年，第133页。本文所引陶渊明诗文均见此书。

④ 袁珂校注《山海经校注》，巴蜀书社，1993年，第540、541页。

一样的，也相信"其事质明有信"，只是郭璞除了从《竹书纪年》《左传》《史记》等史书记载中列举事例佐证以外，还从理论上进行阐发，认为《山海经》中的怪异是阴阳精气变化所成。郭璞感于《山海经》"多有舛谬"，世俗轻视，将要"湮灭"，于是整理校注，以期此书"有闻于后裔"①。可见，郭璞对《山海经》的态度是学术理性的态度。就目前的资料来看，陶渊明对《山海经》显然缺少这种学术的兴趣，他的"泛览""流观"，主要是一种审美欣赏的态度。这与他平时读书的一般态度是一致的。其《饮酒》二十首之十六云："少年罕人事，游好在六经。"《五柳先生传》云："好读书，不求甚解，每有会意，便欣然忘食。"这都是对两汉烦琐经学寻章摘句式的读书方式的反拨，他的阅读不是皓首穷经，也不是学术整理，而是包含兴致和趣味的欣赏和玩味。所以，读书可以引发陶渊明的诗兴，让他发思古之幽趣，生幻想之奇翼。其《读山海经》十三首、《咏三良》、《咏二疏》和《咏贫士》七首等都是这种阅读态度的产物。这就使陶渊明容易通过审美而与神话精神直接感通。

以往人们关注陶渊明与神话的关系，多集中在意识的显在层面，而忽略了潜在层面。比如，肯定了陶渊明对于源自刑天、精卫和夸父神话的抗争精神的吸收，这无疑是正确的；但是，人们却忽视了陶渊明与神话的深层精神联系，即对刑天、精卫和夸父神话的抗争精神的吸收，陶渊明采取的不是简单的拿来主义的做法，而是在对以太阳神炎帝家族神话英雄精神的认同中，折射出自身仕途的失败和对于失败的抗争的潜意识心理。夸父、精卫、刑天，都属于被黄帝打败的炎帝部族②。陶渊明对失败神话英雄的接受，折射了陶渊明通过仕途建功立业理想的失败和对失败的抗争。在归隐田园的生活中，陶渊明有两种难以平抑的情感。一种是自问"淹留岂无成"（《九日闲居》），其潜台词就是隐居也会有所成就，并非只有出仕才能够建立功名。这正像夸父，并非只有逐日宏志的实现才能建立功

---

① 袁珂校注《山海经校注》，巴蜀书社，1993年，第543、544页。
② 袁珂编著《中国神话传说辞典》，上海辞书出版社，1985年，第145、147页。

业，失败也可以建立功业。陶渊明以此来向世俗社会抗争。另一种是惊惧于"盛年不重来，一日难再晨"（《杂诗》十二首之一）。这正与感叹刑天、精卫"徒没在昔心，良辰讵可待"如出一辙。陶渊明以此自警，要及时进德修业，"庶以善自名"（《辛丑岁七月赴假还江陵夜行涂口》）。以上两种情感的主旋律，都是不向社会服输，立足自我向社会抗争，以期通过自身守死善道的人生实践，赢得影响世风的功业。这正好对应了刑天、精卫虽死犹生的"猛志"和夸父"功竟在身后"的结局。这种对应绝非偶然，而是陶渊明仕隐人生心理的必然投射。"意识心理需要援助，因为如果没有援助，如果不从根植于无意识心理的力量源泉中汲取力量，那么意识心理就不能完成某些任务，恰在此时，引起了英雄象征的需要。"[1]失败的神话英雄，仿佛无意识释放的梦一样，它缓解了陶渊明仕途失败所带来的功业焦虑，也带给他超越失败的力量。又如他借助《山海经》神话抒发隐忧与愤懑，这是人所共见的，而在《闲情赋》的爱情追求中，也透露出神话情结的潜在作用，则为人所忽视。陶渊明从神话传说中，有意或者无意地吸取了多方面的精神营养。本文无暇对此一一论析，仅就被人忽视而对理解陶诗具有根本意义的一个问题略陈己见，以请教于方家。我认为，陶渊明所接受的神话精神，最根本的一点不是源自刑天、精卫和夸父神话的抗争精神，而是物我生命一体的精神。这主要表现在陶诗对拟人手法的恢复和发展上，也表现在其"化物"以回归自然的生命实践上。

神话时代，对于先民来说，自然"既不是一种单纯的知识对象，也不是他的直接实践需要的领域"[2]，而是一种"交感的"（sympathetic）对象，是建立在"生命一体化"（solidarity of life）基础之上的生命与生命之间对等或平等的交流。在人类自我意识还没有独立的上古神话世界里，"对神话和宗教的感情来说，自然成了一个巨大的社会——生命的社

---

① ［瑞士］卡尔·G.荣格著，史济才等译《人及其象征》，河北人民出版社，1989年，第103页。

② ［德］恩斯特·卡西尔著，甘阳译《人论》，上海译文出版社，1985年，第105页。

会。人在这个社会中并没有被赋予突出的地位。他是这个社会的一部分，但他在任何方面都不比其他成员更高。生命在其最低级的形式和最高级的形式中都有同样的宗教尊严。人与动物，动物与植物全部处在同一层次上"[1]。原始神话的体系性，表明它不是完全没有条理性的，但这种条理性"更多地依赖于情感的统一性而不是依赖于逻辑的法则。这种情感的统一性是原始思维最强烈最深刻的推动力之一"[2]。外物的性质不是排除情感的客观性，而是弥漫着浓烈情感的主观性，外物在原始人的眼里，总与具有属人特性的爱憎喜惧联系在一起，没有纯粹的脱离自我情感的独立的物象。因此，先民同外物的交流就不是思维的，而是情感的，是建立在"生命一体化"基础上的情感交流。随着人类自我意识的增强，人与物（自然和神）的交流越来越远离情感，被一种理智化的态度所代替。

中华民族中的周文化，就具有尚德轻神的实用理性的特点。周文化的总结者孔子，更是以理智化的态度将神话历史化、理性化。这样，就有意抽掉了神话的情感特质。也就是说，神话世界中人与物之间的情感统一性让位于现实的伦理规范和理性法则，物自物，人自人，人与物之间缺少了生命共感和平等的情感交流。人与物的和谐，也仅仅建立在"比德"的伦理层次上，而少有情感的沟通。倒是在诗人的笔下，神话人物和事物保持了生命和情感的特质。《诗经》里的比兴，固然多是古人熟悉和倍感亲切的自然物象，但若考察其渊源，总与神话有割不断的亲缘联系，而不仅仅是索物为比和触物起兴。其中偶尔出现的拟人性质的比喻就透露出人与物之间的情感统一性特点。如《魏风》中的《硕鼠》，虽然以硕鼠比喻贪得无厌的奴隶主，但"硕鼠"是被拟人化的，它身上具有人的憎恶情感。《小雅》中的《蓼莪》云："瓶之罄矣，维罍之耻。鲜民之生，不如死之久矣。无父何怙？无母何恃？出则衔恤，入则靡至。"[3]从整体上看，这

---

① ［德］恩斯特·卡西尔著，甘阳译《人论》，上海译文出版社，1985年，第106页。

② ［德］恩斯特·卡西尔著，甘阳译《人论》，上海译文出版社，1985年，第104页。

③ ［汉］毛亨撰，［汉］郑玄笺，［唐］陆德明音义《毛诗》卷十五，《四部丛刊》影宋本。

里是以瓶罍作比，抒发无父无母，无法施报的哀痛；但仅看"瓶之罄矣，维罍之耻"二句，它们又自成一种拟人做法，物与人一样也有了耻辱和遗恨。这也是以生命一体化为基本特点的原始神话思维的遗留。至于《生民》等民族史诗中"诞寘之寒冰，鸟覆翼之"这样的传说之中的人与物（鸟）的关系，其原始神话思维的留存就更加明显了。战国末期的诗人屈原，虽然在《天问》中以渗透感性的理性方式对神话提出质疑，但在诗性的思维中却保持了神话情感的统一性。在他的《离骚》《九歌》等作品中，人神共处，现实自我和神话人物在幻想的审美领域里获得生命的沟通和交流。屈原将神话的生命延续到诗歌领域，也就将神话中物我生命一体、情感统一的精神复活到了诗歌艺术里。

春秋战国时期毕竟是民族理性觉醒的时期，物我之关系也不可避免地打上了民族理性的烙印。《诗经》以物作比兴，屈骚以神话人物作寄托，已经渗透了理性。而这个时期诸子言论中随处可见的寓言就更加如此。如《庄子》可谓寓言的渊薮，在《庄子》寓言里，连髑髅都有类人的情感和思想，呈现了原始神话思维的浓郁气息。但《庄子》寓言是用来说理的。理性影响所及，就是人与物的关系脱离情感一体，走向以人为中心的比喻、起兴、寄托，甚至役使，在人与物的关系中，神话精神越来越潜隐化，乃至丢失。虽然神话精神仍然借助文学传递不息，但儒家文化的实用态度对两汉影响甚深。天人合一尚不是天人之间的生命和情感沟通，而是建立在利害基础上的功利化利用。天假天子以统治人间，天假兆谶以警示人们。人天之间的对等交流变为天（子）对人、人对物的统治和奴役关系，天人之间、人物之间的情感被抽象或者抽空了。因此，在文学中，物我疏离，物由于缺乏情感色彩的特性而难以进入审美的领域。两汉时期，在主要的文学样式汉大赋中，人与物的关系就基本远离了神话精神，没有了情感的维系和生命的交流，自然外物成为人享用的物产和驱使的猎物。

拟人，我们今天将它看作一种艺术手法，就它的深层历史蕴涵来看，其实它是物我生命一体的神话精神在诗歌艺术领域的延伸。如果以人类自我为中心，所有的神话可以看作一个大的拟人体系，因为神话中的神都是自然物和社会的灵化。人类理性觉醒以后，理智的态度破坏了人与物的情感一体关系。在汉代文学作品和诗歌中，能够透露人与物的生命一体关系的拟人手法也就几乎不见踪影。就是在建安诗歌、正始诗歌和西晋诗歌里，拟人手法也几乎销声匿迹。王粲《杂诗》五首之一云："上有特栖鸟，怀春向我鸣。"[1]这虽然有一些拟人的意味，但更多的还是感物起情，以人为中心"冀写忧思情"，物（鸟）缺少生命的独立性。其实，从宏观上说，人、物之间的关系，魏晋时期仍然停留在"感物"阶段：

> 孤兽走索群，衔草未遑食。感物伤我怀，抚心常太息。（曹植《赠白马王彪》）[2]
>
> 感物多远念，慷慨怀古人。（陆机《吴王郎中时从梁陈作诗》）[3]
>
> 感物多所怀，沉忧结心曲。（张协《杂诗》十首之一）[4]

陆机《文赋》"遵四时以叹逝，瞻万物而思纷"，说的就是当时诗歌创作中的"感物"现象。从"物"而言，是自然物象的某些特性触发了诗人的思绪。从"我"而言，是我的思绪投射到了自然物象之上。与"感物"现象相联系的是"比物"现象，"感物"似兴，是物触发情思，而比物似比，是情志借（索）物自发。"比物"在魏晋诗人那里，典型地表现在寓言诗和借物言志的诗作里。如曹植的《野田黄雀行（高树多悲风）》《吁嗟篇》，王粲的《杂诗》五首之五（鸷鸟化为鸠），刘桢的《赠从弟》二首，枣据的失题诗（有凤适南中），张华的《荷诗》《橘诗》等。西人立普斯从主体出发将物我之间的审美关系阐发为"移情说"[5]，是

---

① 逯钦立辑校《先秦汉魏晋南北朝诗》，中华书局，1983年，第364页。

② 赵幼文校注《曹植集校注》，人民文学出版社，1998年，第279页。

③ 逯钦立辑校《先秦汉魏晋南北朝诗》，中华书局，1983年，第685页。

④ 逯钦立辑校《先秦汉魏晋南北朝诗》，中华书局，1983年，第745页。

⑤ 朱光潜《西方美学史》（上卷），人民文学出版社，2002年，第597页。

"我"的情感投射使物我同感；而格式塔心理学则注重客体，将物我审美关系阐发为"异质同构"[①]，是物我之力的相似性引发了审美的产生。这皆可谓得其奥理。然而"移情说"和"异质同构"说没有解决物我关系的心理历史原因，只是横断面的客观凝视，而非纵向的历史观照。如果追源溯流，物我审美关系实质上是神话生命一体观念和心理历史积淀的结果。物我之间的情感、趣味交流，正是原始时代物我关系在审美时代的文明形态。

物我审美关系的成熟，产生于人的觉醒和文学自觉的魏晋时代，但却成熟于陶渊明。其明显标志，就是陶渊明借助拟人手法，传承并发展了神话中物我生命一体的精神。从这个意义上说，陶渊明是继借助寓言的庄子、借助神话的屈原之后第三个复活神话精神的诗人。从陶渊明诗歌中，我初步梳理出二十余例拟人现象，而这之前的魏晋诗歌中却几乎找不到。其中最多的是将物人化：风可以"负心"（《庚子岁五月中从都还阻风于规林》二首之一），可以"因时来"（《和郭主簿》二首之一），可以让新苗长上翅膀（《时运》）。云会感到孤独无依，也会有心无心，被月所媚，为人传情。如陶渊明《咏贫士》七首之一："万族各有托，孤云独无依。"《归去来兮辞》："云无心以出岫。"《闲情赋》："日负影以偕没，月媚景于云端。……意夫人之在兹，托行云以送怀；行云逝而无语，时奄冉而就过。"树林"贮清阴"，菊为"霜下杰"（《和郭主簿》二首之二）；新苗感念新春，晨鸡有心不啼。陶渊明《饮酒》二十首之十六："晨鸡不肯鸣。"酒如幼女，酒樽有耻。如陶渊明《和刘柴桑》："弱女虽非男，慰情良胜无。"（《古诗源》卷八："弱女非男，喻酒之薄也。"）《九日闲居》："尘爵耻虚罍，寒华徒自荣。"最有灵性的就是鸟儿：鸟儿会歌唱着欢迎春天（《癸卯岁始春怀古田舍》二首之一"鸟弄欢新节"），会眷恋往日的树林（《归园田居》五首之一"羁鸟恋旧林"），会为清晨的到来而欣喜（《丙辰岁八月中于下潠田舍获》"林鸟

---

① 滕守尧《审美心理描述》，中国社会科学出版社，1985年，第38页。

喜晨开"），为了回归家园"翮翮求心""顾俦相鸣"，到了家园"性爱无遗""悠然其怀"，感慨"矰缴奚施，已卷安劳"（《归鸟》），"托身已得所，千载不相违"（《饮酒》二十首之四）。有时是以我拟物，如：

> 忆我少壮时，无乐自欣豫。猛志逸四海，骞翮思远翥。（《杂诗》）
> 望云惭高鸟，临水愧游鱼。（《始作镇军将军经曲阿》）

有时是以物拟物，如：

> 弱湍驰文鲂，闲谷矫鸣鸥。（《游斜川》）

陶渊明还将自我分化为形、影、神，令其都具有独立的生命，互相辩论，"我"在其三者之间抉择，"我"愁闷了可以"挥杯劝孤影"（《杂诗》），聊慰孤寂之情。这在陶渊明以前的诗歌中是找不到的。

物（包括从"我"中分化出来的形、影、神）和我各自有自己的生命和情感，但彼此不相凌压和欺骗，相互之间有情感交流，真诚相待，休戚与共，痛痒相关，融为一体。有时候，我们分不出是物拟我，还是我拟物：

> 东园之树，枝条载荣。竞用新好，以怡余情。……翩翩飞鸟，息我庭柯。敛翩闲止，好声相和。（《停云》）
> 翩翩新来燕，双双入我庐。先巢故尚在，相将还旧居。自从分别来，门庭日荒芜；我心固匪石，君情定何如？（《拟古》）
> 众鸟欣有托，吾亦爱吾庐。（《读山海经》）

这样一种物我互相尊重、生命互拟的交融，与物我生命一体的神话世界一脉相承，正是神话精神在审美世界的复活。只是，在神话中，人对物的实在性是深信不疑的，认为情感和灵性就是物的特性。陶渊明却不是采取这种"泛神论"的思想，他仅仅是基于生命一体的观念而与宇宙万物的生命交流，带有非功利性的审美特点。因为陶渊明毕竟已经经历了文明理性的洗礼，能够分清物与我在灵性上的差异。物与我的分化是人类的进步，但也面临着人与"天"生命一体原始和谐状态的结束。尽管古代哲人努力弥补天人之间的裂缝，提倡和阐发天人合一的哲理，但是物与我之间的矛盾，特别是情感上的不和谐却在所难免。魏晋时期的"感物说"，就是人们对物我矛盾进行解决的一种努力。但"感物说"的弊端在于没有摆脱人类中心主义，是以"我"的情感奴役万物的情感。而陶渊明则摆脱了人类中心主义，将审美中的"感物"发展为"化物"，"化物"是自我回归自然，也是众物回归自然，归隐的诗人同"归鸟"一起回到"生命一体"的自然世界和自然生存状态。通读陶渊明的诗文可以发现，有一个细节体现了他自己重视生命的特点，那就是，被张衡《归田赋》、潘岳《闲居赋》等纳入田园生活的狩猎活动，在陶渊明那里却无踪无影。我想，其中原因就是神话"生命一体"的文化心理起了作用：狩猎是人类中心主义者对"物"的践踏行为，所以为陶渊明所不取。陶渊明喜欢闻见"好鸟时鸣"，而绝不会因看到飞鸟"触矢而毙"（张衡《归田赋》）而欣喜，至少在审美的理想中是如此。但陶渊明曾经说"只鸡招近局"（《归园田居》五首之五），又说理想的桃源人也"杀鸡作食"（《桃花源记》）招待客人，那么现在的问题是如何解释他对"杀鸡"行为的肯定？这是不是与"生命一体"的观念相违背？从"鸡鸣桑树颠""造夕思鸡鸣"和"鸡犬之声相闻"等语来看，鸡也是陶渊明的审美对象。我曾经与我的几个学生一起谈论人在动物身上所体现的"地球伦理"问题，问题之一是"人应不应该杀生"。其中一个学生说："野生的动物不能杀，家养的可以杀。"我理解他所谓的"家养的"，是指人类为了自己生存所必需的畜牧动物。陶渊明的"杀鸡"观念也可以从此理解：陶渊明接受了"生命一体"观念，但他也有保留地接受了文明价值观念。即他的"生命一体"观念，也已经不是原始的神话观念了，何况原始人和动物都是"杀生"的。

陶渊明对神话物我一体观念的传承，既有间接的，也有直接的。间接的，是指陶渊明对神话时代之后物我观念的继承，比如《庄子》已经将物与我分离，认为物皆遵循自然之道"消息盈虚""自化""自生"（《秋水》《在宥》），而人应当"与万化冥合""乘物以游心"（《人间世》），因此庄子就能够感知水中游鱼自由自在的快乐：

> 庄子与惠子游于濠梁之上。庄子曰："儵鱼出游从容，是鱼之乐也。"①

由于借助了感性形象进行体悟，这种融我于化、乘物游心的哲理境界与基于神话生命一体的审美境界相通相似，只是庄子的物既是抽象的道，也是道所寄寓的具体的物象。神话中人神之间的平等交流转化为观物体道，而这对陶渊明的观物方式产生了直接影响。所以说，神话观念就借助庄子的转化对陶渊明产生了间接影响。直接的，是指陶渊明的拟人观念径直得益于神话的滋养。比如他诗中的鸟意象，最具有人的灵性和情感，"精卫"鸟、"三青鸟"直接取材于神话不言自明，其他鸟类也受到神话观念的无形浸润。在《山海经》中到处可以见到有灵性的神鸟，尽管神鸟中有些恶鸟，但大多可亲可爱，有神异功能，容易引发人们的肯定性情感，况且人与鸟之间有亲缘关系，人的祖先被认为是鸟的后代，有的鸟成为原始先民的图腾，如凤凰和燕子就是其中的两种鸟。《山海经·大荒东经》云："东海之外（有）大壑，少昊之国。"②少昊专门设立鸟官。《左传·昭公十七年》载："少皞挚之立也，凤鸟适至，故纪于鸟，为鸟师而鸟名。凤鸟氏，历正也；玄鸟氏，司分者也。"③少昊为百鸟之王，

---

① 崔大华编《庄子歧解》，中州古籍出版社1988年，第488页。

② 袁珂校注《山海经校注》，巴蜀书社，1993年，第390页。

③ 中华书局编辑部编《汉魏古注十三经·春秋左传集解》，中华书局，1998年，第349页。

百官为百鸟。又《诗经·商颂·玄鸟》云："天命玄鸟，降而生商。"①
商族的始祖契，就是其母吞玄鸟卵所生的。又《生民》中的后稷，从一个
肉球中诞生，诞生前受到鸟的翼护，故后稷也与鸟有亲缘关系。陶渊明作
品中四次提到凤鸟，它们是"凤隐于林，幽人在丘"（《命子》）、"凤
鸟虽不至，礼乐暂得新"（《饮酒》二十首之二十）、"灵凤抚云舞，神
鸾调玉音"（《读山海经》十三首之七）和"待凤鸟以致辞，恐他人之我
先"（《闲情赋》）。凤凰乃吉祥之鸟，它的出现预示着世道的升平与幸
福。所以孔子感叹："凤鸟不至，河不出图，吾已矣夫！"（《论语·子
罕》）②陶渊明对凤凰鸟的感情，直接受到神话凤鸟的影响是毋庸置疑
的。即使非凤鸟的其他鸟意象的情感特性，也受到神话鸟的无形浸润。山
川草木皆有生命灵性，这就是《山海经》等神话让陶渊明体悟到的真理，
也是他喜读《山海经》的原因之一。因此，陶渊明诗文中的拟人，绝不仅
仅是一种艺术手法，而且是神话精神直接影响下有着深远意味的自觉不自
觉的艺术表现；扩而充之，陶诗中人与物的和谐关系正是物我一体的神话
精神的诗性复活。

原载《山东大学学报》（哲学社会科学版）2005年第2期

---

① ［汉］毛亨撰、［汉］郑玄笺、［唐］陆德明音义《毛诗》卷二十，《四部丛刊》
影宋本。

② ［三国魏］何晏集解、［宋］邢昺疏《论语注疏》卷九，清嘉庆二十年南昌府学重
刊宋本十三经注疏本。

一主二客论死生

——陶渊明《形影神并序》意涵再探析

高建新[①]

陶渊明的思想丰富而复杂。研究陶渊明思想有两篇非常重要也是非常难解的作品，一篇是《述酒》诗，一篇是《形影神并序》。清人马璞说："渊明一生之心寓于《形影神》三诗之内，而迄莫有知之者，可叹也。"[②]（《陶诗本义》）关于《述酒》诗，今天学术界已达成共识，认为此诗是以隐晦曲折的笔法，记述了刘裕废晋恭帝为零陵王，后又杀死零陵王的历史事件。关于《形影神并序》的意涵或曰主旨，则依旧众说纷纭，莫衷一是。

一

毫无疑问，解读陶诗必须从文本出发，必须结合陶渊明的思想及其所处的时代。《形影神并序》包括《形赠影》《影答形》《神释》三首诗，

① 高建新，内蒙古大学文学与新闻传播学院中文系教授。

② 北京大学等编《陶渊明研究资料汇编》（下），中华书局，1962年，第36页。

是内容紧密关联的一组诗。诗题中的"形""影""神"，分别指形体、影子、精神[①]，学术界在具体解释时又有所不同。

钱志熙教授说："'形'是生命体本身，即我们所说的七尺之躯"，"'影'是比'形'更高一级的自我意识"，"所谓'神'，就是自我的最高的理性。"[②]蔡瑜教授说："就形影关系而言，陶渊明的'形'是指人生存于世作为存在根基的形体；所谓'影'是与形体相依存的价值世界，是由立善之心所投射出的"；"'神'既是陶钧万类使万理森然具现的活动，亦是人感通天地并列为天地人三才的作用，在人的身心活动中居于主宰地位。'神'落在人的形躯上而言，几乎等同于'心'的作用。"[③]诗前小序说：

> 贵贱贤愚，莫不营营以惜生，斯甚惑焉。故极陈"形""影"之苦，言"神"辨自然以释之。好事君子，共取其心焉。

这是写作的缘起。人生有限，人生苦短，生活中的多数人为了长生煞费苦心，即"营营以惜生"，或拜佛求仙，或服药炼丹，忙碌之后却又一无所获，于是坠入了恐惧、茫然、空虚之中，整日里忧心忡忡，生怕死亡突然降临，生的乐趣因此丧失，所以需要"神"用自然之理为"形""影"解疑释惑、去蔽启智，选择清明理性的生活，以通往未来。"贵贱贤愚"，生活中各种各样的人，指所有人；"辨自然"，辨析自然之理；"好事君子"，对事物之理充满好奇之人；"取其心"，领会我的心意所在。第一首《形赠影》提出人生共同面临的困惑：

---

① 唐满先选注《陶渊明诗文选注》，上海古籍出版社，1981年，第35页。龚斌《陶渊明集校笺》，上海古籍出版社，1996年，第60页。

② 钱志熙《陶渊明传》，中华书局，2012年，第264、266页。

③ 蔡瑜《陶渊明的人境诗学》，台北联经出版事业股份有限公司，2012年，第173页、第175页。

天地长不没，山川无改时。草木得常理，霜露荣悴之。谓人最灵智，独复不如兹。适见在世中，奄去靡归期。奚觉无一人，亲识岂相思！但余平生物，举目情凄洏。我无腾化术，必尔不复疑。愿君取吾言，得酒莫苟辞。

天地恒久不变，山川万古长存，草木遵循着自然规律，得风霜侵袭而枯，有雨露润泽又荣；作为万物之灵的人却不能如此，适才还存于世上，有血有肉，活蹦乱跳，转瞬便已消逝，了无踪迹。自然恒久与人生暂短所构成的尖锐对立，带给人心以巨大伤痛："我无腾化术，必尔不复疑。""腾化术"，道术，成仙术。"尔"，那样，指死亡。作为坚定的唯物主义者，陶渊明认为死亡是必然的、无可选择的和不可改变的。道理虽说如此，但因为没有勘破死生、恐惧死亡，所以许多人在无奈中及时行乐："愿君取吾言，得酒莫苟辞。"酒，指感性享乐生活；"形"企图通过以酒为代表的感性享乐消解死亡带来的恐惧。清人何焯说："此篇言百年忽过，形与草木同腐。此形必不可恃，尚及时行乐。下篇反其意，言不如立善也。"[1]

第二首《影答形》，指出既然人生难以长久，那就应该"立善"，包括"立德""立功""立言"以求名，亦即追求古人所谓的"三不朽"：

存生不可言，卫生每苦拙。诚愿游昆华，邈然兹道绝。与子相遇来，未尝异悲悦。憩荫若暂乖，止日终不别。此同既难常，黯尔俱时灭。身没名亦尽，念之五情热。立善有遗爱，胡为不自竭？酒云能消忧，方此讵不劣！

通过养形使生命永存是不可能的；与世委蛇、避免外在伤害，欲以此保护身体、获得健康长寿也苦于无计可施；愿意成仙、延迟死亡同样是

---

① 　[清]何焯《义门读书记》（下），中华书局，1987年，第978页。

行不通的；本来是"形""影"相随、须臾不离，但人到了死亡之时，"形""影"还是要同时消亡；即使是"立善"求名，依然不能善终，因为形体消灭了，名声也就随之而去；酒虽说可以消忧，但比起"立善"来还是层次低了一些。"讵"，岂，怎。"身没名亦尽"，是"影"痛苦的根源。"影"在这里一再否定"形"对人生的看法，试图由感性享乐走向理性思索。"形""影"各执一词，互不相让，其实都是在"极陈'形''影'之苦"，这种"苦"便是惶惑的人生找不到出路的苦闷彷徨与不断损耗，虽然"形""影"的"苦"不尽相同，但都是针对生命的不能自我把持而生发的，前者为人生的短暂脆弱而"苦"，后者为生命的必然消亡而"苦"，所以要待第三首《神释》来阐明：

> 大钧无私力，万理自森著。人为三才中，岂不以我故。与君虽异物，生而相依附。结托善恶同，安得不相语！三皇大圣人，今复在何处？彭祖爱永年，欲留不得住。老少同一死，贤愚无复数。日醉或能忘，将非促龄具？立善常所欣，谁当为汝誉？甚念伤吾生，正宜委运去。纵浪大化中，不喜亦不惧。应尽便须尽，无复独多虑。

造化无私，万物各有自己的运化之理。三皇是大圣人，理应长寿，但他们如今在何处呢？彭祖倒是高寿，从唐尧时代一直活到了周代，虽然长达八百岁，不是也不在了吗？言外之意，有本事你再往下活呀！活到秦汉、活到魏晋！由此诗人指出：生死是相伴相随的。在死亡面前，老少也罢，贤愚也罢，高贵也罢，贫贱也罢，都是平等的，没有谁是可以例外的。"天地赋命，生必有死"（《与子俨等疏》），"人生似幻化，终当归空无"（《归园田居》五首其四），"从古皆有没，念之心中焦"（《己酉岁九月九日》），"自古皆有没，何人得灵长"（《读山海经》十三首其八），"有生必有死，早终非命促"（《拟挽歌辞》三首其一）。因为你活着，所以必定要死去，这就是生命的真相，残酷至极却又无法改变；从生命诞生以来，就没有人长生不老。饮酒虽说是一件乐事，但又会伤害身体、缩短寿命；立善或许可以扬名，有谁又会把你长久称颂？说到底是不会有什么意义的。"甚念伤吾生，正宜委运去。纵浪大化中，不喜亦不惧"，是这首诗的要义之所在，也是《形影神》一组诗的核心。诗人明白，忧虑会伤身伤神，只应当顺应自然的运转之理存亡。委运乘化，不喜不惧，才是人们对生死应采取的态度。既然生命的法则不可能改变，那就只能改变对待生命的态度了。宋人王质说："惟患不知，既已洞知，安坐待化，夫复何言。"（《栗里谱》①）清人张自烈说："渊明悲世人扰扰，毕世不事德业，故托《神释》以警之。'委运''纵浪'二语，谓顺天达理，无忝所生，非纵诞颓惰，如所云'人生适意耳''须富贵何时'也。"（《笺注陶渊明集》卷三②）"纵浪大化中，不喜亦不惧"一句，《二十年目睹之怪现状》作者吴趼人在临终时吟作"浮沉大化中，不恋亦不惧"③。"浮沉""不恋"，表达得更直接，也更具个人情感色彩。

　　疾病当然可以导致死亡，但死亡不是疾病，死亡是生命必然的结局。尽管老死是绝不可救药的，但今天的许多讣告还是要说"因医治无效，不幸去世"，对于陶渊明这样的智者来说，这是荒谬的，甚至是可笑的。蔡瑜教授认为："陶渊明揭示死亡的目的在于解除生命的遮蔽。"④陶渊明已洞悉生死，知其归路，所以能安详自如，从容不迫，坐以待化，仿佛远行、仿佛季节轮转一样自然："家为逆旅舍，我如当去客。去去欲何之？南山有旧宅"（《杂诗》十二首其七），"寒暑有代谢，人道每如兹。达人解其会，逝将不复疑"（《饮酒》二十首其一），陶渊明是既乐其生亦乐其死。清人钟秀说："陶靖节居一世之中，未尝劳于忧畏，役于人间，与大块而荣枯，随中和而任放，所作《形影神》三诗，本趣略见。"

---

①　［宋］王质撰《陶渊明年谱》，许逸民校辑，中华书局，1986年，第7页。

②　高建新《〈陶诗汇评〉笺释》，台北花木兰出版社，2018年，第51页。

③　［清］徐珂编纂《清稗类钞》第十三册，中华书局，2010年，第6352页。

④　蔡瑜《陶渊明的人境诗学》，台北联经出版事业股份有限公司，2012年，第169页。

（《陶靖节记事诗品》卷一）①可谓知人之论。

二

由于诗的内蕴丰富深沉，对于《形影神并序》的主旨与意涵一直存在着不同的看法，或认为诗的内容本身相互矛盾，或对"形""影""神"意涵的理解仁智各见。古人多以道家的自然思想论之，认为源出于老庄："《形影神》三诗，用庄子之理，见人生贤愚、贵贱、穷通、寿夭，莫非天定。"（方东树《昭昧詹言》卷四②）"'委运'二字，是三篇结穴。'纵浪'四句，正写委运之妙归于自然。"（吴瞻泰《陶诗汇注》卷三③）仅是近代以来的各种观点就需要详细辨析，这其中以王叔岷先生、袁行霈先生最具代表性，王叔岷先生认为：

> 此《形影神》三诗，为探讨陶公思想进益之迹，极重要之依据。陶公富于诗人之情趣，兼有儒者之抱负，而归于道家之超脱。三诗分陈行乐、立善、顺化之旨，为陶公人生观三种境界。顺化之境，与庄子思想冥合，此最难达至者也。行乐，为李白一生所追求者，然李白终叹"人生在世不称意！"（《宣州谢朓楼饯别校书叔云》）立善，为杜甫一生所追求者，然杜甫终叹"儒生老无成！"（《客居》）陶公一生，虽亦多感慨忧虑，而质性自然，终能达顺化之境，所以为高也！此为陶公思想最成熟时之境界，三诗盖陶公晚年之作也。④

王叔岷先生将行乐、立善、顺化三者并列，认为是陶渊明人生观的三种境界，并无主次之分。在与为"化"所缠的苏轼、一生追求行乐的李

---

① 北京大学等编《陶渊明研究资料汇编》（上），中华书局，1962年，第239页。

② ［清］方东树《昭昧詹言》，人民文学出版社，1961年，第101页。

③ 北京大学等编《陶渊明研究资料汇编》（下），中华书局，1962年，第36页。

④ 王叔岷《陶渊明诗笺证稿》，中华书局，2007年，第91—92页。

白、追求立善的杜甫做了认真比较之后，王叔岷先生认为达到"顺化"之境的陶渊明最高，它体现了陶渊明"最成熟时之境界"，并由此认为《形影神》三首为陶渊明晚年之作，因为没有对生命持久深入的思考，断然不会有如此厚重之作。但就《形影神》三首作品本身来看，陶渊明是以"神"来否定"形""影"所持的观点的。无论是"形"的行乐，还是"影"的立善，在"神"看来都是不可取的，是"甚惑焉"的体现，而"顺化"才是诗人要主张的，所以行乐、立善、顺化三者不是并列的，行乐、立善也非陶渊明人生观的境界。非要说人生境界，顺化才是。

袁行霈先生认为："'形'羡慕天地山川之不化，痛感人生之无常，欲借饮酒以愉悦，在魏晋士人中此想法颇为普遍。'影'主张立善求名以求不朽，代表名教之要求。'神'以自然化迁之理破除'形''影'之惑，不以早终为苦，亦不以长寿为乐，不以名尽为苦，亦不以留有遗爱为乐，此所谓'纵浪大化中，不喜亦不惧'。此三诗设为形、影、神三者之对话，分别代表三种人生观，亦可视为渊明自己思想中互相矛盾之三方面。《形影神》可谓渊明解剖自己思想并求得解决之记录。"[1] 李华先生亦持此观点，认为陶渊明"假托'形''影'的互相赠答和'神'的排解宽释来表明自己在立身处世问题上的矛盾痛苦心情"[2]。在袁行霈先生看来，"形""影""神"代表的是三种不同的人生观，也体现了陶渊明自己思想中互相矛盾的三个方面。也就是说，陶渊明在人生价值、人生态度方面的选择是彷徨的、犹疑的和不确定的。袁行霈先生说："陶渊明对生死问题本来就很关切，而且越来越关切，他的内心存有对死亡的恐惧和死后的困惑。他在《自祭文》末尾说的两句话：'人生实难，死如之何？'足以代表他对生死问题总的态度。活着太难了，死后怎样呢？""死亡能不能解决人生的难题？死后会不会又有死后的难题等在那里？"[3] 袁行霈先生又说："渊明一向达观，似已觑破生死，但自知将终，仍不免惘

<hr>

① 袁行霈《陶渊明集笺注》，中华书局，2003年，第70—71页。

② 李华《陶渊明选集》，人民文学出版社，1997年，第260页。

③ 袁行霈《陶渊明研究》，中华书局，1997年，第15页。

然。'人生实难，死如之何？'生之难，实已饱经矣，死后犹复如是乎？面对过去之生可以无憾，面对将来之死却一无所知也。"①"似已"，意为"好像已经"，实际上却不是。袁行霈先生认为陶渊明看似"觑破生死"，实际上对死亡充满了困惑、茫然若有所失。

"人生实难，死如之何？"看似简单，却不好解释。笔者以为，必须结合《自祭文》全文表达的思想情感来解释。《自祭文》是陶渊明自己的《安魂曲》，深沉而安详。陶渊明说自己在一个万木凋零、大雁南飞的深秋之夜，就要永远离开所热爱的美丽田园，离开这个让他忧劳让他留恋的人世。回"家"之前，陶渊明平静地追忆了自己的一生：有贫困，有孤独，有奋斗挣扎，更有属于自己的欢乐。自力更生，心怀着欢乐去劳作、去创造，充满美感地看待周围的一切。日复一日，年复一年，不失时节地播种、耕耘、收获，"勤靡余劳，心有常闲。乐天委分，以至百年"，这样的生活，他坦然面对，无怨无悔，乐从天道，委随本分，一生就这样度过了。在陶渊明看来，能够识运知命，随顺自然，就能无所眷念；现在死去，也可以无所憾恨了②。面对就要降临的死亡，陶渊明是安详的、沉静的、含有欣慰的，并无袁行霈先生所说的"内心存有对死亡的恐惧和死后的困惑"。据此，"人生实难，死如之何"可以解释为：人活着的时候艰难，难道死后这一切还不能摆脱或结束吗？

陶渊明对于死亡的穿透和坦荡，还与其所处的乱世关系密切。陶渊明所处的时代是晋宋变易、充满篡乱的时代，鲁迅先生说："是和孔融于汉末与嵇康于魏末略同。"（《魏晋风度及文章与药及酒之关系》③）陶渊明虽然没有阮籍、嵇康那样直接的生命之忧，但也存在着一定程度的危险。不改变自己，却想在这样的时代存活下来是异常艰难的，这一点又与鲁迅先生相似。鲁迅先生1933年在写给台静农的信里说："仆生长危邦，年逾大衍，天灾人祸，所见多矣，无怨于生，亦无怖于死，即将投

①　袁行霈《陶渊明集笺注》，中华书局，2003年，第563页。
②　高建新《自然之子：陶渊明》，内蒙古大学出版社，2007年，第117—118页。
③　《鲁迅全集》第三卷，人民文学出版社，2005年，第538页。

我琼瑶，依然弄此笔墨，夙心旧习，不能改也。"①"大衍"，语出《易经·系辞》，是五十的代词。"无怨于生，亦无怖于死"的平静与坦然，让两位相距一千年五百余年的哲人内心相通。当然，老庄思想的陶冶、玄学的流行，如庄子的"死生，命也，其有夜旦之常，天也"（《庄子·大宗师》）、郭象的"天不能无昼夜，我安能无死生，而恶之哉"（《庄子·大宗师》注）、"夫死之变，犹春秋冬夏四时行耳"（《庄子·齐物论》注）等，对陶渊明的生死观也产生了重要影响。②对此，笔者曾有专文详加剖探，结论是："面对死亡，陶渊明有过痛苦，有过焦虑，但绝少恐惧。与前代和后代的许多人面对死亡的忧惧绝望、凄厉呼号，形成了鲜明对照。因此我们说，陶渊明是那种真正承受了精神苦刑之后豁然透脱而进入人生自由之境的极少数诗人之一。"③

三

在笔者看来，《形影神并序》集中系统地反映了陶渊明的生死观。陶渊明对死亡的看法是深刻的、确定的、一贯的，并非王叔岷先生所称三诗"分陈行乐、立善、顺化之旨，为陶公人生观三种境界"，也不存在袁行霈先生所说的三诗"亦可视为渊明自己思想中互相矛盾之三方面"。

为了清晰地表达对死生的了悟与穿透，陶渊明在具体讨论时采用了"一主二客"的说理方式，亦即袁行霈先生说的"此三诗设为形、影、神三者之对话，分别代表三种人生观"。王瑶先生也曾说过："'形'主饮酒行乐，'影'主立善求名；各设一说，以待下首'神'来释明。"④因为所讨论的问题复杂深刻，具有终极意义，所以陶渊明没有采用相对明晰的"一主一客"方式，而是采用了"一主二客"方式。主客说理方式的杰

---

① 《鲁迅全集》第十二卷，人民文学出版社，2005年，第413页。

② 高建新《自然之子：陶渊明》，内蒙古大学出版社，2007年，第111—113页。

③ 高建新《陶渊明生死观剖探》，《内蒙古社会科学》，1998年第3期。

④ 王瑶注《陶渊明集》，人民文学出版社，1956年，第40页。

出运用，前有司马相如的《子虚赋》《上林赋》，后有苏轼的《前赤壁赋》。《子虚赋》与《上林赋》为姊妹篇，采用了"一主二客"的论说方式，主客问答，抑客伸主。《子虚赋》虚构子虚、乌有先生、亡是公三人。子虚使于齐，向乌有先生夸耀楚王游猎云梦的盛况非齐王可比，乌有先生不服加以驳难；《上林赋》写亡是公详述汉天子校猎上林苑的壮观，又远非齐楚诸侯之国所能比，最后却又否定上林巨丽之美，主张修明政治、倡导俭朴，以德治国，由此达到讽谏之目的[①]，"于是二子愀然改容，超若自失"。苏轼的《前赤壁赋》采用的是"一主一客"的论说方式："苏子与客泛舟游于赤壁之下"，面对江上美景，客由喜到悲，抒发了"哀吾生之须臾，羡长江之无穷"的悲慨；苏子则以水月为例，从变与不变的角度谈了自己对人生与自然的看法，获得了"盖将自其变者而观之，则天地曾不能以一瞬；自其不变者而观之，则物与我皆无尽也，而又何羡乎"的结论，客深获启悟，由悲转喜。这种主客说理方式有问有答，互有诘难，不仅要提出问题、讨论问题，还要解决问题。司马相如、苏轼用的是赋体，便于铺陈渲染，强化观点；陶渊明《形影神并序》则是诗体，更精练警拔，直接呈现观点。美国学者梅维恒教授认为，"陶渊明擅长写高度结构化的诗歌，如寓言式的三首《形影神》运用了辞赋中常见的辩论形式"。[②]诗中二客一为"形"、一为"影"，一主为"神"，首先是"形"，其次是"影"提出观点，最后由"神"对"形""影"的观点加以评价，并提出自己的看法，得出最终结论。二客设立的意义，一则是自我申述，再则是为"神"的作结做映衬与准备："日醉或能忘，将非促龄具"，是对"形"所持观点的评判；"立善常所欣，谁当为汝誉"，是对"影"所持观点的评判。无论是"形"的"奄去靡归期"、"影"的"身没名亦尽"，还是"形"以"日醉"化解对死亡的恐惧、"影"以

---

① 朱东润主编《中国历代文学作品选》第一册上编，上海古籍出版社，1979年，第314页。

② （美）梅维恒主编，马小悟等译《哥伦比亚中国文学史》（上），新星出版社，2016年，第289页。

"立善"替代对死亡的忧心，实际上都没有穿透死亡，都心存侥幸。倒是"形"的"我无腾化术，必尔不复疑"（《形赠影》）、"影"的"诚愿游昆华，邈然兹道绝"（《影答形》），获得了诗人的特别肯定，因为这是对当时流行的道教思想的坚决拒绝：神仙不可求，长生不可期，其中闪烁着可贵的唯物主义思想的光芒。不同的观点、看法在碰撞之后都有待于"神"的最后归纳总结，以去蒙启智、匡正谬误。明人黄文焕在《陶诗析义》卷二中说：

> 首章"得酒苟莫辞"，欲以酒破形影之苦。次章以酒方善为劣，竟将酒字扫去。三章云日醉促龄，立善谁誉，并饮酒好善，一齐扫去矣。细寻结穴处，只在纵浪大化、不喜不惧，渊明置身真在日月之上。题中"自然"二字，释得透快。①

在否定"形""影"二客所持的观点之后，一主"神"的论说在更高的层面上深刻揭示生命的短暂和脆弱，坚定地认为生死一途，有生必死，"老少同一死，贤愚无复数"，这就是生命的真相。在陶渊明看来，"营营以惜生，斯甚惑焉"，不计成败、想方设法地追求长生，困惑可谓大矣。不破除此惑，人生就没有幸福可言。既然死是生命的真相，是生命的最后结局且无法改变，那也就不必忧虑了，因为忧虑毫无用处，"甚念伤吾生，正宜委运去。纵浪大化中，不喜亦不惧。应尽便须尽，无复独多虑"，生命不可逆，死是唯一的去路，那就只能坦然待之，怀着满心欢喜静候幽蓝天空下美丽晚霞的降临。清人方东树说："人当委运任化，无为欣戚喜惧于其中，以作庸人无益之扰。即有意于醉酒立善，皆非达道之自然"，"不忧不惧，是今日居身循道大主脑。"（《昭昧詹言》卷四②）陈寅恪先生说："渊明著作文传于世者不多，就中最可窥见其宗旨者，莫

---

① 北京大学等编《陶渊明研究资料汇编》（下），中华书局，1962年，第42页。

② ［清］方东树《昭昧詹言》，人民文学出版社，1961年，第101、第111页。

如形影神赠答释诗。""此三首诗实代表自曹魏末至东晋时士大夫政治思想人生观演变之历程及渊明己身创获之结论。即依据此结论以安身立命者也。"(《陶渊明之思想与清淡之关系》①)在陈寅恪先生看来,陶渊明是以《形影神》获得的思考与体悟来"安身立命",而"安身立命"的核心,就是要勘破死生,明白生命之奥义,敞亮坦荡地走完未竟之路。主客问答,不仅使论题充分展开,而且使严肃的哲学讨论具有了新鲜活泼的意趣。

有意思的是,对于《形影神》诗中之客——"形""影"的解读,钱志熙教授不仅将其坐实了,而且看作是陶渊明自己的行为与追求:"面对死亡的必然来临,沉迷于肉体欲望中的'形',唯有用更多的物质享受来填补这种空虚。渊明平生对物质享受的要求不高,唯好饮酒,所以就用'得酒莫苟辞'来作为'形'的解决办法。"②清人方宗诚说:"陶公以酒名,或以酒人目之,亦非也。《形影神》诗有曰:'立善有遗爱,胡为不自竭?酒云能消忧,方此讵不劣!'足知其志不在酒矣。"(《陶诗真诠》③)对陶渊明的隔膜,是造成钱志熙教授对《形影神并序》误读的原因。钱志熙教授还认为,"'影'的思想也是长期支配渊明行为方式的重要思想",这又是误解。陶渊明毫不迟疑地回归田园,在庐山脚下忍受饥寒二十余年,坚守自我,坚持探索真理,就是对"影"主张的价值观弃绝的明证,陶渊明自己也说"立善常所欣,谁当为汝誉","去去百年外,身名同翳如"(《和刘柴桑》),"吁嗟身后名,于我若浮烟"(《怨诗楚调示庞主簿邓治中》),在《自祭文》中,陶渊明更是明白无误地说:"不封不树,日月遂过。匪贵前誉,孰重后歌?"活着寻求适意,死去也无甚牵挂;不堆坟种树做任何标记,任凭岁月流逝,磨去存留的痕迹;生前就不求名誉,谁还会在乎死后的颂歌?人们爱惜自己的生命,殚精竭虑,以种种形式体现自己的存在和价值,求得生为人所重,死为人所念,

---

① 陈寅恪《金明馆丛稿初编》,上海古籍出版社,1980年,第197页。
② 钱志熙《陶渊明传》,中华书局,2012年,第263-264页。
③ 北京大学等编《陶渊明研究资料汇编》(下),中华书局,1962年,第40—41页。

陶公早已不在乎这些。他只能坚守自己，而且是在本可以有多种选择和存在方式中决意坚持自己，不畏寂寞孤独，不惮饥寒，不计后果。当然，钱志熙教授如果了解了陶渊明在这里采用的是"一主二客"的说理方式，也许就不会对《形影神并序》作如此解读了。

人生最大的畏是死，最大的悟就是穿透生死。由此来看，能否了悟生死，穿透生死，平静坦然地面对生死，便成了衡量一个人愚智的最后分水岭。陶渊明在这方面为后人树立了不朽的典范，并作为真正智者的形象永存。《形影神并序》以及《拟挽歌辞三首》《自祭文》等诗文中体现的委运乘化、随顺自然的思想不仅使陶渊明寻找到了安身立命之本根，也使他对常人畏惧回避的生死问题有了较为睿智的认识和相当冷静从容的态度，并对后世产生了深远影响，成为留给后人最重要的文化遗产之一。

深入研究过陶渊明思想又编注过《陶渊明集》的王瑶先生曾说："不想死，不等死，不怕死。"谢冕先生认为，王瑶先生的话里边有朴素的哲理："不想死，就是现在流行的'活着的感觉真好'；不等死，就是我说的'该做什么，该说什么，一切照样'；不怕死，就是'人人如此，怕也无用'。有了这三条，思想就会大解放。明知前面是终点，但行走就是一切。等到实在走不动了，那就停下来。"（《悲喜人生》①）没有豁达的生命态度，恨死、怕死，最后也只能是愤愤而死！无论是王瑶先生的生命态度还是谢冕先生的会心解读，其实都体现了对陶渊明《形影神》思想精神的透彻理解，是对"纵浪大化中，不喜亦不惧"生命观的积极回应与践行。

原载《内蒙古大学学报》（哲学社会科学版）2019年5期

---

① 谢冕《花落无声——谢冕自述》，河南文艺出版社，2016年，第187页。

非"忠晋愤宋"模式的《述酒》解诂

吴国富[①]

按照传统的说法，陶渊明《述酒》一诗表达了"忠晋愤宋"的情怀，为此应当大力诛责刘裕的罪恶才是。然而《述酒》很难确定与这些内容有关。或以为陶渊明有苦衷，故而不得不闪烁其词，隐晦其事。然而隐晦到与晋宋之际的任何史实都无法联系起来，则足以让人觉得诗歌所叙与"忠晋愤宋"无关，传统的解诂在总体路径上是有问题的。罗根泽先生在《陶渊明诗的人民性和艺术性》一文中说："不错，《述酒》诗中确有很多难解的诗句，宋人黄庭坚已经说'其中多不可解'。但这不能成为不是述说酒而是讽刺刘裕的证据。就依力主是讽刺刘裕者陶澍的考证吧：刘裕先使张祎用毒酒鸩晋恭帝，张祎自己喝了；又使兵进药，恭帝不肯喝；最后的弑帝是'掩杀之'。那么假使讽刺刘裕，根本不能用酒，因为酒并没有起作用。这是第一点。第二点，假使真是讽刺刘裕，那么解为讽刺刘裕就应当通彻，但自韩子苍以至近人储皖峰先生专为此诗作注，仍然讲不通彻。正是因为大家都讲不通彻，更可以证明不是在讽刺刘裕，确是在述说

---

① 吴国富，九江学院学报编辑部主任，教授。

酒。"① 此论值得重视。通过分析，笔者认为《述酒》乃是一首咏史诗，意在总结两晋得失，重点放在晋孝武帝一朝。此诗作于隆安元年，并未涉及刘裕篡国之事。

一、小序借酒言政

南宋汤汉注解陶诗，以为《述酒》小序旨在影射刘裕派人以毒酒毒死晋恭帝之事。但这种解释很成问题。刘裕第一次派张祎去进毒，张祎不肯"鸩君而求生"，"自饮之而死"（《晋书·张祎传》）；第二次派人去进毒，晋恭帝不肯喝，于是士兵翻墙而入，直接把晋恭帝"掩杀"了。因此，晋恭帝事实上并非死于毒酒，以仪狄、杜康比喻之，就显得很不妥帖。而且小序既然说到毒酒，诗中必然有所提及，以便形成照应；但全诗没有一句提到此事。如果小序影射毒死晋恭帝之事，则谴责刘裕的相关罪行也必然会成为全篇的重点，诸如铲除异己、独揽大权，以及害死晋帝、篡夺皇位等。然而遍览以往的解诂，也很难说《述酒》与这些内容有关。历来被指出与刘裕相关的诗句，反而更像是在写刘裕的祥瑞之兆，及其平定桓玄的功劳，为此"忠晋愤宋"反而更像是在为刘裕歌功颂德。罗根泽先生在《陶渊明诗的人民性和艺术性》一文中说："不错，《述酒》诗中确有很多难解的诗句，宋人黄庭坚已经说'其中多不可解'。但这不能成为不是述说酒而是讽刺刘裕的证据。就依力主是讽刺刘裕者陶澍的考证吧：刘裕先使张祎用毒酒鸩晋恭帝，张祎自己喝了；又使兵进药，恭帝不肯喝；最后的弑帝是'掩杀之'。那么假使讽刺刘裕，根本不能用酒，因为酒并没有起作用。这是第一点。第二点，假使真是讽刺刘裕，那么解为讽刺刘裕就应当通彻，但自韩子苍以至近人储皖峰先生专为此诗作注，仍然讲不通彻。正是因为大家都讲不通彻，更可以证明不是在讽刺刘裕，确

---

① 罗根泽《陶渊明诗的人民性和艺术性》，《古典文学研究汇刊》，古典文学出版社，1957年，第43页。

是在述说酒。"①以此而论，传统的解释是不合理的，而小序也必然有另外的含义。

在后人心目中，仪狄、杜康都是善于造酒的人；但在先秦及汉晋时期，他们却是反面形象。《孟子·离娄下》："禹恶旨酒而好善言。"汉人赵岐注曰："旨酒，美酒也。仪狄作酒，禹饮而甘之。遂疏仪狄，而绝旨酒。"②汉代荀悦《申鉴·杂言》："鲧、共工之徒攻尧，仪狄攻禹，弗能克，故唐、夏平。"③西晋葛洪《抱朴子外篇·君道》："旨甘之进，则疏仪狄。"东晋祖台之《与王荆州书》："古人以酒为笃诫，……愿君屏爵弃卮，焚罍毁榼。殛仪狄于羽山，放杜康于三危。"（《太平御览》卷四百五十七）综合这些叙述，可知仪狄曾攻打大禹，未能成功，后来又造美酒以进，企图让大禹沉湎于酒，好趁机作乱，但被大禹识破，遂被疏远。以此而言，仪狄乃是以酒乱政之人，而杜康对其术加以润色美饰，使人不觉，比起仪狄有过之而无不及。《十六国春秋·赵整传》记载前秦君主苻坚与群臣饮酒，以极醉为限，赵整遂作歌劝谏说："地列酒泉，天垂酒池。杜康妙识，仪狄先知。纣丧殷邦，桀倾夏国。由此言之，前危后则。"指出仪狄深知"以酒亡国"的道理，而杜康则更加深谙其道，娴熟运用之；这就可以用来阐释"仪狄造，杜康润色之"的意思。

晋孝武帝在位晚期，溺于酒色，宠信佞臣，堪称"以酒乱政"。《晋书·孝武帝纪》："既而溺于酒色，殆为长夜之饮。末年长星见，帝心甚恶之，于华林园举酒祝之曰：'长星，劝汝一杯酒，自古何有万岁天子邪！'太白连年昼见，地震水旱为变者相属。醒日既少，而傍无正人，竟不能改焉。时张贵人有宠，年几三十，帝戏之曰：'汝以年当废矣。'贵人潜怒，向夕，帝醉，遂暴崩。"唐代许嵩《建康实录》卷十："时烈宗（晋孝武帝）不亲万机，与道子长夜饮酣歌为务。"嬖人赵牙又为司马道

① 罗根泽《陶渊明诗的人民性和艺术性》，《古典文学研究汇刊》，古典文学出版社，1957年，第43页。

② ［清］焦循《孟子正义》，中华书局，1987年，第569页。

③ ［汉］荀悦《申鉴》，辽宁教育出版社，2001年，第18页。

子开东第，"筑山穿池，列树竹木，功用钜万。又使宫人为酒肆，沽卖水侧，道子与亲昵乘船就之，饮宴为笑乐"。帝王"溺于酒色"而"傍无正人"，这恰好就是仪狄在大禹时代想看到的局面。而《述酒》中的"安乐不为君"，也就相当于"傍无正人"，又与小序呼应。因此，小序应当就是影射晋孝武帝沉湎于酒，而把皇帝拖到酒池肉山之中的司马道子，就相当于"杜康"，堪称是仪狄的正宗传人。

跳出"忠晋愤宋"的局限，重新看待《述酒》的含义，同样能发现此诗的主体部分即从"神州献嘉粟"到"安乐不为君"都是在叙述评论晋孝武帝一朝的事情，指出了"乱政"的几种表现，从而强化了小序"借酒言政"的主旨。

二、论东晋立国艰难

《述酒》诗从开始的"重离照南陆"到"重华固灵坟"为第一层，旨在叙述东晋的立国史，指出东晋立国于南方，相比北方之乱，还算有几分安定。然而外敌屡迫，内乱丛生，情势十分艰难，幸而老天保佑，总算让东晋在南方站稳了脚跟。

1.重离照南陆，鸣鸟声相闻。

"重离"一词，学者多解为"重黎"，言司马氏为重黎之后；又解为"重日"，即"昌"字，指晋孝武帝司马昌明[1]。后一种解释，便于切入"忠晋愤宋"的主题，但实际上是不妥的。"重离"应当按照本字来解，即太阳；这在当时是一个常用词汇。沈约《谢立皇太子赐绢表》："重离在天，八纮之所共仰。明两作贰，万国所以咸宁。"（《艺文类聚》卷八十五）王融《克责身心篇颂》："岂无通术，跋此榛荒。虽有重离，迹

---

① 逯钦立注《陶渊明集》，中华书局，1979年，第102页。

照萤光。"① 又古直笺注引晋元帝改元《大赦令》云："景皇纂戎，文皇扇烈，重离宣曜，庸蜀稽服。"杨勇认为"重离"两句比喻晋元帝中兴于江左，这应该是对的②。

综合起来，"重离照南陆"，实际上就是"日行南陆"。《后汉书·律历志》曰："是故日行北陆谓之冬，西陆谓之春，南陆谓之夏，东陆谓之秋。"唐朝李淳风《乙巳占序》："日在北陆而沍寒，日行南陆而炎暑。""重离照南陆"取自"日行南陆谓之夏"，因此"鸣鸟声相闻"就接着描绘夏天景象，继续隐喻东晋中兴的气象。

"鸣鸟"，凤凰也。《山海经·大荒西经》："有弇州之山，五采之鸟仰天，名曰鸣鸟。"郝懿行云："鸣鸟，盖凤属也。"③ 任昉《天监三年策秀才文》："惰游废业，十室而九。鸣鸟蔑闻，子衿不作。"注曰："故天下太平而凤凰至，学校废则作《子衿》而刺之而人感思学。"④ 以此看来，"重离照南陆，鸣鸟声相闻"比喻五胡乱华之后，北方沦陷，太平景象独见于南方也。这种描述，也是符合当时实际情况的。

2.秋草虽未黄，融风久已分。

《说文解字》："东北曰融风。"《符瑞图》："冬至，东北方融风至。"（《太平御览》卷二十八）因起首两句指东晋偏安南方的太平气象，这两句便应当指五胡作乱、北敌屡迫的情形。"久已分"，不是指东北风久已散去，而是指东北风"早已分发给秋草"，即"秋草早已感受到东北风的威严了"。

---

① ［明］张溥编《汉魏六朝百三家集选》，吉林人民出版社，1998年，第399页。

② 杨勇《陶渊明集校笺》，上海古籍出版社，2007年，第174页。

③ ［晋］郭璞注、［清］郝懿行笺疏《山海经》，上海古籍出版社，2015年，第361页。

④ ［清］许梿评选、［清］黎经诰笺注《六朝文絜笺注》，上海古籍出版社，1962年，第71页。

3.素砾晶修渚，南岳无余云。

这两句写江水枯竭，白沙闪烁，山峰上很少看到云彩，形容久旱之景象。古人常以自然灾害占卜时局的变化，连续出现干旱的现象，就预兆"阴侵阳""下犯上""阳无德"。《后汉书·五行志》引《京房传》曰："君高台府，兹谓犯，阴侵阳，其旱万物根死，数有火灾。庶位逾节，兹谓僭，其旱泽物枯，为火所伤。是时天下僭逆者未尽诛，军多过时。"《晋书·五行志》也照抄了这段话，又记载："怀帝永嘉三年五月，大旱。襄平县梁水淡池竭，河、洛、江、汉皆可涉。"当年司马越入京擅杀，"四方诸侯多怀无君之心"，出现如此严重的大旱，就是"僭逾之罚也"。"素砾"一句，即指江水因大旱而干涸已甚，显现出大片的沙滩，与"河、洛、江、汉皆可涉"的意思差不多。

按《晋书·五行志》记载，东晋的大旱甚多，分别表示上天对王敦"僭逾无上"、庾太后"临朝称制，言不从而僭逾"、晋成帝时将相"僭逾"、桓温"逾僭"、司马道子"僭逾不从"、司马元显"陵僭"、桓玄"奢僭"等现象的惩罚。又《晋书·天文志》记载，义熙十四年（418），"刘裕擅命，军旅数兴，饥旱相属，其后卒移晋室"。因"素砾"一句没有针对某一次大旱的特指意义，所以它只是对"以下犯上"情况的概括性描述，并不是专门针对刘裕。

另外，大旱也表示"阳无德"，"人君恩泽不施于人"。《后汉书·郎颛传》引《易传》曰："阳无德则旱，阴僭阳亦旱。""阳无德者，人君恩泽不施于人也。阴僭阳者，禄去公室，臣下专权也。""南岳"一句，古直笺注云："南岳为江南山镇，故特标之。"晋元帝《改元大赦诏》："遂登坛南岳，受终文祖；焚柴颁瑞，告类上帝。"（《晋书·元帝纪》）南岳本指衡山，汉武帝以衡山过于遥远，遂将南岳祭祀改在庐江天柱山，后人遂称天柱山为南岳。郭璞《尔雅注》云："霍山在庐江郡潜县，别名天柱山。汉武以衡山辽远，谶纬以霍山为岳，故祭之也。"（《太平御览》卷三十九）晋穆帝升平年间，何琦论修五岳祠，说唐虞以来天子都要“柴燎五岳，望于山川”，以求“灾厉不作，而风雨寒暑以时”。“自永嘉之乱，神州倾覆，兹事替矣。惟灊之天柱，在王略之内也，旧台选百户吏卒，以奉其职。中兴之际，未有官守，庐江郡常遣大吏兼假四时祷赛，春释寒而冬请冰。”（《宋书·礼志》）天子祭祀天下名山大川，以五岳为首，而在东晋境内的只有南岳，所以可以用“南岳无遗云”隐喻东晋帝王“恩泽不施于人”。

4.豫章抗高门，重华固灵坟。

旧注多以为“豫章”指豫章公刘裕，“豫章抗高门”指刘裕与帝室高门分庭抗礼[①]。然而在两晋时期，晋怀帝司马炽及其太子司马诠、司马诠之弟司马端都曾为豫章王，桓玄也曾为豫章公，单称“豫章”，显然不能确定就是指刘裕。

按《晋书·五行志》记载，永嘉六年（312）七月，“豫章郡有樟树久枯，是月忽更荣茂，与汉昌邑枯社复生同占，是怀愍沦陷之征，元帝中兴之应也”。这棵预兆晋元帝中兴的“豫章樟树”，才具有特指意义。《晋书·元帝纪》云：“光武以数郡加名，元皇以一州临极。”“驰章献号，高盖成阴，星斗呈祥，金陵表庆。”其中“高盖成阴”就是指豫章郡的樟树“久枯更荣”，而“元皇以一州临极”恰好就诠释了“抗高门”的具体内容。《晋书·乐志》：“皇罗重抗，天晖再举。”“抗高门”的“抗”，表示“高昂、崛起、振兴”，而不是“分庭抗礼”的“抗”。《宋书·乐志》：“炎精缺，汉道微。……金声震，仁风驰。显高门，启皇基。”《古今乐录》曰：“炎精缺者，言汉室衰，孙坚奋迅猛志，念在匡救，王迹始乎此也。”[②]“显高门，启皇基”指孙氏开启东吴“帝业”，“豫章抗高门”显示晋元帝中兴，两者意义相似。

舜帝名“重华”，以往多说舜帝的墓地在零陵九嶷山，此句隐喻晋

---

① 逯钦立注《陶渊明集》，中华书局，1979年，第102页。

② ［宋］郭茂倩编撰《乐府诗集》，上海古籍出版社，1998年，第228页。

恭帝被刘裕废为零陵王又被杀死之事。按《晋书·恭帝纪》："刘裕以帝为零陵王，居于秣陵，行晋正朔，车旗服色一如其旧。……宋永初二年九月丁丑，裕使后兄叔度请后，有间，兵人逾垣而入，弑帝于内房。时年三十六。谥恭皇帝，葬冲平陵。"宋人张敦颐《六朝事迹编类》："《建康实录》：晋恭帝，元熙二年葬冲平陵。在钟山之阳，与安帝同处，不起坟。"①晋恭帝虽然被废为零陵王，但始终居住在建康，并未到零陵，死后也葬在南京钟山。1964年，考古工作者在南京富贵山发掘了一座东晋大墓，出土一方石碣，上有铭文曰："宋永初二年太岁辛酉十一月乙巳朔七日辛亥晋恭皇帝之玄宫。"②因此，用舜帝葬于九嶷山之事隐喻晋恭帝之死，也就失去了事实的依托，故而这种解释是不妥的。

"重华"除了指舜帝之外，还指"岁星在心"的一种天象。岁星即木星，"岁星在心"就是指岁星在心宿的位置上。《后汉书·郎顗传》记载郎顗上书言事，引《孝经钩命决》曰："岁星守心年谷丰。"引《尚书洪范记》曰："月行中道，移节应期，德厚受福，重华留之。"又解释说："重华者，谓岁星在心也。"《晋书·天文志》："岁星曰东方春木，于人，五常，仁也；五事，貌也。仁亏貌失，逆春令，伤木气，则罚见岁星。岁星盈缩，以其舍命国。其所居久，其国有德厚，五谷丰昌，不可伐。其对为冲，岁乃有殃。岁星安静中度，吉。盈缩失次，其国有忧，不可举事用兵。"汉代以来流行星占③，以岁星占卜国事即为其中之一，东晋时人对此耳熟能详，《晋书》《宋书》对岁星变化的记载随处可见。上述的"岁星在心""岁星守心""其所居久"等语，足以诠释"重华固灵坟"的"固"字，亦即"固守"之意，表明东晋尽管内外交困，但还能得到天眷，能够延续下去。《晋书·天文志》记载，义熙十二年五月，"岁星留房心之间，宋之分野。始封刘裕为宋公"。岁星发生了偏移，挪到房宿、心宿之间去了，这就预兆晋祚将终、宋朝将立了。这一差别，足以表

① ［宋］张敦颐《六朝事迹编类》，上海古籍出版社，1995年，第131页。
② 《南京富贵山发现晋恭帝玄宫石碣》，《考古》，1961年第5期。
③ 卢央《中国古代星占学》，中国科学技术出版社，2013年，第268—271页。

明"重华固灵坟"与晋宋易代无关。

"灵坟",其意略如"英灵不泯"之坟也。孙绰《聘士徐君墓颂》："乃与友人殷浩等,束带灵坟,奉瞻祠宇。虽玉质幽潜,而目想令仪;雅音永寂,而心存高范。"(《艺文类聚》卷三十六)"灵坟"比喻晋帝陵墓有灵,可以保佑子孙延续帝业,与下文"双陵甫云育"互相发明。然而在晋恭帝之后,东晋便绝代了,其墓葬岂能称为"灵坟"?而且舜帝在古人心目中是神圣的君主,将晋恭帝与之相提并论,也极不妥当。

综合起来,"豫章"两句可以解释为:豫章郡的樟树久枯而后荣,显示了晋元帝在江东重建晋朝基业;而"岁星守心"的天眷,使晋朝帝陵再一次"显灵",东晋也得以延续下去。接下来两句"流泪抱中叹,倾耳听司晨",比喻东晋开国之后,时局艰难,人人指望中兴。不必解释为"晋帝以天下让,而又不免予弑,此所以流泪中叹,夜耿耿而达曙也"(汤汉语)。从篇章结构来说,这两句属于第一层次的收束语,起过渡转折的作用。

三、论晋孝武帝"不勤成名"

叙述完东晋的立国史之后,《述酒》就开始重点叙述晋孝武帝一朝的历史,从"神州"句到"安乐"句,所叙皆与晋孝武帝时期的历史吻合,这也是全诗的主体部分。

1.神州献嘉粟,西灵为我驯。

逯钦立认为"西灵"当作"四灵",刘裕受禅文有"四灵效征"之语。又如《宋书·武帝纪》:"故盈否时袭,四灵通其变;王道或昧,贞贤拯其危。"其实"四灵"指"麟凤龟龙",见《礼记·礼运》,"西灵"乃是指西王母,两者完全不同。

清人陈沆《诗比兴笺》卷二:"西灵,西王母也。《穆天子传》:

曹奴之人，献稌米百车。"又云：天子取嘉禾以归。言此皆盛世荒服来宾之事，固不可得见矣。"清人陶澍集注《靖节先生集》卷三："神州嘉粟，西灵我驯，此用《穆天子传》西王母诸国献禾献刍诸事，谓西晋全盛时，五胡未乱，四夷宾服也，今不可见矣。"①《竹书纪年》："穆王十七年西征昆仑丘，见西王母。其年，西王母来朝，宾于昭宫。"（郭璞注《穆天子传》卷三）

"嘉粟"，《太平御览》卷八百七十三引《礼斗威仪》曰："人君乘土而王，其政升平，则嘉谷并生。"引《孝经援神契》曰："王者德至于地，则嘉禾生。"引沈约《宋书》："文帝时，醴湖生嘉粟，一茎九穗。""嘉谷""嘉禾""嘉粟"都是帝王的吉兆。

西王母的故事在战国以来就广为流传。如《淮南子·览冥训》："羿请不死之药于西王母，姮娥窃之以奔月。"班彪《览海赋》："松、乔坐于东序，王母处于西箱。"（《艺文类聚》卷八）陶渊明《读山海经》云："虽非世上宝，爰得王母心。"其中的"王母"就是"西王母"。

"西灵"之名出现很早。《楚辞·远游》："驰六龙于三危兮，朝西灵于九滨。"编纂于北周时期的道教类书《无上秘要》，收录了不少古代道教典籍，有多处提到"西灵"，如卷三十五引《明真科》的"东华、南极、西灵、北真"。《云笈七签》卷二十一引《北方品章经》："东方而称东华，南方而称南极，西方而称西灵，北方而称北真。""西灵"又与"王母"合称"西灵王母"。汉班固著《汉武帝内传》云："茅君之师乃总真王君，西灵王母与夫人，降于句曲之山金坛之陵华阳天宫，以宴茅君焉。"（《太平广记》卷五十六）据《四库全书总目提要》，郭璞《游仙诗》、葛洪《神仙传》、张华《博物志》都引用了《汉武帝内传》的内容，足见此书在魏晋时期已经十分流行。《上清灵宝大法》卷二十五："昔西灵王母将天象译以世书，传授于汉武帝。"此事也出于《汉武帝

---

① 北京大学等编《陶渊明研究资料汇编》（下），中华书局，1962年，第208、209页。

内传》。

　　陈沆、陶澍一致认为"嘉粟"两句用《穆天子传》西王母诸国献禾献匊诸事，以喻"四夷宾服"，这是有道理的；但指为"四夷"则不恰当。因"西灵王母"住在昆仑山，为西方之神，"西王母诸国献禾献匊"只可用来比喻"西夷宾服"。如《晋书·赵至传》云："思蹑云梯，横奋八极，披艰扫秽，荡海夷岳，蹴昆仑使西倒，蹋太山令东覆，平涤九区，恢维宇宙，斯吾之鄙愿也。"就以"昆仑""太山"分别代指西方和东方。又《晋书·张骏传》记载酒泉太守马岌对凉州刺史张骏说："酒泉南山，即昆仑之体也。周穆王见西王母，乐而忘归，即谓此山。此山有石室玉堂，珠玑镂饰，焕若神宫。宜立西王母祠，以裨朝廷无疆之福。"这里所谓的"无疆之福"，就是特指平定西北一带的叛乱，摧毁这里的胡人政权。因此，"西灵为我驯"就特指征服了西北一带的胡人割据政权。

　　总结起来，"神州献嘉粟，西灵为我驯"特指西北胡人政权的覆灭，不是指西晋全盛时期的"四夷宾服"，也不是指刘裕掌权后的情况。因为刘裕北伐长安，消灭后秦，关中旋得而旋失，不能称"西灵为我驯"。相比之下，这句话用于形容淝水之战以后的情形则相当合适。前秦帝国乃是北方最大的敌国，对东晋一朝的威胁最大，侵占的东晋领土最多。淝水一战，前秦大败，紧接着完全崩溃，前秦君主苻坚也在不久之后被杀。东晋趁机收复了大片失地，尤以收复巴蜀、汉中、潼关以东地区的战果为最辉煌，堪称"西灵为我驯"。这种解释，也可以进一步明确下两句的含义。

2.诸梁董师旅，芈胜丧其身。

　　沈诸梁为春秋时期楚国平叛之功臣，芈胜为叛乱者。有很多人认为这两句是指刘裕平定桓玄之乱，但这是不合理的。以东晋而言，陶侃、温峤既平定了叛乱，又维护了王朝的安定，但刘裕在平定桓玄之乱的同时，却完全掏空了东晋的统治基础，为自己的篡权夺位铺平了道路，在实质上与王敦、桓温、桓玄等"逆臣"没有任何区别。以此而论，不歌颂陶侃、温峤，反而歌颂刘裕，岂非黑白不分？

清人陈沆《诗比兴笺》卷二："次则中兴之世，如白公胜谋篡，而叶公诸梁倡义旅而讨之，今亦不可见矣。"清人陶澍集注《靖节先生集》卷三："次则芈胜乱楚，而沈诸梁董师复之，谓东晋初有王敦、苏峻之乱，即有陶侃、温峤之功，国犹有人也，今亦不可见矣。"①认为这两句指"中兴之世"，意在歌颂平叛之功，这是很有道理的。

就东晋一朝的平叛之功而论，陶侃、温峤的功劳虽大，但基本上局限于平定内乱；而谢安取得淝水之战的胜利、收复大片失地、导致最强悍的前秦帝国崩溃，其功劳远在陶侃、温峤之上，也没有人可以和他比肩，具有唯一性。因此，"诸梁董师旅"应当指谢安。东晋时期，覆亡而死的叛乱者很多，假如以"芈胜丧其身"比喻王敦、苏峻等人，未免有点小题大做，也很难说某人具有代表性。假如这个叛乱者是指苻坚，就值得大书特书了（在东晋时期，五胡君主都被视作叛乱者）。综合起来，"诸梁"两句应当比喻谢安高坐朝堂，运筹帷幄，取得了淝水之战的大捷，旋即挥师北伐，收复大片失地，而苻坚也在不久之后被杀死。这一解释，紧接"西灵为我驯"两句，在语意上也是很顺畅的。

3. 山阳归下国，成名犹不勤。

元代李公焕《笺注陶渊明集》先引北宋韩驹之语，说这两句"盖用山阳公事，疑是义熙以后有所感而作也"。再引赵泉山语，说"诗中引用汉献事"，意在隐喻"宋王裕迫帝禅位，既而废帝为零陵王，明年九月，潜行弑逆"。又引汤汉语，说据"山阳"句可知"决为零陵哀诗也"。经过他们的反复论述，《述酒》"忠晋愤宋"一说变得难以动摇，而"山阳"两句则成为支撑此论的"铁证"。顾农说："沿着韩驹的思路继续研究《述酒》一诗的学者颇有其人，后来越说越远，出现了严重的扩大化的趋

---

① 北京大学等编《陶渊明研究资料汇编》（下），中华书局，1962年，第208、209页。

势：首先是将'忠愤'由'山阳'二句扩大到《述酒》全篇，再从此诗扩大到其他作品以至陶渊明全人。可是事实上《述酒》一诗中除了'山阳归下国'这么一句之外，其他各句包括前前后后提到的人物皆与易代无甚相干。"①此论颇能反映《述酒》"忠晋愤宋"说的形成过程。

然而汤汉等人关于"山阳"两句的论述，并非滴水不漏。其一，"山阳归下国"出自汉献帝贬为山阳公的典故，"成名犹不勤"出自《谥法》，这两点毋庸置疑。但诗人使用的这两个典故有什么确切含义，尚需进一步研讨。其二，"山阳"两句确实是在隐喻某个君主，但是否在隐喻晋恭帝，仍然值得深究。

就用典而言，"成名犹不勤"出自《谥法》，属于前人成语。通过考察，此语在历史上有一些特定的含义，用于形容汉献帝或晋恭帝均很不妥当。

谥号的起源很早，在春秋战国时期非常流行。秦始皇《除谥法制》："朕闻太古有号毋谥，中古有号，死而以行为谥，如此，则子议父，臣议君也。甚无谓，朕弗取焉。自今已来，除谥法，朕为始皇帝，后世以计数，二世三世至于万世，传之无穷。"（《史记·秦始皇本纪》）

西汉时期，已有比较定型的"谥法"。《汉书·戾太子刘据传》："谥法曰：谥者，行之迹也。"谥法的经典著作是《逸周书·谥法解》。《逸周书》是一部先秦古籍，两汉时期有不少记载。吕思勉曰："蔡邕《明堂月令论》，谓《周书》七十一篇，《月令》第五十三，篇数与《汉志》合，篇第亦同今本，似今本确为《汉志》之旧。"通过考证，吕思勉认为今本与汉本颇有差异②。《汉书·河间献王刘德传》："谥法曰：聪明睿智曰献。"此语亦见于《逸周书·谥法解》，或可反映当时的"谥法"与《逸周书·谥法解》差异不大。

《逸周书·谥法解》关于"灵"的谥法共有六条，或为美谥，或为恶

①　顾农《晋宋易代与陶渊明》，《中华读书报》，2018年1月3日。
②　吕思勉《先秦学术概论》，译林出版社，2016年，第131页。

谥，具有不同的含义："死而志成曰灵。乱而不损曰灵。极知鬼神曰灵。不勤成名曰灵。死见神能曰灵。好祭鬼神曰灵。"①在这六条之中，"好祭鬼神"是恶谥，"死而志成""极知鬼神""死见神能"是美谥，它们都具有"人神不分"的时代特征，大约就产生于先秦时期。如《水经注》卷十五引《皇览》曰："周灵王葬于河南城西南周山上。盖以王生而神，故谥曰灵。"②

先秦时期，谥为"灵"的诸侯很多，其中大部分是恶谥，与"不勤成名曰灵""乱而不损曰灵"颇有关系。"不勤成名曰灵"指"任本性，不见贤思齐"，即任性胡为、不思进取之意。就字面而言，"不勤"指荒政怠政。《汉书·文帝纪》："吾诏书数下，岁劝民种树，而功未兴，是吏奉吾诏不勤，而劝民不明也。"《晋书·愍怀太子传》："四教不勤，三朝或阙，豹姿未变，凤德已衰。""成名"指立功、立德，就帝王而言，主要就是立功，也即建功立业、有所作为。如《汉书·昭帝纪》："成王不疑周公，孝昭委任霍光，各因其时以成名。"《晋书·阮籍传》："尝登广武，观楚、汉战处，叹曰：时无英雄，使竖子成名！""乱而不损曰灵"指"不能以治损乱"，意指君王荒淫无道，导致国家混乱却不能拨乱反正。

汤汉注"山阳"两句曰："古之人主之不善终者，有灵若厉之号。"此语不见于《谥法解》，事实上也很值得关注。南宋褚伯秀《南华真经义海纂微》卷八十五："灵之为谥，可善可恶，故夫子问于三人。大弢答以'唯其如此，所以如此'，则灵为无道之谥明矣。……其谥号美恶，则系乎生前之所为，在人不可不谨。谥法始于周公，以一字示褒贬，亦严矣哉！不勤成名曰灵，古之人主不善终者有灵若厉之号。"③正与汤汉所说相同。这段话排在出自《鬳斋口义》的"卫君所为如此"一段注疏之后，没有标明另外的注疏人，应该同出《鬳斋口义》。《南华真经义海纂微》

---

①　《逸周书》卷六，四部备要本，上海中华书局，1912年，第22—23页。

②　王国维《水经注校》，上海人民出版社，1984年，第495页。

③　［宋］褚伯秀《南华真经义海纂微》卷八十五，《道藏》第15册，第590页。

卷首开列"今所纂诸家注义姓名"，内有"竹溪林希逸口义，福本"，即南宋林希逸的《庄子鬳斋口义》。《正统道藏》本林希逸《南华真经口义》卷二十六注解《庄子·则阳》没有这段话，或因删节所致。林希逸，字肃翁，号竹溪，又号鬳斋，福清人，端平二年（1235）进士，官终中书舍人。四库本《南华真经义海纂微》将"灵之为谥，可善可恶"一段话标为"褚氏管见"，即褚伯秀自己的注疏。因此，"古之人主之不善终者，有灵若厉之号"或为林希逸所说，或为汤汉所说，或为褚伯秀所说，难以确定。不过，《南华真经义海纂微》卷首有鄱阳汤汉之序，假如这段话出自汤汉之口，则褚伯秀引用时应当标明，以示不掠美之意。但褚伯秀并未标明是汤汉之语，可知另有所本。综合起来，"古之人主之不善终者，有灵若厉之号"应当是宋儒研究古代谥号时得出的结论，其内容虽不见于《谥法解》，实际上适用于古代很多谥为"灵"的人物，可当谥法使用。

从逻辑关系上来看，"不勤成名"往往演变为荒淫无道，荒淫无道而不知悔改就是"乱而不损"，"乱而不损"又往往导致"不善终"的结局，三者在程度上有所差别，却可以形成同一事件的三个发展阶段，难以截然区分。春秋战国时期，谥为"灵"的君王很多，如晋灵公、陈灵公、郑灵公、齐灵公、蔡灵侯、楚灵王、卫灵公等，大多数都有从不愿勤勉于政事到荒淫无道、再到因内乱而死的共同点。因此，在讨论"不勤成名曰灵"的时候，就不得不考虑相关的"乱而不损曰灵"以及暗含的"乱而不善终曰灵"。

给人物作出较为客观的评价，这是谥法的本意之一。但事实上在议谥的时候，会受到很多因素的影响，客观评价往往也就不得不让位于溢美。《礼记正义》卷二十七："凡谥，表其实行，当由尊者所为。若使幼贱者为之，则各欲光扬在上之美，有乖实事，故不为也。"[①] 其实"有乖实事"的谥号比比皆是，到后来也就成为一味赞美的套话了。

作为恶谥的"灵"，常常有被改掉的情况。如春秋时期，楚成王想

---

① ［汉］郑玄《礼记正义》，上海古籍出版社，2008年，第796页。

废掉太子商臣，商臣遂带兵包围王宫，逼迫楚成王自缢。商臣即位，是为楚穆王。他给楚成王加谥，"谥之曰灵，不瞑；曰成，乃瞑。"（《左传·文公元年》）王充《论衡·死伪篇》就此议论说："夫恶谥非灵则厉也，纪于竹帛，为灵厉者多矣。"又如《国语·楚语》记载楚恭王有疾，召大夫曰："不谷不德，失先君之业，覆楚国之师，不谷之罪也。若得保其首领以殁，唯是春秋所以从先君者，请为灵若厉。"韦昭注："乱而不损曰灵，杀戮不辜曰厉。"楚国大夫没有听从，将他谥为"恭"。这都是将"灵"这一恶谥改掉的例子。两汉以来，谥号越来越偏重于褒美，真正给予"恶谥"的就越来越少了。如西晋的乱臣贼子贾充，死后礼官议谥曰"荒"，晋武帝不许，改谥为"武"（《晋书·贾充传》）。西晋的梁孝王司马肜被谥为"灵"，招致其故吏"追诉不已，故改焉"（《晋书·司马肜传》）。这些都反映在魏晋时期以恶谥评价人物的做法很难行得通了。

如前所述，作为恶谥的"灵"，名义上包括"不勤成名曰灵""乱而不损曰灵"两条，实际上还包括"乱而不善终曰灵"这样的内容。就贬责程度而言，一条比一条厉害。"不勤成名"表示荒政怠政，不见得造成乱象；"乱而不损"表示已经造成乱象，但未必造成重大恶果；"乱而不善终"则表示因乱而导致恶果，连自己也不得好死了。但在魏晋时期，以谥号"光扬在上之美"已经成为普遍倾向，给予美谥时夸大其功德，选用褒扬程度较高的谥法；给予恶谥时避重就轻，选用谴责力度较小的谥法，也就在情理之中了。

魏晋南北朝之时，据"不勤成名曰灵"谥为"灵"的有两个典型例子。一个是西晋的司马肜。去世之后，博士蔡充议谥，说他乃皇室亲属，贵为宰相，"而临大节，无不可夺之志；当危事，不能舍生取义；愍怀之废，不闻一言之谏；淮南之难，不能因势辅义；赵王伦篡逆，不能引身去朝。……谨案《谥法》：不勤成名曰灵。肜见义不为，不可谓勤，宜谥曰灵。"（《晋书·司马肜传》）根据蔡充所议，司马肜几乎就是引发"八王之乱"的罪魁祸首了（事实则未必如此），完全符合"乱而不损曰

"灵"之谥，但蔡充在引用谥法时却用了"不勤成名曰灵"，责之以荒政怠政，颇有避重就轻之意。另一个是北魏的郑羲，担任西兖州刺史时"多所受纳，政以贿成"，死后尚书奏谥曰宣，北魏孝文帝十分不满，下诏曰："羲虽宿有文业，而治阙廉清。稽古之效，未光于朝策；昧货之谈，已形于民听。谥以善问，殊乖其衷。又前岁之选，匪由备行充举，自荷后任，勋绩未昭。尚书何乃情遗至公，愆违明典！依谥法：博文多见曰文，不勤成名曰灵。可赠以本官，加谥文灵。"（《魏书·郑羲传》）按照北魏孝文帝的说法，郑羲毫无政绩可述，一味贪赃枉法，也完全符合"乱而不损曰灵"之谥，但在引用谥法时，却选用了谴责力度较小的"不勤成名曰灵"，与蔡充议谥的情况相似。

总而言之，在美谥流行且偏重于溢美、恶谥甚少且往往避重就轻的情况下，用"不勤成名曰灵"这种恶谥去评价人物，暗含的语意就显得特别重，表面上的评价是"不勤成名曰灵"，实际上有可能暗含"乱而不损曰灵"甚至是"乱而不善终曰灵"之意。

汤汉注曰："谥法：不勤成名曰灵。古之人主之不善终者，有灵若厉之号，此正指零陵先废而后弒也。曰犹不勤，哀怨之词也。"基于上述考察，这一注解揭示了在"不勤成名曰灵"之中暗含的"乱而不损曰灵""乱而不善终曰灵"之意，是有充分依据的；但将它们用于评价汉献帝、晋恭帝，则是很不合适的。

汉献帝在位之时，一直处在曹操的掌控之中，无所作为，但也谈不上荒淫无道。延康元年（220）十月，"皇帝逊位，魏王丕称天子。奉帝为山阳公，邑一万户，位在诸侯王上。""魏青龙二年三月庚寅，山阳公薨。自逊位至薨，十有四年，年五十四，谥孝献皇帝。"（《后汉书·献帝纪》）汉献帝禅位以后的情况，史书并无详细记载，死后魏明帝在《孝献皇帝赠册文》中说："授位明堂，退终天禄，故能冠德百王，表功高岳。"（《魏志·明帝纪》注引《献帝传》）这种评价，反映汉献帝退位之后无所作为，但也谈不上荒淫无道。因此，以"不勤成名曰灵""乱而不损曰灵"去评价汉献帝，都缺乏充分的依据。又台湾大学齐益寿教授指出，山阳公逊位时非常干脆，死的时候远在禅位十四年后，死后明帝追他为汉孝献皇帝，葬以汉天子之礼，同时他的皇后又是曹操的女儿，死在他之后两年。基于这几种证据，山阳公乃是"寝疾弃国"，黄文焕说："魏降献帝为山阳公，阅十余年善终。"这种说法是可信的①。为此，"乱而不善终曰灵"也不适合用于评价汉献帝。

晋恭帝是刘裕扶立的，在位之时，他处于刘裕的掌控之中，不可能有所作为，但也谈不上荒淫无道。禅位之后，他居于秣陵，生活在刘裕的眼皮底下，小心谨慎，处处提防，活得很窝囊。《晋书·恭帝纪》："帝自是之后，深虑祸机，褚后常在帝侧，饮食所资，皆出褚后，故宋人莫得伺其隙。"即便如此，他还是被刘裕杀害了。晋恭帝的谥号为"恭"（应取"尊贤敬让曰恭"之义），陶渊明说应当改谥为"不勤成名曰灵"，并无充足的理由，因为晋恭帝缺乏"勤于成名"的条件。晋恭帝没有荒淫无道的表现，也不能用"乱而不损曰灵"来评价。用"乱而不善终曰灵"来评价就更不合适。晋恭帝虽然被弑而死，不得善终，但这与荒淫无道而导致的"不善终"完全不同。《南华真经义海纂微》说："灵为无道之谥明矣，……不勤成名曰灵，古之人主不善终者有灵若厉之号。"汤汉把"灵为无道之谥明矣"等话删掉，致使"不善终"与"荒淫无道"的关联不复存在，明显存在断章取义、偷换概念的弊病。再补上"哀怨之词"的解释，把"成名犹不勤"与晋恭帝联系起来，则更为荒谬了。因为"成名犹不勤"明显属于恶谥，表现了对无道昏君的贬斥，若按照汤汉的解释，等于以"贬斥之词"来体现"哀怨之情"，真的是"岂有此理"。

"山阳归下国"的"下国"是相对于"上国"而言的，在汉晋之时有几种不同的表现形式。其一，京城称为"上国"，诸侯王的封国称为"下国"。《后汉书·陈蕃传》："夫诸侯上象四七，垂耀在天，下应分土，藩屏上国。"西晋枣据《登楼赋》："情戚戚于下国，意乾乾于上京。"

---

① 齐益寿《陶渊明的政治立场与政治理想》，收入《中国古典文学研究丛刊——散文与论评之部》，台北巨流图书公司，1978年，第53—54页。

（《艺文类聚》卷六十三）汉献帝的"山阳国"也属于诸侯王的"下国"，当然他在这里只能享受爵禄，不能干预军政事务。其二，中原王朝称为"上国"，蛮夷之邦称为"下国"。《后汉书·东夷列传》："其后遂通接商贾，渐交上国。"潘尼《扇赋》："至若羽扇，靡雕靡刻。方圆不应于规矩，裁制不由于绳墨。始显用于荒蛮，终表奇于上国。"（《北堂书钞》卷一百三十四）其三，三国鼎立之时，自以为继承中原正统的曹魏称为"上国"，而东吴、蜀汉则被称为"下国"。如《晋书·食货志》："诸葛亮耕于渭滨，规抗上国。"《晋书·陆机传》："吴武烈皇帝慷慨下国，电发荆南，权略纷纭，忠勇伯世。"其四，五胡乱华之初，西晋称为"上国"，胡人政权称为"下国"，如《晋书·刘琨传》："蚁狄续毒于神州，夷裔肆虐于上国。七庙阙禋祀之飨，百官丧彝伦之序。"庾阐《为郗道徽檄青州文》："是以石勒因曩者之弊，遇皇纲暂弛，遂陵跨神州，翦覆上国。"（《艺文类聚》卷五十八）其五，东晋偏安一隅，失去中原正统，没有底气自称为"上国"；相对于西晋，也不宜自称为"上国"。然而东晋自认为继承正朔，又不肯公开说自己是"下国"，否则就等于承认在中原建立的胡人政权是"上国"。如此一来，东晋在面对"上国""下国"之称时便着实有些尴尬。然而就实际情况而言，东晋是实实在在的"下国"。其六，东晋灭亡之后，南北分裂已成定势，于是南朝、北朝均自称为"上国"，而贬称对方为"下国"。如《宋书·索虏传》："中叶谅暗，委政冢宰，黠虏乘衅，侵侮上国。"《魏书·崔玄伯传》："夫魏者大名，神州之上国，斯乃革命之征验，利见之玄符也。臣愚以为宜号为魏。"《魏书·南安王桢附传》："是以太学之馆，久置于下国，四门之教，方构于京廛。"

毋庸置疑，"山阳"两句是在隐喻某个"下国"之君，而这个君主必须同时满足两个条件：其一，已经从"上国"之君沦落为"下国"之君。其二，必须拥有"下国"君主的各种实际权力，才能做到"勤于成名"。在汉献帝之后，东吴、蜀汉、五胡诸国及一般诸侯国都不能满足第一个条件。相对西晋诸帝而言，东晋诸帝能够同时满足这两个条件：他们本来有资格做"上国"之君，却已沦落为事实上的"下国"之君；他们拥有"下国"君主的各种实际权力，适合用"勤于成名"或"成名不勤"来评价。但其中晋恭帝应该除外，因为他不能满足第二个条件。更何况他被贬之后一直住在京城，并未去他的封地，就连"归下国"也谈不上。因此，可以断定"山阳"两句是在隐喻某个东晋皇帝，但不是晋恭帝。

谥法出现之后，"议谥"之事便不可或缺。《汉书·宣帝纪》："故皇太子在湖，未有号谥、岁时祠。其议谥，置园邑。"两晋之时，"议谥"更是属于常规性的制度，如《晋书·贾充传》："及下礼官议充谥，博士秦秀议谥曰荒，帝不纳。"晋元帝大兴三年诏："古者皆谥，名实相称。顷来有爵乃谥，非圣本意，通议之。"①《晋书·杨方传》："及葬，属王敦作逆，朝廷多故，不得议谥，直遣使者祭以太牢。"古人引用《谥法》，其目的在于"议谥"；陶渊明引用《谥法》的"不勤成名曰灵"，其目的也不外乎"议谥"而已。

陶渊明没有担任过礼官，没有资格参与朝廷的"议谥"，但他也可以作为民间人士提出"清议"。两晋之时，颇重"清议"，如元康二年（292）司徒王浑奏弹虞浚等冒丧婚娶曰："宜加贬黜，以肃王法，请台免官，以正清议。"②《晋书·刘毅传》："置州都者，取州里清议，咸所归服，将以镇异同，一言议。"刘裕登基之后诏曰："其有犯乡论清议、赃污淫盗，一皆荡涤洗除，与之更始。"（《宋书·武帝纪》）诸如此类，都可见当时的"清议"对朝廷及地方政治颇有影响。在这种情况下，陶渊明提出"清议"属于朝廷许可的行为，并不算唐突。

综上所述，可知"成名犹不勤"旨在为典型的"下国"之君即东晋诸帝"议谥"，而有名无实的"下国"之君汉献帝、晋恭帝不在此列。既然如此，也就不难在东晋诸帝中找出那位"成名犹不勤"的皇帝，他就是陶渊明"议谥"的具体对象。

---

① ［唐］杜佑《通典》卷一百零四，岳麓书社，1995年，第1414页。

② ［唐］杜佑《通典》卷六十，岳麓书社，1995年，第874页。

东晋存在104年，共有11位皇帝。根据是否"勤于成名"的标准，可以将其中的10个皇帝分成三类。第一类，有点作为的。如"抑扬前轨，光启中兴"的晋元帝，"以弱制强，潜谋独断"的晋明帝（均见《晋书》卷六）。第二类，没有太多作为，但也称不上"无道"的。如晋成帝："雄武之度，虽有愧于前王；恭俭之德，足追踪于往烈矣。"（《晋书》卷七）晋穆帝："孝宗因褓抱之姿，用母氏之化，中外无事，十有余年。"晋哀帝："哀皇宽惠，可以为君，而鸿祀禳天，用尘其德。"（均见《晋书》卷八）晋康帝在位不足两年，也属于无所作为的一类。第三类，受制于权臣，不由自主也无所作为的。如晋废帝海西公："东海违许龙之驾，屈放命之臣，所谓柔弱胜刚强，得尽于天年者也。"（《晋书》卷八）简文帝："帝虽处尊位，拱默守道而已，常惧废黜。"（《晋书》卷九）晋安帝："帝不惠，自少及长，口不能言，虽寒暑之变，无以辩也。凡所动止，皆非己出。"晋恭帝："若乃世遇颠覆，则恭皇斯甚。……观其摇落，人有为之流涟者也。"（均见《晋书》卷十）①

就"不勤成名曰灵"而言，需要同时满足两个条件：第一，有"成名"亦即建功立业的主观和客观基础，否则这种评价就没有意义。第二，有所作为但又乱作为，堪称"无道"，这才符合"不勤成名曰灵"这一谥法在历史上的实际使用情况。在上述10个东晋皇帝中，第一类有作为但不乱作为，第二类没有多大作为但也不乱作为，第三类不具备"成名"的主观和客观基础，均不能同时满足上述两个条件。在第三类中，最悲惨的是晋恭帝，他不但没有"成名"的条件，甚至连保全性命都做不到。晋恭帝的谥号为"恭"（应取"尊贤敬让曰恭"之义），假如陶渊明就此提出异议，说应当改谥为"不勤成名曰灵"，不但没有充足的依据，而且还等于助纣为虐，为刘裕篡夺皇位制造更多的理由，这就属于一种诬枉之辞而不是一种值得尊重的"清议"了。以此而言，他的"议谥"对象并不是晋恭帝。

---

① ［唐］房玄龄等《晋书》，岳麓书社，1997年，第92—157页。

通过上述筛选之后，晋孝武帝就成为陶渊明最合适的"议谥"对象了。

其一，晋武帝、晋孝武帝同谥为"武"，两者很容易引起对比，差异也很明显：一为"上国"之君，一为"下国"之君；前者消灭东吴，完成一统大业，后者坐失良机，未能收复北方。这两种差异，恰好又符合"山阳"两句的隐喻意义。

晋武帝的谥号"武"，应当出自《谥法解》的"克定祸乱曰武"及"刑民克服曰武"。晋孝武帝谥号为"武"，庙号为"烈宗"。据《谥法解》，"有功安民曰烈（以武立功）""秉德尊业曰烈（遵世业不堕改）"。又按《晋书·孝武帝纪》云："属苻坚百六之秋，弃肥水之众，帝号为武，不亦优哉！"可知这个"武"也是"克定祸乱"的意思。

晋武帝夺取了曹魏政权，自然认为自己是"上国"之君；而他最终消灭了东吴，统一了天下，也变成了实至名归的"上国"之君。淝水之战以后，前秦帝国分崩离析，局势对东晋十分有利，然而已沦落为"下国"之君的晋孝武帝却排挤贤人，重用奸佞，很快葬送了收复北方失地、重新统一国家的希望，自己也就永远定格在"下国"之君的位置上了。因此，与晋武帝对比，晋孝武帝"已成下国之君，但还是不振作"的特点就暴露无遗，形成"山阳"两句的具体喻意。《晋书·孝武帝纪》说"大国之政未陵夷，小邦之乱已倾覆"，其中"大国"应该指西晋，"小邦"应该指东晋，两者的对比，也恰好就体现了"山阳归下国"的喻意。

其二，在历史上，"灵"的恶谥通常都兼有"不勤成名曰灵""乱而不损曰灵""乱而不善终曰灵"的含义，而晋孝武帝也是这三者兼备的君主。

据《晋书·孝武帝纪》，晋孝武帝在淝水之战以后不久就开始荒政怠政，"肆一醉于崇朝，飞千觞于长夜"，这就是典型的"不勤成名"。听任司马道子胡作非为，败坏朝政，摧残淝水之战以后的胜利果实，导致正直人士不断进谏，但晋孝武帝却拒绝忠言，"恶闻逆耳"，这就是典型的"乱而不损"。又《魏书》卷九十六："是时，昌明年长，嗜酒好内，而昌明弟会稽王道子任居宰相，昏酱尤甚，狎昵谄邪。于时尼媪构扇内外，风俗颓薄，人无廉耻。"这也是"乱而不损"的合适注解。最后晋孝武帝因酒后胡言而被弑，这又是典型的"乱而不善终曰灵"。在东晋诸帝之中，只有晋孝武帝、晋安帝、晋恭帝死于非命，其他都是正常死亡。晋安帝近于白痴，"凡所动止，皆非己出"，他被刘裕缢死，算是死于非命；晋恭帝不能自主，他被刘裕所弑，也算是死于非命；但两者都不是因荒淫无道而死。如此一来，酒醉之后被张贵人所弑的晋孝武帝，就是因荒淫无道而死于非命的唯一代表了。在他死后不久，东晋就陷入了全面内乱之中，江山社稷由此名存实亡。

总而言之，"不勤成名""乱而不损""乱而不善终"都适用于评价晋孝武帝，而且这与史书所论高度吻合。以此议谥，就是比较公允的"清议"了。

其三，既然"山阳"两句旨在为晋孝武帝"议谥"，则必须陈列一些事实以支持自己的观点。对于晋孝武帝来说，他的"成名犹不勤"具体表现为前勤后怠、由怠而乱，而诗歌的描述与此一致。"神州"四句应指东晋取得淝水大捷并倾覆了前秦帝国；因为除此之外，东晋或处于胡人政权的威胁之中，或未能有效摧毁西北的胡人政权，都不能用这四句话来形容。在东晋皇帝之中，前有宰辅堪称"卜生善斯牧"、后有宰辅堪称"安乐不为君"的，也只有晋孝武帝一人。因此，从"神州"四句到"卜生"两句，就对晋孝武帝的"成名犹不勤"作了具体的说明。

两晋时期，"借咏史以咏怀"是一种流行的做法。在"咏史"之时，对史实有所忽略或改造是理所当然的，但不能太离谱。诗人借"山阳国"以喻东晋之时，并不需要细究各种"下国"的实际差别，这是可以的。但若把出自谥法的"成名犹不勤"嫁接到山阳公的典故上，这就明显有违史实了，因为这在山阳公的典故中找不到任何依据。如此可知，"山阳"两句不能解释为"已如山阳归下国，又如山阳成名不勤"，而只能解释为"已如山阳归下国，却还是成名不勤"，而后一种解释的隐喻意义就相当明确。相比以前的"上国之君"，这个君主已经沦落为"下国之君"了，却还是"成名犹不勤",在"西灵为我驯"之后不思振作,一味重用"安乐不为君"之人:这当然就是指晋孝武帝了。

4.卜生善斯牧,安乐不为君。

逯钦立注《陶渊明集》,指出"卜生善斯牧"的典故出自《汉书·卜式传》:"式布衣草屩而牧羊,上过其羊所,善之。式曰:'非独羊也,治民亦犹是也。以时起居,恶者辄去,毋令败群。'上奇其言,欲试以治民。"又认为卜生之所以为善牧,在于"恶者辄去"一条原则。而这条原则,被数术家视为改朝换代的措施。如许芝奏启曹丕应该代汉称帝时,曾引《京房易传》云:"凡为王者,恶者去之,弱者夺之。易姓改代,天命应常。"因此,"卜生善斯牧"就寓言刘裕翦灭晋朝宗室之强者,如司马休之等,为篡夺作准备。

上述解释中存在的问题是,卜生牧羊,"恶者辄去",本来是"治民"的好措施。用于比喻刘裕篡夺,就变成了反用其意,似乎并不妥帖。王叔岷曰:"逯君谓此句取'恶者辄去'之义,隐喻桓、刘以武力诛除当时才望,亦未审。盖诛除才望,则非夫恶矣。"[1] 诚然如是,而以"毋令败群"比喻为刘裕篡位扫清障碍,更不妥当。许芝所说的"恶者去之",指的是帝王,用来比喻晋朝宗室,也很牵强。实际上,这两句应该特指晋孝武帝的得失,"卜生善斯牧"应该指贤相谢安之类,而"安乐不为君"也就应该指当时"不为君"的辅政大臣,这与皇帝"成名犹不勤"在语义上是关联的。《晋书·乐志》有《明君篇》云:"便辟顺情指,动随君所欲。偷安乐目前,不问清与浊。"其意与"安乐不为君"相似。

南宋汤汉注曰:"安乐公,刘禅也。丕既篡汉,则安乐不得为君矣。"[2] 古直注曰:"此责恭帝甘心亡国。""不能为高贵乡公以一死谢国,愿为刘禅降附,受安乐之封,是不为君矣。""人谓汉历数永终

---

① 王叔岷《陶渊明诗笺证稿》,中华书局,2007年,第356页。

② [宋]汤汉注《宋刊陶靖节诗》卷三,福建人民出版社,2008年,第98、99页。

于兹，而己反谓祚移将二十载。斯牧卜年，抑何善邪？其词盖不严而厉矣。" ① 按晋恭帝在禅位之时说："桓玄之时，天命已改，重为刘公所延，将二十载。今日之事，本所甘心。"（《宋书·武帝纪》）古直这段议论，乃就此而发。袁行霈亦云："责恭帝自甘逊位，有似安乐公刘禅也。" ② 事实上，这种解释是很成问题的。

三国时期的蜀汉后主刘禅，在位41年，前期重用诸葛亮，治国有方；晚期重用宦官黄皓等，导致朝政恶化，因此史臣说："后主任贤相则为循理之君，惑阉竖则为昏暗之后。"（《三国志·蜀书·后主传》）但从魏蜀最后一战的情况来看，刘禅"昏暗"还不算太甚。据《三国志》的《后主传》及《姜维传》记载，蜀汉景耀六年（263）夏天，魏国发动了灭蜀之战，征西将军邓艾、镇西将军钟会、雍州刺史诸葛绪数道并攻，其中钟会率领的是魏军主力。后主刘禅遣左右车骑将军张翼、廖化，辅国大将军董厥等出兵，很快就组织了有效的抵抗。在姜维的部署下，蜀军与魏军展开激战，魏军打得十分辛苦，进展很不顺利。后来蜀汉军队集中退守剑阁，把魏军主力挡在剑阁之外，钟会因相持将近半年，粮草不支，遂准备退兵。但此时邓艾却率领西路魏军发动了偷袭，自阴平小道而入，遂破诸葛瞻于绵竹，逼近成都。此时蜀汉的主力部队皆在剑阁一带，成都空虚，刘禅计无所出，遂听从光禄大夫谯周的劝导而请降。他在降书中说："天威既震，人鬼归能之数，怖骇王师，神武所次，敢不革面，顺以从命！"魏主称赞刘禅说："不惮屈身委质，以爱民全国为贵，降心回虑，应机豹变，覆信思顺，以享左右无疆之休。"均足以反映刘禅投降乃是一时之意，并非早就不想"为君"了。相比之下，晋恭帝禅位乃"本所甘心"，又岂能与刘禅相提并论？刘禅在位后期，国内比较安定，没有爆发大规模的内乱，更没有出现篡夺皇位之事。相比之下，晋安帝在位期间，内乱爆发，桓玄篡位，其政局混乱到了无以复加的地步，他同样不能与刘禅相提

---

① 古直笺、李剑锋评《重定陶渊明诗笺》，山东大学出版社，2016年，第140页。

② 袁行霈《陶渊明集笺注》，中华书局，2003年，第298页。

并论。后人受《三国演义》的影响，经常渲染刘禅投降之后的"乐不思蜀"；但刘禅投降之后，已经不再是君王，也就不存在"甘心亡国"之事了。因此，以刘禅比喻晋恭帝，明显属于比喻失当，而"安乐不为君"的"安乐"也应当另有所指。

逯钦立认为"安乐"指汉昌邑王刘贺的臣僚，不详其姓氏。汉昭帝死，刘贺嗣立，日益骄溢。安乐身为故相，并不尽忠劝谏。其事详见《汉书·龚遂传》。"安乐不为君"一句，以安乐不尽忠于刘贺之事，托言东晋臣僚不忠于晋室的情况。汉献帝逊位为山阳公，即袭用昌邑王故事[1]。言下之意，是指晋恭帝的大臣如同昌邑王刘贺的国相安乐一样，不肯卖力辅佐君王，导致晋恭帝像汉献帝一样被废黜。这种解释也很成问题。因为晋恭帝在位之时，忠于晋朝的朝臣已经被刘裕剪除殆尽，掌权者都是刘裕的亲信或依附者，谁还有能力与刘裕抗衡，负担起"忠于晋室"的责任？既然如此，"安乐不为君"也就失去了实指对象。另外，不谴责刘裕的狠毒，反而谴责无能为力的大臣，也近乎颠倒是非。

事实上，说昌邑王故相安乐"不为君"，也很难说得通。按《汉书·武五子传》记载，元平元年（前74）四月，汉昭帝崩，大将军霍光急召昌邑王刘贺去"典丧"。刘贺从昌邑国（在今山东巨野）出发，一路上干了很多不得体的事，如"求长鸣鸡""买积竹杖"之类。过弘农之时，又"使大奴善以衣车载女子"。朝廷使者以此责备昌邑王的国相安乐，安乐便将此事告诉了昌邑王的郎中令龚遂，龚遂就急忙去找刘贺，刘贺矢口否认说："无有。"龚遂说："即无有，何爱一善以毁行义！请收属吏，以湔洒大王。"当即将大奴善抓起来处罚。又据《汉书·循吏传》，龚遂在昌邑王刘贺手下任郎中令，多事劝谏。"昌邑王贺嗣立，官属皆征入，王相安乐迁长乐卫尉。"因刘贺"日与近臣饮食作乐，斗虎豹，召皮轩，车九流，驱驰东西，所为悖道"，龚遂就去见安乐，痛哭流涕地说："君，陛下故相，宜极谏争。"刘贺即位二十七日，就以淫乱而被废黜，

---

① 逯钦立注《陶渊明集》，中华书局，1979年，第104页。

"昌邑群臣坐陷王于恶不道，皆诛，死者二百余人，唯遂与中尉王阳以数谏争得减死，髡为城旦"。

据上可知，刘贺为昌邑王时，安乐任国相，相当于一个郡的太守，并非朝廷重臣。刘贺登基之后，"王相安乐迁长乐卫尉"。长乐卫尉即皇太后长乐宫的卫尉。《汉书·昭帝纪》："辟强守长乐卫尉。"颜师古注："长乐宫之卫尉也。"《汉书·李广传》："武帝即位，左右言广名将也，由是入为未央卫尉，而程不识时亦为长乐卫尉。"《汉书·韦玄成传》："玄成兄高寝令方山子安世历郡守、大鸿胪、长乐卫尉，朝廷称有宰相之器，会其病终。"长乐卫尉并非朝廷重臣，只不过处于宫廷之中，容易靠近皇帝、太后罢了，所以龚遂叫安乐去劝谏刘贺。综合起来，安乐初任昌邑王刘贺的国相，级别太低，跟大汉天子没有关系，若说诸侯王是"君"也过于夸张，所以此时的安乐谈不上"为君"或"不为君"。入朝之后，安乐担任长乐卫尉，不算朝廷重臣，起不到辅政的作用，也没法对"为君"或"不为君"负责。安乐在任国相时与龚遂配合得很好，入朝之后又深得龚遂的信任，应当不是一个胡作非为之人，至少不是助纣为虐之流。退一步而言，就算是安乐导致了刘贺被废，对于西汉王朝而言也没有造成重大损失，继位的汉宣帝比刘贺强多了。假如因刘贺被废而导致了改朝换代，那么安乐自然难逃其咎；然而事实上并非如此。将昌邑王国相安乐"不为君"与汉献帝被废之事拼凑起来比喻晋恭帝被废，也显得十分牵强。总之，《述酒》所说的"安乐"，应该不是指昌邑王国相安乐。

细究之，"安乐不为君"必须同时符合以下三个条件：（1）"安乐"必定是三公九卿之类执掌大权的人物。假如"安乐"是个无足轻重的下臣、侍臣，或者是在地方上为官的外臣，对全局影响不大，无法承担"为君"的重担，也就不应当遭受"不为君"之讥。（2）"安乐不为君"必然指"安乐"之类的人物导致了严重后果，例如使君王成为昏君，或失去权力、失去皇位乃至于亡国等。假如没有这些后果，也就不会遭受"不为君"之讥。（3）"安乐"必须在称呼上具有代表性，一望而知就是特指某人，不会与其他人混淆。

遍搜汉晋史书，同时符合上述三个条件的人物实在很少。有的无足轻重，不符合上述条件之中的第一个。如杜茂为汉光武帝功臣，其孙杜奉被封为安乐亭侯。王允被董卓所杀，其孙王黑被封为安乐亭侯。这两人都没有什么事迹可言。西晋凉州刺史张轨曾封安乐乡侯，但他颇有作为，维护了凉州的安定，不可讥为"不为君"。有的身处于易代之际，君王已名存实亡，不可能为君王服务。如东汉末的华歆，在何进辅政之时为尚书郎；董卓当权之后即离开朝廷，任豫章太守；被孙策打败之后，依附曹操，曹丕封他为安乐乡侯，称帝之后任命他为司徒。华歆对曹氏很忠诚，也不可能对汉献帝承担"为君"之责。又如司马懿之侄司马望在魏高贵乡公时被封为安乐乡侯，因见宠于高贵乡公而不安，求为外官；但他是不可能为曹氏服务的。又如西晋八王之乱中的司马伦，在曹魏时期封为安乐亭侯，入晋后为赵王，位高权重，又有"不为君"及乱政之罪。但司马伦的"安乐亭侯"是魏国封的，以前朝爵位来称呼他，诚然是不伦不类，而且又远不如晋朝封的"赵王"爵位更高，所以"安乐亭侯"不具备标志性，不能成为司马伦的特指。

相比之下，东汉晚期的重臣胡广才特别符合上述三个条件。胡广字伯始，南郡华容（今湖北监利）人，汉安帝时举孝廉入仕，汉灵帝熹平元年（172）去世，历任尚书郎、尚书仆射、汝南太守、大司农、司徒、太尉等职。综合观察，称胡广"安乐不为君"是颇为恰当的。其一，胡广"以定策立桓帝，封育阳安乐乡侯"，去世之后，朝廷又赠以"安乐乡侯印绶"，"汉兴以来，人臣之盛，未尝有也"（《后汉书·胡广传》）。又《后汉书·五行志》记载汉顺帝之末，京都童谣曰："直如弦，死道边。曲如钩，反封侯。"其中"反封侯"就包括"太尉胡广封安乐乡侯"。因此，以"安乐"这个封爵来称呼胡广，具有标志性、特指性。其二，胡广是名副其实的朝廷重臣，《后汉书·胡广传》："自在公台三十余年，历事六帝。""凡一履司空，再作司徒，三登太尉，又为太傅。"又京师谚曰："万事不理问伯始，天下中庸有胡公。"可见胡广"位极人臣"，理所当然对"为君"或"不为君"负有重责。其三，桓灵两朝是东汉走向衰亡的转折时期，先是大将军梁冀专权，导致朝政大乱；后来汉桓帝借宦官之力杀死梁冀，然而朝政又落入宦官之手。宦官横行肆虐，党同伐异，又导致了后来的"党锢之祸"，为黄巾之乱和汉朝的最终灭亡埋下了伏笔。梁冀专权时，胡广徒事迎合；宦官执政后，胡广"又与中常侍丁肃婚姻"；堪称八面玲珑。因此，作为朝廷重臣的胡广，理当对朝政的败坏负有重大责任。

历代对胡广颇多讥评。或指责胡广既无正直之气，亦无正义之心。《后汉书·杜乔传》："观其发正辞，及所遗梁冀书，虽机失谋乖，犹恋恋而不能已。至矣哉，社稷之心乎！其顾视胡广、赵戒，犹粪土也。生亦我所欲也，义亦我所欲也。二者不可得兼，舍生而取义者也。"《晋书·载记·姚兴传》："时明也，才足以立功立事；道消也，则追二疏、朱云，发其狂直，不能如胡广之徒污隆随俗。"《魏书·崔光传》："光宽和慈善，不逆于物，进退沉浮，自得而已。常慕胡广、黄琼之为人，故为气概者所不重。"或指斥胡广为"乡愿"，《孟子正义》卷二："乡愿之徒，若汉之胡广、晋之王祥，以虚名而登上位。"① 清代汤鹏《浮邱子》卷五："乡原，师李耳者也。胡广、冯道，师乡原者也。我之所谓名公巨人，师胡广、冯道者也。"② 或认为东汉之亡，胡广难辞其咎。唐代权德舆《两汉辩亡论》曰："亡西京者张禹，亡东京者胡广。皆以假道儒术，得伸其邪心，徼一时大名，致位公辅。词气所发，损益系之，而多方善柔，保位持禄。"（宋代姚铉《唐文粹》卷三十四）清代王夫之《读通鉴论》："是非之外无祸福焉，义利之外无昏明焉，怀禄不舍，浮沈于其间，则更不如小人之倾倒于邪，而皆可偷以全身。是以孔光、胡广得以瓦全，而（张）华不免，若其能败人之国家则一也。"③ 清代赵佑《温故录》引孙奇逢《四书近指》载苏氏曰："惟庸人与奸人无小过，张禹、胡

---

①　[清]焦循《雕菰楼经学九种》，凤凰出版社，2015年，第866页。

②　[清]汤鹏《汤鹏集》第1册，岳麓书社，2011年，第133页。

③　[清]王夫之《船山全书》第10册，岳麓书社，1996年，第439页。

广、李林甫、卢杞辈是也。"①康有为《孟子微》卷八："其持论不白不黑，务为模棱；其于世不痛不痒，务在自全。既能媚人，自窃美誉。胡广中庸，冯道长乐，既窃美誉，近世奉为大贤，致位通显，以致亡国灭种，皆此类也。"②总之，安乐乡侯胡广乃是"怀禄不舍""偷以全身"的"乡愿"，应当对东汉的衰亡负有重大责任，这与"安乐不为君"的意思颇为吻合。

"安乐不为君"的原型既然是胡广，则其所指也不难知晓。晋安帝在位时期，朝廷重臣王珣就被评价为"一似胡广"，可知"安乐不为君"应当就是影射王珣。

淝水之战以后，谢氏因功高盖世而遭到猜忌。谢安退位以后，晋孝武帝将军国大权交与司马道子，但司马道子"信用群小，权宠太盛"，晋孝武帝又颇为不满，"乃出王恭为兖州，殷仲堪为荆州，王珣为仆射，王雅为太子少傅，以张王室而潜制道子也"（《晋书·司马道子传》）。王珣与王恭等人深受晋孝武帝的信任和器重。王恭为光禄大夫王蕴之子，晋孝武帝定皇后之兄，任兖青二州刺史、假节，镇京口，密迩京城，握有军事大权。王珣字元琳，东晋开国丞相王导之孙，曾为大司马桓温参军。其子王弘，义熙末年担任江州刺史，曾刻意结交陶渊明。王珣初为尚书右仆射，太元十六年（391）转左仆射（《晋书·武帝纪》）。晋安帝即位之后，又升任尚书令（《晋书·安帝纪》）。按《晋书·王彪之传》："寻迁尚书令，与安共掌朝政。安每曰：朝之大事，众不能决者，谘王公无不得判。"因此，身为尚书令的王珣，乃是晋安帝时的辅政大臣，与丞相没有多大区别。

王珣、王恭辅政之初，形象不错。时人作《云中诗》，以"相王沈醉，轻出教命"指斥司马道子，以"盛德之流，法护王宁"歌颂王珣、王恭（《晋书·司马道子传》）。王恭"每正色直言，道子深惮而忿之"，

---

① 程树德《论语集释》卷二十六，中华书局，1990年，第883页。

② 楼宇烈整理《康有为学术著作选》，中华书局，1988年，第174页。

颇希望能与王恭达成和解，"深布腹心于恭，冀除旧恶"（《晋书·王恭传》）。可知晋孝武帝以王珣、王恭等人钳制司马道子的措施也起到了一定作用。

晋安帝即位之后，王恭因司马道子乱政太甚，必欲杀其心腹王国宝而后快。但王珣却以王国宝"罪逆未彰"之由制止了他。王恭甚为不满，对王珣说："比来视君，一似胡广。"王珣答曰："王陵廷争，陈平慎默，但问岁终何如耳。"（《晋书·王珣传》）据《资治通鉴·晋纪三十》胡三省注，王恭是以胡广的故事来指责王珣"依违于权奸之间以保禄位"，而王珣则以"王陵以廷争失位，陈平以慎默终能安刘"来自我文饰，颇能反映两人的心迹。

王恭得不到王珣的支持，就联络殷仲堪、桓玄起兵而"清君侧"。司马道子迫于兵威，只好处死王国宝、王绪，并向王恭谢罪（《晋书·王恭传》）。如此一来，王恭的怒气平息了，但司马道子却玩起了"假朝威贬削方镇"的权术，致使王恭与桓玄等人再次举兵。此时的王珣，不但不致力于缓解矛盾，反而追随司马元显去讨伐王恭，导致王恭兵败被杀，桓玄也被视为大逆不道的叛臣，为后面更大规模的内乱埋下了伏笔。短短两三年之内，朝堂上的忠奸之争变成了两派的大火并，东晋的政局就再也无法收拾了。

清朝王夫之《读通鉴论》论晋安帝时的致乱之源曰："公论之废于上也，台谏缄唇，大臣塞耳，恶已闻于天下，而倒授公论之柄于外臣，于是而清君侧之师起，而祸及宗社。"王夫之认为，当时司马道子、王国宝之流还是可以控制的，如果"在廷之士"努力把持公论，公正处事，则不会导致"王恭、殷仲堪建鼓以鸣，而不轨之桓玄借之以逞"的乱局，东晋也不至于很快就灭亡。然而事实却是"公论废于上"，而"孝武疑道子之专，而徐邈进汉文、淮南之邪说；国宝就王珣与谋，而珣犹有卿非曹爽之游词"，就是其中两个最突出的例子[①]。因此，身为尚书令的王珣曲意维

---

① ［清］王夫之《读通鉴论》，中华书局，1975年，第1019页。

护权臣，不愿主持公道，以至于权臣恣意妄为，藩镇意气用事；理当对晋安帝时期的乱局负有重大责任。王夫之此论甚是。西晋薛莹作《桓帝赞》与《灵帝赞》，指出东汉之衰，起于汉桓帝、汉灵帝时期的"群妖满侧，奸党弥兴""贤智退而穷处，忠良摈于下位；遂至奸雄蜂起，当防隳坏。"（《太平御览》卷九十二）《晋书·安帝纪》指出晋安帝即位之后，"道子、元显并倾朝政，主昏臣乱，未有如斯不亡者也。虽有手握戎麾，心存旧国，回首无良，忽焉萧散。于是桓玄乘衅，势逾飙指，六师咸泯，只马徂迁"。东汉、东晋均因"奸党弥兴""忠良摈于下位""奸雄蜂起"而亡；而位高权重的胡广、王珣，不持公道，一味纵容，均应对这种局面负责。以此看来，王恭说王珣"一似胡广"，寓意胡广对东汉之乱、王珣对东晋之乱应负相似的责任，也是中肯之论。

《宋书·谢灵运传》曰："每有一诗至都邑，贵贱莫不竞写，宿昔之间，士庶皆遍，远近钦慕，名动京师。"王恭、王珣在当时均属于"流誉一时"的人物（《晋书·王忱传》），他们在朝堂上的言论，自然也很容易传播开来，为人熟知，不亚于谢灵运的诗歌。以此看来，陶渊明说"安乐不为君"，就应当是受到王恭之言的启发，以安乐乡侯胡广的故事，隐喻王珣的作为。

《晋书·孝武帝纪》结尾有一段文字，对晋孝武帝在位期间的功过作了概括性的评价；而在《述酒》诗中，从"神州"到"安乐"这一段都可以在上述史评中找到对应的内容。如"西灵为我驯"相当于"西逾剑岫而跨灵山，北振长河而临清洛"；"诸梁董师旅，芈胜丧其身"相当于"荆吴战旅，啸叱成云"及"上天乃眷，强氏自泯"；"山阳归下国，成名犹不勤"相当于"条纲弗垂，威恩罕树"；"卜生善斯牧"相当于"名贤间出，旧德斯在。谢安可以镇雅俗，彪之足以正纪纲。桓冲之夙夜王家，谢玄之善断军事"；"安乐不为君"相当于"道子荒乎朝政，国宝汇以小人，拜授之荣，初非天旨，鬻刑之货，自走权门"；而小序的"仪狄造，杜康润色之"则相当于"肆一醉于崇朝，飞千觞于长夜"。这种高度相似性，说明《述酒》一诗的叙述重点乃是晋孝武帝一朝的历史。"神州"两句以及"诸梁"两句，叙述晋孝武帝在位前期，重用谢安，内部安定，并取得淝水之战的大捷，摧毁了前秦帝国，收复了大部分北方失地。"山阳"及"卜生"四句说晋孝武帝在形势一片大好的情况下开始荒政，从有为之君变成了昏君，从"善斯牧"者当朝换成了佞臣当朝，结果导致了晋安帝时期无法收拾的局面。

四、论亡国之源与两晋痼疾

两晋有诸多不同，而内在联系则非常紧密。《述酒》说完晋孝武帝一朝的情况之后，意犹未已，进而回望西晋，略论西晋之亡以及亡国根源，以指出东晋一以贯之的痼疾。

1.平王去旧京，峡中纳遗薰。

旧注认为"平王去旧京"指周平王离开旧都镐京，东迁洛邑；两句比喻西晋都城洛阳被匈奴所占，晋元帝被迫将都城迁到建康，关中地区遂为匈奴所占。这种解释总体上说得通，但细节上尚有许多不妥之处。

"平王去旧京"指周平王离开旧都镐京，东迁洛邑；而西晋也都于洛阳，因此这两句相对于开头的"重离照南陆"，就已经切换了空间，转到了西晋。按汉晋之时，谈及周平王东迁，常有固定的含义。如《后汉书·南蛮传》："平王东迁，蛮遂侵暴上国。"《后汉书·西羌传》："及平王之末，周遂陵迟，戎逼诸夏，自陇山以东，及乎伊、洛，往往有戎。"范宁《春秋穀梁传序》："四夷交侵，华戎同贯，幽王以暴虐见祸，平王以微弱东迁，征伐不由天子之命，号令出自权臣之门，……下陵上替，僭逼理极，天下荡荡，王道尽矣。"（《十三经注疏·春秋穀梁传注疏》）因此，周平王东迁洛阳，就与天子式微、戎逼诸夏等情况连为一体，可知此句颇有隐喻五胡乱华之意。

陈沆《诗比兴笺》认为"峡"同"陕"，"峡中"即"陕中"，袁行需认为"陕"同"郏"，周之旧邦。这些解释都不妥当。两晋之时，似乎尚未把陕西一带称作"陕中"。"峡中"若作"陕中"，指的是陕县（今属河南三门峡），然汉晋皆称陕县，后魏方改为陕中[①]。又《资治通鉴·晋纪十四》："安留其将杨伯支、姜冲儿守陇城，自帅精骑突围，出奔陕中。"胡三省注："陕中，在陇城南。陕，与苫同，户夹翻。"此"陕中"位于甘肃天水一带。"郏鄏"始见《左传·宣公三年》，其地在洛阳之西，与陕西无关。《通典》卷一百七十七："昔武王克殷，定鼎于郏鄏。至成王，营成周，卜涧水东、瀍水西而宅洛邑，是为王城。郏鄏，陌名。汉孔安国云：'王城，今河南城。'周灵王时，谷雒斗，毁王宫，则《左传》齐庄公遣师城郏是也。在今城之西。"

按六朝时期，"峡中"常指长江三峡沿岸的山区，居住在这一带的百姓多为蛮族，通称为"峡中蛮"。《宋书·沈攸之传》："初元嘉中，巴东、建平二郡，军府富实，与江夏、竟陵、武陵并为名郡。世祖于江夏置郢州，郡罢军府，竟陵、武陵亦并残坏，巴东、建平为峡中蛮所破，至是民人流散，存者无几。"《宋书·州郡志》："晋末平吴时，峡中立武陵郡，有黾阳、黔阳县，咸宁元年并省。"《宋书》卷九十七："宜都、天门、巴东、建平江北诸郡蛮，所居皆深山重阻，人迹罕至焉。前世以来，屡为民患。"《资治通鉴》卷一百零三："咸安元年，秦兵至鷲峡，杨纂帅众五万拒之。梁州刺史弘农杨亮遣督护郭宝、卜靖帅千余骑助纂，与秦兵战于峡中；纂兵大败，死者什三、四。宝等亦没，纂收散兵遁还。"《资治通鉴》卷一百三十四："巴东建平蛮反，沈攸之遣军讨之。及景素反，攸之急追峡中军以赴建康。"总结上述，湘西、巴东一带在当时都被称为"峡中"，两晋之时这里是巴蜀地区与荆州的分界线，因此，"峡中"可以指代巴蜀地区。

古直认为"薰"指"獯鬻"（亦写作"薰鬻"），按《晋书》卷

① ［清］张穆著、安介生辑校《〈魏延昌地形志〉存稿辑校》，齐鲁书社，2011年，第280页。

九十七《北狄》："匈奴之类，总谓之北狄。……夏曰薰鬻，殷曰鬼方，周曰猃狁，汉曰匈奴。"此论不错，不过当时单用"獯"字情况很常见，不必把"獯鬻"割裂开来。如颜延之《阳给事诔》："国祸荐臻，王略中否。獯虏间衅，剧剥司兖。"王元长《永明十一年策秀才文》："关洛动南望之怀，獯夷遽北归之念。"（《文选》卷三十六）梁元帝《与周弘正手书》："獯丑逆乱，寒暑亟离；海内相识，零落略尽。"（《陈书·周弘正传》）

综合起来，"峡中纳遗薰"当指峡中接纳流民，成为五胡乱华之始。元康六年（296），关西一带兵祸扰乱，加上连年灾荒，百姓流亡迁移，进入汉川的就有几万家，散布于梁州、益州，为此引发了一系列的叛乱。永康元年（300），益州刺史赵廞与洛阳流人据成都反（《晋书·惠帝纪》）。永宁元年（301）十月，"流人李特反于蜀。"（《晋书·惠帝纪》）永安元年（304），氐族人李雄占成都，自称"成都王"，史称成汉；匈奴人刘渊起兵于离石（今山西离石），史称汉赵，成为五胡建国的开始，自此便一发不可收拾。

2.双陵甫云育，三趾显奇文。

"双陵"一般都解释为《左传·僖公三十二年》所说的"二陵"："晋人御师必于崤，崤有二陵焉，其南陵，夏后皋之墓也，其北陵，文王之所辟风雨也。"因此，"二陵"代指关洛地区。这种解释，确实有些匪夷所思。陶澍《陶渊明述酒诗后》说："其实，若除宣、景、文三王不数，则武、惠二帝正双陵耳。"[①]他认为"二陵"就是位于洛阳的晋武帝、晋惠帝的陵墓，这是有道理的。"平王"一句，已经表明所叙乃洛阳之事，隐指西晋；这个"双陵"自然也应当指晋朝的"二陵"。《晋书·穆帝纪》记载永和七年（351）九月，"峻阳、太阳二陵崩"。据《文献通考》卷一百三，晋武帝的陵墓峻阳陵，晋惠帝的陵墓太阳陵，

---

① ［清］陶澍《陶澍全集》第6册，岳麓书社，2010年，第441页。

皆在洛阳县东南；晋怀帝、晋愍帝，"并葬晋州平阳县"，在山西境内。司马懿、司马师、司马昭的陵墓也在洛阳，郭缘生《述征记》曰："北邙东则乾脯山，山西南晋文帝崇阳陵；陵西武帝峻阳陵；邙之东北宣帝高原陵、景帝峻平陵；邙之南则惠帝陵也。"[①] 但他们三人是后来被追封为皇帝的，其陵墓不能算真正的帝陵；晋怀帝、晋愍帝死于乱军之中，葬在平阳县，也不可能享受帝陵的规格。因此，只有晋武帝、晋惠帝的陵墓才算是帝陵，合称"二陵"是合适的。"育"应该是"诞育"的意思，但不是"诞育人民"，而是指"帝王事业的延续"。如《晋书·孔坦传》："将军出自名族，诞育洪胄。"《宋书·武帝纪》："天未绝晋，诞育英辅，振厥弛维，再造区宇，兴亡继绝，俾昏作明。""双陵甫云育"就是"二陵不泯，诞育英主"的意思，显然指西晋王朝的延续。

"三趾显奇文"，"三趾"为三足乌，祥瑞之兆。沈约《大观舞歌》："宽以惠下，德以为政。三趾晨仪，重轮夕映。……皇矣帝烈，大哉兴圣。奄有四方，受天明命。"（《乐府诗集》卷五十二）值得注意的是"奇文"，古直曰："奇文者，世不常有之文"，如九锡文、禅位诏等[②]。事实上，"奇"是相对"正"而言的，如傅玄云："其奇文异变，因感而作者，犹自然之成形，阴阳之无穷。"[③] 有文而不正，显然不能指正统的华夏君主，用于指称到处建国称帝的胡人倒是比较恰当的。综合起来，"双陵"两句可以解释为：就在人们指望晋武帝、晋惠帝两个陵墓保佑子孙帝业的时候，上天显示的祥瑞已经偏离了华夏正规，预兆到处有人自立为帝的五胡十六国时代将要到来了。

3. 王子爱清吹，日中翔河汾。

按潘岳《笙赋》："河汾之宝，有曲沃之悬匏焉。""唱发章夏，

---

① 傅季友注《为宋公至洛阳谒五陵表》，见《昭明文选》，吉林人民出版社，1998年，第721页。

② 古直笺、李剑锋评《重定陶渊明诗笺》，山东大学出版社，2016年，第141页。

③ 裴松之注《三国志·魏志·杜夔传》，上海古籍出版社，2011年，第746页。

导扬韶武。协和陈宋，混一齐楚。""非天下之和乐、不易之德音，其孰能与于此乎！"① 因此，"王子爱清吹"颇有渴望"混一齐楚""天下和乐"之意。"日中翔河汾"，逯钦立注引《梁书·武帝纪》曰："一驾河汾，便有窅然之志。"语出《庄子·逍遥游》："尧治天下之民，平海内之政，往见四子藐姑射之山，汾水之阳，窅然丧其天下焉。"杜甫《收京》有"暂屈汾阳驾"一语，《钱注杜诗》云："此诗盖深惜玄宗西幸，……暂屈汾阳驾，言西幸之为暂出，不应遂窅然丧其天下也。"② 按"河汾"指山西省西南部地区，一往山西而丧其天下，颇与西晋末年晋怀帝、晋愍帝的情况吻合，两人均被匈奴人刘聪劫持到山西并被害死在那里，西晋也由此而亡，堪称"窅然丧其天下"。因此，"王子"两句就是说晋怀帝、晋愍帝这两个王子渴望登基之后天下太平，但结果却是"丧其天下"。之所以称为"王子"，乃是相对于前面的"双陵"而言。

4.朱公练九齿，闲居离世纷。

"九齿"一语，向来不得其解。黄文焕《陶诗析义》卷三说"九齿"一语不可解，"殆故晦之，以自藏耶？"王瑶认为"九齿"犹"久龄"，"九""久"谐音，"齿"与"龄"同义，"练九齿"指修炼长生之术③。此解过于迂曲，还不如说"练九齿"相当于道教修炼中的"叩齿法"，如《正统道藏》洞玄部神符类有《太上洞玄灵宝投简符文要诀》一卷，约出于南北朝或隋唐，有云："常以鸡鸣阳光始分，东向叩齿九通，摩两掌令热，以手掌拭面目九过，仰祝服青牙。"然而在道教典籍中，叩齿的次数很不确定，有"三通""七通""九通""二十四通""三十六通"等，"叩九齿"不具有代表性，所以应当不是"练九齿"。

近检文献，方知"九齿"乃是一种赌博游戏"樗蒲"中的术语。东汉

---

① ［清］姚鼐《古文辞类纂》卷七十一，上海古籍出版社，2016年，第778页。

② 李爽《钱注杜诗研究》，上海古籍出版社，2016年，第229页。

③ 王瑶编注《陶渊明集》，见《王瑶全集》第一册，河北教育出版社，2000年，第448页。

马融《樗蒲赋》曰："昔有玄通先生，游于京都，道德既备，好此樗蒲，伯阳入戎，以斯消忧。枰则素旃紫罽，出乎西邻，缘以缋绣，纻以绮文。杯则摇木之干，出自昆山。矢则蓝田之石，卞和所工，含精玉润，不细不洪。马则玄犀象牙，是磋是砻。杯为上将，木为君副，齿为号令，马为翼距，筹为策动，矢法卒数。于是芬葩贵戚，公侯之俦，坐华榱之高殿，临激水之清流，排五木，散九齿，勒良马，取道里。是以战无常胜，时有逼遂，临敌攘围，事在将帅，见利电发，纷纶滂沸。精诚一叫，入卢九雉，磊落踔踸，并来猥至。先名所射，应声粉溃，胜贵欢悦，负者沉悴。"（《艺文类聚》卷七十四）

"樗蒲"是一种赌博游戏，相传为老子所造。张华《博物志》说："老子入西戎，造樗蒲。"（《太平御览》卷七百二十六）马融《樗蒲赋》中的"伯阳"即老子，"玄通先生"即早期道士之谓，语出《老子》："古之善为士者，微妙玄通，深不可识。"汉晋之时樗蒲的具体玩法已经失传，黄志立《"樗蒲"资料补正》一文有较为详细的考证①。据唐代李肇《国史补》及李翱《五木经》等所叙，这种游戏由枰（樗蒲棋盘）、杯（掷骰子的碗）、矢（筹码）、马（棋子）、筹（筹码数）、木（骰子）、齿（彩头名）等成分构成。马融所说的"五木"，就是五个木制的骰子，一面涂黑，画上一只牛犊；一面涂白，画上一只"雉"。投掷"五木"，黑白两面形成不同的排列情况，这就叫作"齿"；"九齿"即其中九种排列情况，能赢得不同数量的筹码。马融所说的"精诚一叫，入卢九雉"，其中"卢""雉"就是"齿名"。马融说"排五木，散九齿"，表明汉代只有九个齿名，但李肇却列出了十个齿名，即卢、雉、犊、白、开、塞、塔、秃、枭、撅（《太平广记》卷二百二十八），估计与汉代的玩法已有不同。

"朱公"，一般认为就是"陶朱公"，即范蠡。但史书中不见有陶朱公喜欢樗蒲的记载，也没有范蠡修习长生术的说法。按"朱公"当即"朱

① 黄志立《"樗蒲"资料补正》，《平顶山学院学报》，2015年第6期。

衣公卿"的代名词。秦汉之时，朝服尚玄，以黑色为基调，魏晋以来，朝服尚赤，以红色为基调。《宋书·礼志》记载，晋武帝泰始四年（268），"以通天冠、朱纱袍为听政之服"。又说："宫臣见至尊，皆着朱衣。"晋人常以"朱衣"指公卿，如鲁褒《钱神论》："洛中朱衣，当涂之士，爱我家兄，皆无已已。"（《晋书·鲁褒传》）郭璞《赠潘尼》："遂应四科运，朱衣耀玉质。"（《艺文类聚》卷六十七）如此看来，"朱公练九齿"就是指公卿大夫习惯于"闲居离世纷"，不理政事，沉迷于樗蒲，对"九齿"非常熟悉（"练"为熟谙之意）。又《文选》之张衡《西京赋》注曰："天子殿高九尺，阶九齿，各有九级。"故而"练九齿"也可以隐喻时常出入于朝堂的公卿，描述了公卿大夫喜欢闲居避世、沉湎于博戏的现象。

秦汉时期，赌博为社会正人君子所厌恶，也为国家法度所禁止。魏晋时期则不然，玄学兴起，通脱旷达、放任不羁成为大多数人崇尚追求的风范。于是赌博如同酗酒和服药等一样，成为名士风流的一种标识。此时赌博形式十分多样，且公开化、普遍化、社会化。上自帝王，下及庶民，不以赌博为讳，反以自得。赌博的输赢极大，赌注数十或乃至数百万钱视为平常[1]。晋武帝曾与其贵嫔胡芳"樗蒲，争矢"（《晋书·胡贵嫔传》），《晋书·周顗传》记载王敦与参军樗蒲，袁耽为桓温樗蒲赢钱（《晋书·袁耽传》），"桓宣武与袁彦道樗蒲"（《世说新语·忿狷》），温峤屡与"扬州、淮中估客樗蒲"（《世说新语·任诞篇》），王献之自诩善于樗蒲，"远惭荀奉倩，近愧刘真长"（《世说新语·方正篇》），等等，不胜枚举。赌博往往造成国家政事荒废，时人不以为耻，反以为风流放达，如王澄与其兄王衍"名冠海内"，在荆州刺史任上，"益、梁流人四五万家一时俱反，推杜弢为主，南破零桂，东掠武昌，败

① 见张丽君《魏晋南北朝赌博研究》，江西师范大学2009年硕士学位论文；罗新本《魏晋南北朝赌博之风述论》，《中国史研究》1990年第2期；宁稼雨《〈世说新语〉中樗蒲的文化精神》，《盐城师范学院学报》2000年第1期；邱少平《魏晋名士与社会赌博之风》，《文史杂志》2005年第3期等。

王机于巴陵。澄亦无忧惧之意，但与机日夜纵酒，投壶博戏，数十局俱起。"（《晋书·王澄传》）然而"贵游子弟多慕王澄、谢鲲为达"，不以为耻，反以为荣（《晋书·卞壸传》）。晋孝武帝之时，范宁也指出了当时"蒲酒永日，驰骛卒年，……凡庸竞驰，傲诞成俗"的官场习气。

因此，陶渊明特意描述"朱公练九齿"，实则在总结西晋灭亡的原因之一。西晋葛洪《抱朴子外篇·自叙》："见人博戏，了不目盼。或强牵引观之，殊不入神，有若昼睡，是以至今不知棋局上有几道、樗蒲齿名，亦念此辈末伎，乱意思而妨日月，在位有损政事，儒者则废讲诵，凡民则忘稼穑，商人则失贝财。"可谓深中其弊，"朱公"两句的寓意也与此相同。

5.峨峨西岭内，偃息常所亲。

"西岭"，或以为指晋恭帝安葬之所，或以为指昆仑山。按前述，晋恭帝葬于钟山，在建康城北偏东一带，不得称为"西岭"，此山并不算高，也难以称为"峨峨"。若说是昆仑山，又显得虚无缥缈。若说是伯夷叔齐隐居的西山，与上一句也不衔接；既然已经离开"世纷"，又何必跟尘世荣华置气，"发誓不食周粟"？

就"偃息"一词来看，应当指段干木。段干木为春秋战国之际人。《淮南子·修务训》："段干木辞禄而处家，魏文侯过其闾而轼之。……无几何，秦兴兵欲攻，司马唐且谏秦君曰：'段干木，贤者也，而魏礼之，天下莫不闻，无乃不可加兵乎？'秦君以为然，乃按兵而辍不攻。"段干木的墓地及祠堂，历来相传在山西芮城县。清储大文《山西通志》卷一百六十七记载芮城县段干木庙有二处，"一在东十里东张村，有墓。""一在西北二十三里下段村，村多段氏。"卷二百零一收有唐朝卢士牟《段干木庙记》，卷二百零五收有元朝段禧《重修段干木祠堂记》。北宋王存《元丰九域志》记载汾州有段干木祠、段干木墓。按芮城县西偏南百里之处，就是著名的西岳华山。以"峨峨西岭"指西岳华山，以西岳华山来指示段干木墓地的方位，这都是合适的。又梁朝萧统《铜博山香炉赋》："写嵩山之茏苁，象邓林之芊眠。……吐圆舒于东岳，匿丹曦于西岭。"[①]这个与嵩山、东岳并举的"西岭"，就是指西岳华山。

"偃息常所亲"，也应当指魏文侯特别青睐段干木。据西晋皇甫谧《高士传》记载，"段干木者，晋人也。……与田子方、李克、翟璜、吴起等居于魏，皆为将，唯干木守道不仕。"但魏文侯却特别青睐这个"偃息"在家的段干木。第一次登门拜访时，段干木逾墙而走；之后魏文侯每次经过他家，都要行礼；之后又固请段干木为相，遭到拒绝；之后又谦卑地再三请求段干木见他，段干木见魏文侯时，自己坐着，却让魏文侯站在一旁。如此种种，堪称"偃息常所亲"[②]。这句话又可以和《诗经·北山》联系起来理解："或燕燕居息，或尽瘁事国；或息偃在床，或不已于行。或不知叫号，或惨惨劬劳；或栖迟偃仰，或王事鞅掌。或湛乐饮酒，或惨惨畏咎；或出入风议，或靡事不为。"这样一对照，"偃息常所亲"就染上了批评的意思，亦即指帝王不亲近那些"尽瘁事国"之人，反而特别青睐那些"息偃在床"之人。按西晋时人颇喜欢称道段干木这一典故，将之总结为"偃息而退兵"，如《晋书·华谭传》："徐偃修仁义而失国，仲尼逐鲁而逼齐，段干偃息而成名，谅否泰有时，曷人力之所能哉！"左思《咏史》："吾希段干木，偃息藩魏君。"可见社会风气之一斑。正如《晋书·王导传》所云："自魏氏以来，迄于太康之际，公卿世族，豪侈相高，政教陵迟，不遵法度，群公卿士，皆餍于安息，遂使人乘衅，有亏至道。"在历史上，以清谈误国著名的王衍，临死之前就感慨说："呜呼！吾曹虽不如古人，向若不祖尚浮虚，勠力以匡天下，犹可不至今日。"（《晋书·王衍传》）因此，"峨峨"两句，旨在揭示公卿大夫"餍于安息"乃是西晋亡国的原因之一。

总而言之，从"平王"一句开始，乃是在高度概括西晋的历史。建都

① 曹旭等《齐梁萧氏诗文选注》，上海古籍出版社，2015年，第275页。

② ［晋］皇甫谧《高士传》，见《新编汉魏丛书》第2册，鹭江出版社，2013年，第588页。

洛阳，戎狄内迁，五胡乱华，最终是怀愍二帝丧其天下。而公卿大夫崇尚奢靡，沉湎于博戏，喜欢偃息高谈，不理政事，则成为西晋亡国的根本原因。这些评价，与历代史学家对西晋的看法非常相似。

6.天容自永固，彭殇非等伦。

对两晋历史作了高度总结之后，诗歌也可以结束了，诗人用一句话做了收束："天容自永固，彭殇非等伦。""天容"，陶澍解释为天老、容成，与彭、殇为对。按天老、容成并称，则应当指黄帝之臣。《竹书纪年》记载黄帝因天雾昼昏，三日三夜，遂问天老、力牧、容成，天老曰："天有严教以赐帝，帝勿犯也。"（《宋书·符瑞志》）彭祖得容成御女术王瑶注："天容，天子之容。"逯钦立注："天容，天人之容，即出众人物的高大形象，指伯夷叔齐。"邓安生以为天容"当即天之法则，古人所谓天道、天命也"[1]。

实际上，"天容"是一个固定词语，如汉代陆贾《新语·本行》："圣人乘天威，合天气，承天功，象天容。"董仲舒的《春秋繁露》多次论及"天容"，如《符瑞篇》："博得失之效，而考命象之为，极理以尽情性之宜，则天容遂矣。"又专立《天容》一篇以论之，曰："圣人视天而行，是故其禁而审好恶喜怒之处也。"所谓的"天容"，也就是天气、天象，董仲舒认为据其变化以揣测天意，调整政治作为，如"诸天之默然不言"就表示"功德积成"，而四季是否正常、气候有无异常，就体现了天的喜怒。这个词语，乃是解释《述酒》全篇的关键，诗中多半的句子都与"天容"有关，包括星象占卜、阴阳五行之类。"天容自永固"表示天地是"永安"的，而一个王朝的"长治久安"则极为短暂，两者就如同活了八百岁的彭祖与殇子一般不可同日而语。诗人在叙述完西晋历史之后，以长叹一声作结，在语义上也是很顺畅的，其言下之意是西晋很快就灭亡了，东晋也行将如此，而两者的亡国之因，也不会有太大差别。这可以算

---

① 均见邓安生《陶渊明新探》，台北文津出版社，1995年，第179页。

是对东晋王朝的"盖棺之论"了，但诗中始终没有叙述刘裕的情况，也就与"忠晋愤宋"没有什么关系了。

综合上述分析，《述酒》一诗总结了两晋历史，重点指出了晋孝武帝一朝"以酒乱政"的现象。根据这种总结性的描述，可知此诗作于晋孝武帝暴崩之后。假如晋孝武帝尚且在位，则朝政尚有变数，诗人也就不会对他作出盖棺之论。如前所述，《述酒》中"安乐不为君"一语，出自王恭的"比来视君，一似胡广"，又据《晋书·王珣传》："隆安初，国宝用事，谋黜旧臣，迁珣尚书令。王恭赴山陵，欲杀国宝，珣止之，……恭乃止。既而谓珣曰：'比来视君，一似胡广。'……恭寻起兵，国宝将杀珣等，仅而得免，语在国宝传。二年，恭复举兵，假珣节，进卫将军、都督琅邪水陆军事。事平，上所假节，加散骑常侍。"可知王恭此语是在隆安元年说的，而创作《述酒》的时候，也就已经到了隆安元年。王恭因王珣不支持他诛杀王国宝，遂于当年四月起兵讨伐奸佞，司马道子迫于无奈，便将所有责任推给王国宝，派人将他逮捕赐死。王恭起兵逼死王国宝，这在当时是一件大快人心的大事，但《述酒》没有提到此事，可知创作之时尚未到隆安元年四月。在此之后，司马道子、司马元显率兵征讨王恭，隆安二年，王恭兵败被杀。王恭积极讨伐奸佞之时，桓玄也参与其中。王恭被杀之后，桓玄策划了更大的军事行动，终于在元兴元年成功击败司马元显的部队，攻入建康，主持朝政，处死了司马道子父子。这些举措在当时而言都是军国大事，也都颇有正义色彩，但《述酒》同样没有提到。至于刘裕篡晋等史实，就更与此诗没有任何关系了。因此，把《述酒》系年于隆安元年的四月之前，应该是合理的。

原载《九江学院学报》（社会科学版）2020年第1期，编入本书时有所改动

中国首席诗圣——陶渊明

刘中文[①]

《说文》："圣，通也。从耳，呈声。"《尚书正义》卷十二《洪范第六》曰："貌曰恭，言曰从，视曰明，听曰聪，思曰睿。恭作肃，从作乂，明作哲，聪作谋，睿作圣。"孔安国传曰："于事无不通谓之圣。"[②]葛洪《抱扑子·内篇·辨问》曰："世人以人所尤长，众所不及者，便谓之圣。"《春秋左传正义》卷二十曰："齐、圣、广、渊、明、允、笃、诚，天下之民，谓之八恺。"孔颖达疏曰："圣者，通也。博达众务，庶事尽通也。"[③]由此观之，精于一艺而备通其理者谓之圣，此即"圣"之本义。故有所谓医圣（张仲景）、药圣（孙思邈）、书圣（王羲之）、画圣（吴道子）等论。

所谓"诗圣"，即是通晓诗学哲理，兼有精湛超绝的诗歌技艺，并以诗歌弘扬圣贤思想与情怀的伟大诗人。中国为诗之国度，精于诗艺而备通诗理且力展圣贤之怀者不止一人。

中国批评史上，晁说之、朱熹、李梦阳、杭淮、茅坤、杨慎、屈大

---

①　刘中文，哈尔滨师范大学教授。

②　《十三经注疏》上册，中华书局，1980年，第188页。

③　《十三经注疏》下册，中华书局，1980年，第1862页。

钧都曾言及"诗圣",其中明人所谓"诗圣"多称李白、杜甫。清人黄子云、潘德舆阐发己论,诗圣成员为之一变。

清代黄子云《野鸿诗的》有言:"古来称诗圣者,唯陶、杜二公而已。陶以己之天真,运汉之风格,词意又加烹炼,故能度越前人;若杜兼众善而有之者也。余以为靖节如老子,少陵如孔子。"[1] 黄野鸿着眼于诗之技艺,肯定陶、杜二人诗艺的大成之功,许以"诗圣"。然黄氏以老子与孔子关系况喻陶、杜,其意味深长。《史记·孔子世家》《史记·老子韩非列传》《礼记·曾子问》《庄子·天道》《庄子·天运》《庄子·知北游》等文献均记载孔子适周向老子问礼求道之事。老子为孔子点拨处世之道、仁义之理、悟道之妙,如醍醐灌顶,使孔子茅塞顿开。老子虽为孔子一日之师,然孔子实毕生师老子之言。既然孔子为圣,其师老子自然为"大圣""超圣"。以此观之,在黄子云眼中,靖节与少陵之高下不言而喻了。

宋张戒《岁寒堂诗话》云:"韵有不可及者,曹子建是也。味有不可及者,渊明是也。才力有不可及者,李太白、韩退之是也。意气有不可及者,杜子美是也。"[2] 张戒着眼于诗之韵、味、才、意而推赏四者,是一种纯粹的诗学评判。受古人启迪,清人潘德舆《养一斋诗话》卷三曰:"两汉以后,必求诗圣,得四人焉;子建如文、武,文质适中;陶公如夷、惠,独开风教;太白如伊、吕,气举一世;子美如周、孔,统括千秋。"[3] 潘德舆以四人为诗圣,不再以诗歌艺术为标准,而是仅以儒家古圣来衡量诗人,潘德舆之论已不是纯粹的诗学价值判断了,他以儒家道德取代了诗学标准,实际已经偏离了诗歌艺术本体。

笔者认为:在中国诗歌批评史中,"诗圣"本是一个集合名词;且数千年的中国诗史,可称"诗圣"者不唯一人,陶渊明堪称中国首席诗圣。兹从诗艺、守训、弘儒、入圣四端以论之。

---

① 王夫之等撰《清诗话》,上海古籍出版社,1999年,第862页。

② 丁福保辑《历代诗话续编》,中华书局,1983年,第452页。

③ 郭绍虞编选《清诗话续编》,上海古籍出版社,1983年,第2046页。

一、备通诗理，诗艺精绝

诗艺精湛当为诗圣的首要条件。陶诗技艺大巧若拙，臻于"化境"，自古及今之学者对此推崇备至，陶公的诗学地位也相当稳固。

萧统首推陶渊明之诗艺，其《陶渊明集序》云："其文章不群，辞采精拔；跌宕昭彰，独起众类；抑扬爽朗，莫之与京。横素波而旁流，干青云而直上。"萧统认为陶诗技艺完美，既有精拔辞采，又有抑扬爽朗的韵律，且蕴含鲜明丰沛、跌宕起伏的情感和气骨，可谓文质彬彬之盛。其"文章不群""独起众类""横素波而旁流，干青云而直上"，故"莫之与京"，达到了至高无上的诗学地位。宋人胡仔以为萧统评陶最当，所谓"此言尽之矣"①。萧统之识为陶诗之"圣"名奠定基础。

唐人尊仰陶公之人而少言陶诗之妙。孟浩然"最嘉陶征君"（《仲夏归汉南园寄京邑耆旧》），李白"何时到栗里，一见平生亲"（《戏赠郑溧阳》），杜甫叹服"焉得思如陶谢手，令渠述作与同游"（《江上值水如海势聊短述》），白居易"常爱陶彭泽，文思何高玄"（《题浔阳楼》）。

宋人着力探究陶诗技艺，所识颇多。其两点可证陶公为"圣"。

其一，陶公备通诗理，诗艺高妙精湛。汤汉曾言："陶公诗精深高妙，测之愈远，不可漫观也。"② 陶诗何以高妙？朱熹之语最为中肯："渊明诗所以为高，正在不待安排，胸中自然流出。"③ 陈模由诗及人，剖析尤为精切："盖渊明人品素高，胸次洒落，信笔而成，不过写其胸中之妙尔，未尝以为诗，亦未尝求人称其好。故其好者皆出于自然，此其所以不可及。"④ 黄庭坚与杨时亦有此论。《豫章黄先生文集》卷二十六《题意可诗后》云："至于渊明，则所谓不烦绳削而自合者。"杨时《龟

---

① 胡仔撰《苕溪渔隐丛话·后集》卷三，人民文学出版社，1962，第17页。

② 陶潜撰《宋本陶渊明集二种》，国家图书馆出版社，2019年，第255页。

③ 陶澍《靖节先生集注·诸本评陶汇集》，《续修四库全书》第1304册，上海古籍出版社，2002年，第356页。

④ 陈模撰《怀古录校注》卷上，中华书局，1993年，第29页。

山先生语录》卷一："陶渊明诗所不可及者，冲淡精粹，出于自然。若曾用力学，然后知渊明诗非着力之所能成。"宋人悟得作诗真谛：诗道当以自然为工、以天然为上。故反对绳削之力、锻钉之功。叶梦得《玉涧杂书》言道："诗本触物寓兴，吟咏性情，但能抒写胸中所欲言，无有不佳。而世多役于组织雕镂，故语言虽工，而淡然无味，与人意了不相关。尝观陶渊明……直是倾倒所有，借书于手，初不自知为语言文字也，此其所以不可及。"惠洪《冷斋夜话》也认为："（陶诗）似大匠运斤，不见斧凿之痕。不知者困疲精力，至死不之悟，而俗人亦谓之佳。"[①]陶公既无耽句之癖，亦不求惊人之语，但写胸中之天，故其诗臻于"大巧若拙"之化境。蔡启云："渊明诗，唐人绝无知其奥者。"[②]或许正如蔡启所言"无知其奥"，唐人才很少言及陶诗的技艺。

其二，陶公为诗史第一人，仰为师表。苏轼继萧统之后再次将陶诗推尊为诗史之巅峰，其《与子由书》曰："渊明作诗不多，然其诗质而实绮、癯而实腴，自曹、刘、鲍、谢、李、杜诸人，皆莫及也。"清人温汝能《陶诗汇评自序》认为苏轼"其知陶也最深"[③]。宋人曾纮进而论道："余尝评陶公诗语造平淡而寓意深远，外若枯槁，中实敷腴，真诗人之冠冕也。"（见李公焕笺注《陶渊明集》卷四《读山海经》其十）缘于此，宋代诸贤对陶渊明崇拜有加。朱熹体悟道："作诗须从陶、柳门庭中来乃佳……学诗而不本之于此，是亦浅矣。"（宋蔡正孙《诗林广记》卷一）故其"平生尚友陶彭泽"[④]（《题霜杰集》）。陆游也倡言："学诗当学陶，学书当学颜。"（《自勉》）并慨叹曰："我诗慕渊明，恨不造其

① 叶梦得、惠洪语见《宋诗话全编》第3册，江苏古籍出版社，1998年，第2726、2727、2428页。

② 蔡启撰《蔡宽夫诗话》，见郭绍虞《宋诗话辑佚》下册，中华书局，1980年，第380页。

③ 高建新《〈陶诗汇评〉笺释》，台湾花木兰文化事业有限公司，2018年，第12页。

④ 朱熹撰《晦庵先生朱文公集》卷十，《四部丛刊初编》第176册，上海书店，1989年。

微……千载无斯人，吾将谁与归？"①（《读陶诗》）

宋人立足于诗学价值论陶，其结论是——陶公备通诗道、诗艺精绝，为诗人之冠冕。这使得"诗圣陶渊明"这一命题得到充足而有力的论证。

宋以后，评陶多执儒、道两端，或赏其忠义，或慕其高蹈，评判视角开始偏离诗学而向哲学转移。然陶诗的地位未曾动摇，随着明、清学者的深入探究，陶诗作为诗史巅峰的地位愈加巩固了。

明人依然肯定陶诗至高无上的地位。何孟春《陶靖节集跋》云："陶公自三代而下为第一流人物，其诗文自两汉以还为第一等作家。"②唐顺之《答茅鹿门知县》亦云："陶彭泽未尝较声律，雕句文，但信手写出，便是宇宙间第一等好诗。"③郎瑛《渊明非诗人》认为："陶公心次浑然，无少渣滓，所以吐词即理，默契道体，高出诗人有自哉。"④

清人认为陶诗技艺已臻其极。李重华《贞一斋诗话》曰："五言古以陶靖节为诣极。"徐增《而庵诗话》亦称陶渊明之诗"诗到极则"⑤。

清人更加推崇陶诗的崇高地位。李调元《雨村诗话》卷上称："陶渊明生于晋末，人品最高，诗亦独有千古，则又晋之集大成也。"朱庭珍《筱园诗话》卷一云："陶诗独绝千古，在'自然'二字。"⑥温汝能的评论则是宏观审视，其《陶诗汇评自序》云："诗品至陶尚矣，评诗至陶亦难矣。……渊明则诗真怀淡，超越古今。"⑦清人潘德舆的《养一斋

---

① 钱仲联《剑南诗稿校注》第4册，上海古籍出版社，2005年，第3888页、1903页。

② 何孟春撰《陶靖节集跋》，北大、北师大编《陶渊明研究资料汇编》上册，中华书局，1962年，第146页。

③ 唐顺之撰《唐荆州文集》卷七，《四部丛刊初编》第261册，上海书店，1989年。

④ 郎瑛撰《七修类稿》卷十六《义理类》，上海古籍出版社，2009年，第164页。

⑤ 李重华、徐增语见王夫之等撰《清诗话》，上海古籍出版社，1999年，第936页、431页。

⑥ 李调元、朱庭珍语见郭绍虞编选《清诗话续编》下，上海古籍出版社，1983年，第1523页、2340页。

⑦ 高建新《陶诗汇评笺释》，台湾花木兰文化事业有限公司，2018年，第11—12页。

诗话》卷二认为陶诗"乃为千古之冠"[①]，故其《作诗本经纲领》卷二又云："三代以下之诗圣，子建、元亮、太白、子美而已。"[②]就诗歌创作而言，陶渊明是优入圣域的。

现代学者朱光潜的《诗论》打破体例之限专辟一章研究陶渊明，他以中西文艺批评的双重视野审视陶诗，体悟陶渊明的诗歌言道："陶诗的特色正在不平不奇、不枯不腴、不质不绮，因为它恰到好处，适得其中；也正因为这个缘故，它一眼看去，却是亦平亦奇、亦枯亦腴、亦质亦绮。这是艺术的最高境界。可以说是'化境'。"纵观陶学史，朱光潜先生的论断，堪谓陶诗艺术这一问题的科学总结。

黄子云、潘德舆已称陶渊明为"诗圣"。陶公精通诗理、陶诗技艺天成、地位崇高——作为"诗圣"最基础的、最本质的条件，古今学人已经论证备至了。

二、恪守圣训，师范先贤

"（陶渊明）一生得力处和用力处却都在儒学"[③]，确如梁启超先生所言，陶渊明宽和仁爱、温雅笃厚的品德，正是他恪守圣训、师范先贤、修养自我的成果。这是他成为诗圣的第二个条件。

颜延之《陶征士诔》礼赞陶公云："廉深简洁，贞夷粹温。和而能峻，博而不繁……孝惟义养，道必怀邦。人之秉彝，不隘不恭。"陶公德操如此高尚，是其一生恪守古圣训导、努力修养自我的正果。明人安磐《颐山诗话》作出"知遵孔子而有志圣贤之学者渊明也"[④]的判断。笔者

---

① 潘德舆撰《养一斋诗话》卷二，郭绍虞编选《清诗话续编》下，上海古籍出版社，1983，第2023页。

② 北大、北师大编《陶渊明研究资料汇编》上册，中华书局，1962，第236页。

③ 梁启超著《陶渊明》（王云五主编《万有文库》本），商务印书馆，1929年，第12页。

④ 安磐《颐山诗话》，吴文治主编《明诗话全编》第3册，凤凰出版社，2006年，第2131页。

094 -

依据逯钦立先生校注《陶渊明集》和龚斌先生《陶渊明集校笺》，对陶渊明作品的引述作了辨析和统计，其中引述或化用《论语》《庄子》语句最多。在39篇作品中引用、化用《论语》64次；在28篇作品中引用、化用《庄子》37次；其所引用《论语》的内容，涉及颜回的语句有10次，其中《饮酒》其十一、《五柳先生传》各2次，《始作镇军参军经曲阿》《辛丑岁七月赴假还江陵夜行途口》《癸卯岁十二月中作与从弟敬远》《感士不遇赋》《读史述九章》《祭从弟敬远文》各1次。引述孔圣之言"君子固穷"有6次，《癸卯岁十二月中作与从弟敬远》、《饮酒》其二、《饮酒》其十六、《有会而作》、《咏贫士》其七、《感士不遇赋》各引1次。平生恪守儒家思想的清代经学家刘熙载曾剖析道："陶诗有'贤哉回也''吾与点也'之意，直可嗣洙、泗遗音。其贵尚节义，如咏荆轲、美田子泰等作，则亦孔子贤夷、齐之志也。"（《艺概·诗概》）认为陶诗之旨是夷齐之志、洙泗遗响，是继孔子学说的纯正的儒家学说。陶渊明推崇颜回正如孔子推崇夷、齐，他理所当然为儒家的后圣。陶公对孔圣之言铭心刻骨，借东坡之语，真是"一饭未尝忘"，胜于座右。所以刘熙载认为"陶渊明则大要出于《论语》"①。此论乃真知卓识、烛照幽微。

陶诗《时运》曰："延目中流，悠想清沂。童冠齐业，闲咏以归。"陶澍于诗下评曰："周、程每令人寻孔、颜乐处，先此唯先生知斯意耳。"②陶渊明一生不断追怀古圣，师范先贤，自觉地完善自我。切实地说，他的一生吸纳了众多古圣先贤的生存智慧为我所用，终集其大成。在他的作品中，古圣先贤大致有三类：第一类是上古帝王，有黄帝、炎帝、伏羲、唐尧、虞舜、后稷等；第二类是古代圣贤，有伯夷、叔齐、老子、孔子、颜回等；第三类是隐士与贤达，有长沮、桀溺、彭祖、许由、荣子期、管仲、杨朱、原宪、黔娄、荷蓧丈人、於陵仲子、庄子、四皓、杨王

① 刘熙载撰《艺概》卷二《诗概》，上海古籍出版社，1978年，第54页。
② 陶澍集注、龚斌点校《陶渊明全集》卷一，上海古籍出版社，2015年，第3页。

孙、董仲舒等。陶渊明的生存智慧中，有帝王高远深邃的器识与睿智，有圣人民胞物与、体恤生灵的情怀与道德，有隐士贤达淡泊超脱、旷达豪迈的胸襟与人格。陶渊明的一生，是古人生存智慧的一次完美结晶，是儒、道哲学的一次完美结合，是一次文化总结。这也是陶渊明文化生命历久弥新的根本原因。

可以看出，一部《陶集》就是一部怀古追圣之作。正是对古圣先贤的时时攀仰、步步追摹，陶渊明方能步入圣域。

三、弘扬儒道，力展圣怀

陶渊明的人生凝聚了儒、道文化之菁华。罗宗强先生在《玄学与魏晋士人心态》中阐明，陶渊明是中国哲学史上用生命践行"玄学"并达到与道冥合之境的第一人。笔者认为，陶渊明同时也实现了儒家"士志于道"的终极价值[①]。因而陶渊明具备了成为诗圣的第三个条件。陶公所志之儒"道"大略有二：

其一，弘扬儒道。

陶诗云："先师遗训，余岂云坠？"（《荣木》）陶公奉孔子为"先师"，始终秉持先师"固穷"之训，脱略荣辱，安贫乐道，沉浸于孔颜之乐中。然而最重要的是，陶诗的地位堪并《诗》《骚》，因为其旨在弘扬儒道，张皇其幽眇。

陶渊明生逢儒学衰微之际，陶诗抒写了对圣贤之道、洙泗之音的深切追怀与向往："羲农去我久，举世少复真。汲汲鲁中叟，弥缝使其淳。凤鸟虽不至，礼乐暂得新。洙泗辍微响，漂流逮狂秦。诗书复何罪？一朝成灰尘。区区诸老翁，为事诚殷勤。如何绝世下，六籍无一亲！终日驰车走，不见所问津。"（《饮酒》其二十）这首诗，不仅表达了对儒家的

---

① 参见拙文《陶渊明"达道"之历史解读及辨议》，《苏州教育学院学报》，2018年第5期。

斯文道丧所怀有的深重忧虑，而且明示自己一生修养仁德、笃行儒道。萧统《陶渊明集序》说读陶诗"仁义可蹈"。理学家朱熹《答杨宋卿》言道："古之君子，德足以求其志，必出于高明纯一之地，其于诗固不学而能之。"（《晦庵先生朱文公集》卷三十九）强调诗之"志"，即道德修养。正是立足于这一点，他在《答巩仲至》二十篇之四中推崇陶诗道："郭景纯、陶渊明之所作，自为一编，而附于《三百篇》《楚辞》之后，以为诗之根本准则。"（《晦庵先生朱文公集》卷六十四）温雅端正、仁爱宽厚的道德是儒家思想核心，也是陶诗的重要内蕴，朱熹认为这才是"为诗之根本准则"，也是陶诗堪并《诗》《骚》之原因。陶诗精神既与《诗》《骚》一脉相承，则当为儒家"诗教"之经典。

晦庵先生之观点得到了学人的认同。宋濂《宋学士文集》卷七十二《题张泌和陶诗》："陶靖节诗……《风》《雅》之亚也。"潘德舆《说诗牙慧》："陶公（诗）亦《三百》之苗裔。"[1]以复兴儒学为己任的宋人，努力论证了陶诗思想核心中的儒家文化基因。宋人罗瑞良《陶令祠堂记》云："盖渊明之志及此（仲尼之道），则其处己已审矣。"[2]真德秀《跋黄瀛甫拟陶诗》曰："渊明之学，正自经术中来，故形之于诗，有不可掩。"（《西山真文忠公文集》卷三十六）宋张戒《岁寒堂诗话》卷上就曾论道："孔子删《诗》，取其思无邪者而已。自建安七子、六朝、有唐及近世诸人，思无邪者，惟杜子美陶渊明耳，余皆不免落邪思也。"[3]陶诗弘扬孔道，其思无邪，醇正如《诗》，为儒家之正统。

明清学者秉承宋儒之学，彰显了渊明弘扬儒道之功。黄文焕深入剖析陶诗曰："若夫理学标宗，圣贤自任，重华、孔子，耿耿不忘，六籍无亲，悠悠生叹，汉魏诸诗，谁及此解？斯则靖节之品位，竟当俎豆于孔庑

---

① 北大、北师大编《陶渊明研究资料汇编》上册，中华书局，1962年，第235页。

② 王应麟撰、翁元圻注《困学纪闻》卷十八，《四部备要》第63册，中华书局，1989年。

③ 张戒撰《岁寒堂诗话》，丁福保辑《历代诗话续编》，中华书局，1983年，第465页。

之间，弥朽而弥高者也。"①陶诗之义渊源于虞舜、六经、孔子，其所弘扬的是儒家圣贤的道德教化之义。陶公自然为圣贤之士，可入孔门之廊庑而享受俎豆礼祀，其"圣位"历久而弥高。黄氏之论为陶诗标宗立统，也将陶公请入圣贤之列。梁章钜在《退庵随笔》中充分肯定了渊明弘扬儒道的功业，他认为"汉、魏而降，惟陶靖节诗须全读。其立言之旨，息息与周、孔相关"②。陶诗所以"立"而传世，原因正在于其宗旨与周孔之义源流同脉、相契为一，且发扬光大了儒家先圣的学说。

前文已论及，刘熙载不仅认为陶渊明大要出于《论语》，而且阐发了陶诗蕴含的孔颜之乐与洙泗遗音。方东树具体剖析了陶诗蕴含的孔、颜、孟三圣之义，其《昭昧詹言》卷四曰："渊明之学，自经术来：《荣木》之忧，逝水之叹也；《贫士》之咏，箪瓢之乐也；《饮酒》末章，东周可为，充虞路问之意。岂老庄玄虚之士可望耶？"故"读陶公诗……质之六经、孔、孟，义理词旨，皆无倍焉，斯与之同流矣"③。陶诗与六经、孔、孟同其流也，张扬弘大了儒家的义理词旨。明人崔铣《刊陶诗后序》之论更为精辟，其曰："陶子出言深靓，希志洙、泗，数百年中，斯文而已。"④崔铣认为陶诗之语精深幽美，志在弘扬洙泗之教、孔孟之学，当为数百年来礼乐文明的典范之作。

其二，力展圣怀。

萧统《陶渊明传》记载，陶公"为彭泽令，不以家累自随，送一力给其子，书曰：'汝旦夕之费，自给为难。今遣此力，助汝薪水之劳。此亦人子也，可善遇之。'"朱光潜先生赞美道："'此亦人子也，可善遇之'这是何等心肠！它与'落地为兄弟，何必骨肉亲'那两句诗都可以摆

---

① 黄文焕《陶诗析义·自序》，《四库全书存目丛书》集部第3册，齐鲁书社，1997年，第157页。

② 梁章钜撰《退庵随笔》卷二十一，《续修四库全书》第1197册，上海古籍出版社，2002年，第436页。

③ 方东树著《昭昧詹言》卷四，人民文学出版社，1961年，第101页、97页。

④ 北大、北师大编《陶渊明研究资料汇编》上册，中华书局，1962，第148页。

在释迦或耶稣的口里。"① 陶公最终未入"莲社"，其心灵皈依之处当不在释迦，而景教在唐贞观年间方才传入中国。朱光潜先生以陶公为人类诸教之"共圣"，其视野宏阔，会通中西，所识力破尘俗，发人深省。怡情山水与自然融一、壶浆邻里与农人亲和是陶诗的主要内容。黄庭坚发掘了陶公博爱之怀的真正思想渊源，其《解疑》誉之曰："昔陶渊明为彭泽县令，遣一力助其子耕耘，告之曰：'此亦人子也，善遇之。'此所谓临人而有父母之心者也。"② 儒家认为："君子敬而无失，与人恭而有礼。四海之内皆兄弟也。"（《论语·颜渊》）孟子呼吁："老吾老，以及人之老；幼吾幼，以及人之幼。"陶公"此亦人子也，善遇之"之言，此等博爱馨德正是对儒家仁德的弘扬光大，这也就是宋儒张载《西铭》所谓的"民吾同胞，物吾与也"。陶公的"民胞物与"之怀，不仅弘扬了儒家仁爱为本的高尚道德，也体现了中国哲学天人合一的境界。陶公仁爱为怀、希志洙泗、弘扬孔道，不是仅仅写在诗里，更为可贵的是躬身践行，一生未曾辍止。元人王恽对此深有体悟，其《书归去来偶题于后》言道："古今闻人，例善于辞，而克行之者鲜，践其所言，能始终而不易者，其惟渊明乎，此所以高于千占人也。"③ 躬行仁爱之德是陶公"立人""立诗"之根本，也是陶诗高于千古、彪炳千秋之最根本的原因。清人钟秀研究陶渊明多有新见卓识，他认为："有晋一代，知尊孔子者，元亮一人而已。""寄怀童冠，感念殊世，陶公意思，亦与曾点一般。"他进一步剖析道："陶公……全是民胞物与之胸怀，无一毫薄待斯人之意，恍然见太古，不独亲其亲，不独子其子，景象无他，其能合万物之乐，以为一己之乐者，在于能通万物之情，以为一己之情也。"④ 希志儒圣、孔颜之乐、

① 朱光潜撰《诗论》，上海古籍出版社，2001年，第211页。

② 黄庭坚撰《豫章黄先生文集》卷二十，《四部丛刊初编》第164册，上海书店，1989年。

③ 王恽撰《秋涧先生大全集》卷七十二，《四部丛刊初编》第226册，上海书店，1989年。

④ 钟秀撰《陶靖节记事诗品》卷四，清同治十三年刻本，国家图书馆馆藏。

民胞物与——钟秀之阐发是对陶公人品的全面总结。近人梁启超先生所言精当："他一生得力处和用力处都在儒学。""孔子说的'志士不忘在沟壑'（按：此语出于《孟子·滕文公下》），他一生做人的立脚，全在这一点。"[①]做人，平生民胞物与、满怀圣情；作诗，规范《诗》《骚》，弘扬儒道。陶渊明具备了成为诗圣的第三个条件。

四、优入圣域，高山仰止

陶公去后，其忘年交颜延之在《陶征士诔》中盛赞陶公品德："廉深简絜，贞夷粹温。和而能峻，博而不繁。……畏荣好古，薄身厚志。……孝惟义养，道必怀邦。"在颜延之眼中，陶渊明具有廉洁、端正、温厚、平和、孝顺、简单、淡泊等人类所有的美好品德，俨然就是一位道德完善的圣人了。而后，萧统在《陶渊明集序》中便许陶公以"大贤"之名。

陶渊明优入圣域，从唐至清，可谓是异口同声。明人归有光《陶庵记》认为："陶子……古之善处穷者也，推陶子之道，可以进于孔氏之门。"[②]清人对陶公之"圣"更深信不疑。吴淇曰："六朝诗，其作者圣贤之徒甚少，相类者止陶靖节一人。其所为诗，每合圣贤之道……靖节之人，圣贤之人也，其言纯乎圣贤之言。"[③]认为陶公是纯乎又纯的圣贤之人、圣贤之道。方宗诚认为："陶公实志在圣贤，非诗人也。"[④]陶公本来就是圣贤，他用诗来弘扬圣贤之道。钟秀认为："陶公专用《论语》，汉人以下，宋儒以前，可推圣门子弟者，渊明也。"[⑤]陶诗与《论语》宗旨一脉相承，所以陶公当为孔门之圣贤。

① 梁启超著《陶渊明》（王云五主编《万有文库》本），商务印书馆，1929年，第12、18、19页。

② 归有光撰《震川集》卷十七，《四部丛刊初编》第263册，上海书店，1989年。

③ 吴淇撰《六朝诗选定论》卷十一，广陵书社，2009年，第292页。

④ 方宗诚撰《陶诗真诠》（《柏堂遗书》本），清光绪四年刻本。

⑤ 钟秀撰《陶靖节记事诗品》卷一，清同治十三年刻本，国家图书馆馆藏。

后世推尊陶渊明为圣贤，把陶渊明与先圣伯夷、叔齐以及孔门的颜回、曾皙、原宪、曾子等圣贤并列。

最早把陶公列入圣域的是白居易，他在《访陶公旧宅》一诗中把陶渊明比作是儒家先圣伯夷、叔齐。伯夷、叔齐为商朝孤竹国之二子，为逃君位而避之于首阳山。武王伐纣，夷、齐扣马而谏。商灭而义不食周，饿死首阳。孔子认为伯夷、叔齐"不降其志，不辱其身"①。他们对国君"忠"、对朝廷"义"、对父亲"孝"、兄弟间"悌"。陶渊明认为夷、齐"贞风凌俗，爰感懦夫"（《读史述九章》）。韩愈《伯夷颂》赞美道："夫圣人乃万世之标准也。余故曰：若伯夷者，特立独行，穷天地亘万世而不顾者也。"②所谓"不顾"即彻底超越世俗的非誉。伯夷之举为万世之准则，故被儒家推尊为先圣，被孔、孟奉为道德楷模，被王安石《伯夷》尊为"百世之师也……号为圣人耳"③。白居易《访陶公旧宅》诗云："垢尘不污玉，灵凤不啄膻。呜呼陶靖节，生彼晋宋间。心实有所守，口终不能言。永惟孤竹子，拂衣首阳山。夷齐各一身，穷饿未为难。"④白居易把偶像陶渊明看作美玉和灵凤，出尘俗而不污，深刻体认陶渊明超拔峻迈的志节、高洁坚贞的人格精神，并肯定陶公德如夷、齐，其孝悌忠义堪入圣列。宋人蔡條《西清诗话》也认为："诗家视渊明，犹孔门视伯夷也。"⑤伯夷为孔子及孔门圣贤所攀仰的先圣，以蔡條之论，陶渊明自然就是诗家之先圣了。

陶渊明曾礼赞孔门圣贤："恂恂舞雩，莫曰非贤。俱映日月，共飧至言。"（《读史述九章·七十二弟子》）孔门圣贤中，颜回与曾参的地位翘居其首。唐开元年间，"以颜子亚圣，上亲为之赞，以书于石。"

① 杨伯峻《论语译注》，中华书局，1980年，第197页。

② 韩愈撰《韩昌黎文集》，上海古籍出版社，1987年，第66页。

③ 王安石撰、刘成国点校《王安石文集》卷第六十四，中华书局，2021年，第1104页。

④ 白居易撰、顾学颉校点《白居易集》卷七，中华书局，1999年，第128页。

⑤ 蔡條撰《西清诗话》，吴文治主编《宋诗话全编》第三册，江苏古籍出版社，1998年，第2489页。

（《旧唐书》卷二十四）元文宗至顺元年（1330），"加封……颜子兖国复圣公，曾子郕国宗圣公，子思沂国述圣公，孟子邹国亚圣公，河南伯程颢豫国公，伊阳伯程颐洛国公"（《元史》卷三十四）。明世宗嘉靖九年（1530），"于孔子神位题至圣先师孔子，去其王号及大成、文宣之称。……其四配称复圣颜子、宗圣曾子、述圣子思子、亚圣孟子"（《明史》卷五十）。而早在元、明之前，宋人就已经将陶渊明视如复圣颜子之尊了。

林逋曰："陶渊明无功德以及人，而名节与功臣义士等，何耶？盖颜子以退为进、宁武子愚不可及之徒欤。"[①]林逋将陶渊明与复圣颜子、义士宁武子并称，其意蕴深刻。在孔门圣贤中，颜回德行第一。他谦虚好学，安贫乐道。学问与道德双重完善，后世尊为复圣，祭孔时常以颜回配享。《庄子·大宗师》撰曰："颜回曰：'回益矣。'仲尼曰：'何谓也？'曰：'回忘礼乐矣。'曰：'可矣，犹未也。'他日，复见，曰：'回益矣。'曰：'何谓也？'曰：'回忘仁义矣。'曰：'可矣，犹未也。'他日，复见，曰：'回益矣。'曰：'何谓也？'曰：'回坐忘矣。'仲尼蹴然曰：'何谓坐忘？'颜回曰：'堕肢体，黜聪明，离形去知，同于大通，此谓坐忘。'仲尼曰：'同则无好也，化则无常也。而果其贤乎！丘也请从而后也。'"颜子本是儒门圣贤，庄子虚构这个故事来阐释哲理：不超越儒家的仁义礼乐便难以达到融入自然、冥合万物的人生境界。颜回为学日进，达到忘仁义、忘礼乐的"坐忘"之境，即与宇宙大道冥合为一之境。与大道冥合就没有偏私，应万物之变就不会偏执，以至于孔子称赞颜回为圣贤，也要向他学习。颜子以退为进，达到与道冥合融一之境，体现了生存大智慧。故扬雄《法言·君子》赞曰："颜渊以退为进，天下鲜俪焉。"颜子之慧实难匹俪，甚至孔子也要追随之。然而林逋却认为，只有陶渊明可与颜圣并俪，因为陶公学到了颜子"以退为进"的

---

① 林逋著《省心录》，《丛书集成新编》第14册，台湾新文丰出版公司，1985年，第233页。

智慧，也达到了冥合万物、与道融一的境界。

《论语·公冶长》："子曰：'宁武子，邦有道，则知；邦无道，则愚。其知可及也，其愚不可及也。'"朱熹《论语集注》云："宁武子，卫大夫，名俞。按《春秋》传，武子仕卫，当文公、成公之时。文公有道，而武子无事可见，此其知之可及也。成公无道，至于失国，而武子周旋其间，尽心竭力，不避艰险。凡其所处，皆知巧之士所深避而不肯为者，而能卒保其身以济其君，此其愚之不可及也。"[1]宁武子处卫文公清明之世而无所建树，常人皆可及其"智"。然而，当卫成公无道失国之际，宁武子却不像官场智巧之士为了全身保命而深避不出，他不畏艰险，挺身而出，为国君尽心竭力。宁武子之"愚"，则是常人所不及的。以儒家伦常角度来审视，宁武子之"愚"就是臣对君的忠与义。林逋立足"愚"而将陶渊明与宁武子并称，意在肯定陶渊明对东晋王朝之忠与义。这与白居易、蔡絛并称陶公与夷、齐相近，其立意均在儒家的"忠"与"义"，颂赞陶公节义一如复圣颜子、义士宁武子。

北宋大诗人郭祥正亦持此论，其诗《读陶渊明传》其二云："陶潜真达道，何止避俗翁。……使遇宣尼圣，故应颜子同。"[2]此诗针对杜甫所言"陶潜避俗翁，未必能达道"（《遣兴五首》其三）而写，其观点与杜论相反。郭祥正认为，陶渊明真正悟得了人生之"道"，他性爱自然、晏如自娱、不慕荣贵、安贫乐道，其淡泊、旷达、博大、高远的胸怀与人格精神震撼千载。不仅如此，陶渊明的圣明足以与复圣颜子同列。

清人潘德舆《养一斋诗话》卷三曰："陶公如夷、惠，独开风教。"其卷十又云："愚尝谓陶公之诗，三达德具备：冲澹虚明，智也；温良和厚，仁也；坚贞刚介，勇也。盖夷、惠之间，曾皙、原思（原宪，字子思）之流。"[3]春秋时期鲁国贤达柳下惠，被儒家尊为道德典范，孔子认

①　朱熹撰《四书章句集注》，中华书局，1982年，第81页。

②　郭祥正撰、孔凡礼点校《郭祥正集》，黄山书社，1995年，第91—92页。

③　潘德舆《养一斋诗话》，郭绍虞编选《清诗话续编》，上海古籍出版社，1983年，第2046页、2153页。

为他"言中伦，行中虑"（《论语·微子》），为高尚"逸民"。《孟子·尽心下》云："闻柳下惠之风者，薄夫敦，鄙夫宽。奋乎百世之上，百世之下，闻者莫不兴起也。"《孟子·万章下》认为："柳下惠，圣之和者也。"故柳下惠被后世尊为"和圣"。曾皙即宗圣曾参之父曾点，宋代理学的重要命题"曾点气象"即推崇曾点淡泊超脱、洒落自由、高雅清华的情怀，程颢所谓"盖与圣人之志同，便是尧、舜气象也"①，即此之谓也。原宪一生虽茅屋瓦牖，粗茶淡饭，然安贫乐道，固守穷困。不以无财为病，志在得道。依潘德舆之见，陶渊明的伟大圣明堪比伯夷、柳下惠以及孔门圣贤曾皙、原宪，原因是他将儒家所倡导的仁、义、勇三大品行发扬光大了。

清人温汝能又将陶渊明比作宗圣曾子。其《陶诗汇评自序》曰："渊明则诗真怀淡，超越古今，……而安贫乐道，即置之孔门，直可与颜、曾诸贤同一怀抱。"②孔子弟子曾参，为人稳重谨慎，重视修省，事亲至孝，德冠同列。他上承孔子学说，下启思孟学派，对儒家文化有承上启下之功。温氏将陶公与颜、曾并称，其着眼点亦在于三圣共有的真醇淡泊之性、安贫乐道之德。

自唐至清，陶渊明不断被尊仰为圣贤，其圣名列同儒家先圣伯夷、叔齐，儒门复圣颜子、宗圣曾子及圣贤曾皙、原宪及和圣柳下惠等。这说明，自唐以来，陶渊明就已经优入圣域了。诗也，人也。诗圣也，亦人圣也。

结　论

宋代，道学大畅，以儒家思想为皈依的杜诗地位全方位提升。王安石编《四家诗选》列杜甫、韩愈、欧阳修、李白，杜甫居首。苏轼《王定

---

① 程颢《明道先生语二》，程颢、程颐撰《二程遗书》卷十二，上海古籍出版社，2000年，第182页。

② 高建新《〈陶诗汇评〉笺释》，台湾花木兰文化事业有限公司，2018年，第12页。

国诗集叙》提出杜甫"一饭未尝忘君"的观点,学术界"千家注杜",诗坛江西诗派奉杜甫为"祖",杜甫及其诗歌在宋代被偶像化了。这些因素极大地促成了杜甫在儒家道德层面地位的提升。王安石《三圣人》言道:"圣之为名,道之极,德之至也。"[①]王安石认为"圣"是"道"(技艺)与"德"(人品)的双重极致。宋以后,学者对"诗圣"的阐释逐渐超越了诗学艺术范畴,偏离了其艺术本位,甚至完全以道德教化评判取代诗学价值判断,并偏执于儒家思想一端,沦为政治的附庸,导致"诗圣"之名渐定杜甫于一尊,而其他"诗圣"再无人论及,这种现象在明代尤为突显。

对于诗圣的问题,有两点必须澄清:其一,人圣(圣人)与诗圣之标准自有其别,不可混一。"人圣"的标准确立于人之品性道德及其社会教化之功,道德完善且可风化世俗者当为人圣,儒、道、释、仙诸流各有其圣。而诗圣的首要标准是"诗",备通诗理而精于诗艺者自可谓"诗圣"。人圣与诗圣虽有联系,然二者一德一诗,终为两域,不当混一,更不可偏以儒圣的标准取代诗圣的标准。其二,周朝以来,儒家思想日趋正统。中国文化逐渐形成以儒为"体",以道、释、仙等为"用"的形态,这种特殊的文化形态导致了中国文化长期的儒家话语霸权,致使儒圣彰显、他圣闻默。儒圣者众矣,若尧舜、若夷齐、若周孔。而三千年的中国诗史,若诗圣仅仅杜甫一人之孤,这与数千年诗史及批评史之原生态不相称符。如此这般,中国也难当"诗国"之重名。"诗圣"本为中国批评史上的集合名词,诗圣不当唯一。

《庄子·知北游》云:"圣人者,原天地之美而达万物之理。"[②]陶渊明通晓宇宙之道并以诗来推究天地之大美,自可优入圣域。朱光潜先生将屈原、杜甫、苏轼三家诗艺与陶诗比照,认为屈原与杜甫"都没有他那么醇,那么炼""屈原……想安顿而终没有得到安顿""杜甫还不免有意

---

① 王安石撰、刘成国点校《王安石文集》卷第六十四,中华书局,2021年,第1107页。

② 陈鼓应注译《庄子今注今译》,中华书局,1983年,第563页。

雕绘声色，锻炼字句，时有斧凿痕迹，甚至有笨拙到不很妥帖的句子"，苏轼"爱逞巧智，缺乏洗练，在陶公面前终是小巫见大巫"；而陶渊明"在做人方面和做诗方面，都做到简洁高妙四个字"，"具有古典艺术的和谐静穆……到艺术极境而使人忘其为艺术"[1]。

林语堂先生曾说，"他（陶渊明）是中国最伟大的诗人"，"陶渊明也是整个中国文学传统上最和谐最完美的人物"，"这种生之和谐便产生了中国最伟大的诗歌"[2]。我深刻认同林语堂先生的观点。

在清人"诗圣"的群体中，论诗艺、论品德、论弘道、论人生，无人能与陶渊明匹敌。陶渊明不仅为中国诗圣，且足当其首席。

---

① 朱光潜撰《诗论》，上海古籍出版社，2001年，第214—215页。

② 林语堂撰《生活的艺术》，华艺出版社，2001年，第102、123、127页。

陶渊明"新自然说"平议

徐国荣[①]

1943年，陈寅恪撰《陶渊明之思想与清谈之关系》一文，将陶渊明的思想与魏晋时期的清谈联系在一起，并且提出陶渊明的思想是一种"新自然说"。所谓"新自然说"，自是相对于"旧自然说"而言。古今论陶者大多论其诗文，而陈寅恪通过论证，认为陶渊明所提出的"新自然说"，既与其家世信仰相关，又是对当时名教与自然之争的回答；既可以在乱世之中保全其自身，又能够坚持己见，而不随波逐流，是一个真正的大思想家的创见：

> 渊明之思想为承袭魏晋清谈演变之结果及依据其家世信仰道教之自然说而创改之新自然说。惟其为主自然说者，故非名教说，并以自然与名教不相同。但其非名教之意仅限于不与当时政治势力合作，而不似阮籍、刘伶辈之佯狂任诞。盖主新自然说者不须如主旧自然说之积极抵触名教也。又新自然说不似旧自然说之养此有形之生命，或别学神仙，惟求融合精神于运化之中，即与大自然为一体。因其如

---

① 徐国荣，暨南大学中文系教授。

此，既无旧自然说形骸物质之滞累，自不致与周孔入世之名教说有所触碍。故渊明之为人实外儒而内道，舍释迦而宗天师者也。推其造诣所极，殆与千年后之道教采取禅宗学说以改进其教义者，颇有近似之处。然则就其旧义革新，"孤明先发"而论，实为吾国中古时代之大思想家，岂仅文学品节居古今之第一流，为世所共知者而已哉！[1]

当然，对于陶渊明"新自然说"的问题本身，这是可以继续讨论的。从这个说法的提出直到现在，学界认同此说者不少。但也有学者对此并不认同，朱光潜在当时就对此表示不同看法。在引用了陈氏上述论述后，他认为：

这些话本来都极有见地，只是把渊明看成有意识地建立或皈依一个系统井然、壁垒森严的哲学或宗教思想，像一个谨守绳墨的教徒，未免是"求甚解"，不如颜延之所说的"学非称师"，他不仅曲解了渊明的思想，而且他也曲解了他的性格。渊明是一位绝顶聪明的人，却不是一个拘守系统的思想家或宗教信徒。他读各家的书，和各人物接触，在于无形中受他们的影响，像蜂儿采花酿蜜，把所吸收来的不同的东西融会成他的整个心灵。在这整个心灵中我们可以发现儒家的成分，也可以发现道家的成分，不见得有所谓内外之分，尤其不见得渊明有意要做儒家或道家。假如说他有意要做某一家，我相信他的儒家的倾向比较大。[2]

至于渊明是否受佛家的影响呢？陈寅恪先生说他绝对没有，我颇怀疑。陶渊明听到莲社的议论，明明说过它"发人深省"，我们不敢说"深省"的究竟是什么，"深省"却大概是事实。寅恪先生引《形影神》诗中"甚念伤吾生，正宜委运去，纵浪大化中，不喜亦不惧，

① 本书所引陈寅恪观点见《陈寅恪集 金明馆丛稿初编》，生活·读书·新知三联书店，2001年，第201—229页。
② 《诗论》，《朱光潜美学文集》第二卷，上海文艺出版社，1982年，第212—222页，以下所引同。

应尽便须尽，无复独多虑"几句话，证明渊明是天师教信徒。我觉得这几句话确可表现渊明的思想，但是在一个佛教徒看，这几句话未必不是大乘精义。

朱光潜从审美的角度看待陶渊明诗歌，认为陶诗里充满着世间人情，一片盎然生机，并不在乎什么宗教，也无意于创设什么思想。所以，他对于陈寅恪论证陶渊明之"非名教"不予认可，表示说：

> 陈寅恪先生把魏晋人物分名教与自然两派，以为渊明"既不尽同嵇康之自然，更有异何曾之名教，且不主名教自然相同之说如山（涛）王（戎）辈之所为。盖其己身之创解乃一种新自然说"，"新自然说之要旨在委运任化"，并且引"立善常所欣，谁当为汝誉"两句诗证明渊明"非名教"。他的要旨在渊明是道非儒。我觉得这番话不但过于系统化，而且把渊明的人格看得太单纯，不免歪曲事实。渊明尚自然，宗老庄，这是事实；但是他也并不非名教，薄周孔，他一再引"先师遗训"（他的"先师"是孔子，不是老庄，更不是张道陵），自称"游好在六经"，自勉"养真衡门下，庶以善自名"，遗嘱要儿子孝友，深致慨于"如何绝世下，六籍无一亲"。——这些都是铁一般的事实，却不是证明渊明"非名教"的事实。

这个问题本是可以见仁见智的，只要能够自圆其说，不同的观点与争论可以使得问题得到深究。不妨先看看陈寅恪对于陶渊明"新自然说"的论证是不是可以自证，然后再探讨他作出如此论证的具体心迹与现实关怀，也就是先论其"求是"之迹，再探其"致用"之因。

实际上，陈寅恪之所以提出陶渊明的思想为创新之"新自然说"，是为了解释陶渊明何以在魏晋清谈思想的大背景下，在当时名教与自然论争的理论环境中，既与"旧自然说"有所区别，又不愿调和名教与自然之争，陷入纲常伦理的俗套之中。也就是陈寅恪在文中所说的："盖其己身之创解乃一种新自然说，与嵇、阮之旧自然说殊异，惟其仍是自然，故消极不与新朝合作，虽篇篇有酒，而无沉湎任诞之行及服食求长生之志。夫渊明既有如是创辟之胜解，自可以安身立命，无须乞灵于西土远来之学说，而后世佛徒妄造物语，以为附会，抑何可笑之甚耶？"由于要证明陶渊明的"新自然说"乃是他的一种创解，陈寅恪发掘现存文献材料，对于陶渊明的出处、宗教信仰、易代之际的人生选择，作出了自己的判断。

为了说明陶渊明的思想与魏晋清谈的关系，陈寅恪先从清谈的发展变迁说起。他认为魏晋清谈按照其时间顺序与清谈内容，可分为前后两期："当魏末西晋时代即清谈之前期，其清谈乃当日政治上之实际问题，与其时士大夫之出处进退至有关系，盖借此以表示本人态度及辩护自身立场者，非若东晋一朝即清谈后期，清谈只为口中或纸上之玄言，已失去政治上之实际性质，仅作名士身份之装饰品者也。"就魏晋清谈的性质而言，陈寅恪的这个判断基本上是成立的。但是，为了说明魏晋之际的清谈与士大夫的出处进退相关联，属于"当日政治上之实际问题"，陈氏就不得不证明自然与名教的理论之争并不是纯粹的思辨性问题，而是一种政治选择问题，与当时每个人的实际处境密切相关。所以，他认为，阮籍与嵇康等人不得不在曹魏与司马氏之间作出选择。这种选择虽然可以不必直接表现在政治行为上，却无法回避自然与名教之关系的理论问题。因此，在司马氏大力提倡名教、利用名教之时，阮籍、嵇康等人便不得不以"自然"来进行理论上的抗衡。如果我们看阮籍《大人先生传》《达庄论》以及嵇康的《太师箴》《与山巨源绝交书》等作品的话，确实可以发现，他们眼中的自然与名教是相互对立着的，不相调和的。但是，自然与名教并非天然的对立，即使在阮籍和嵇康那儿，它们之间一开始也是可以相互融合的，而非对立。阮籍早期的作品如《通老论》《通易论》《乐论》，嵇康早期的作品如《答难养生论》等，都在探讨内圣外王的相结合，也就是理想与现实之间的和谐。即使是嵇康《释私论》中所提出的"越名教而任自然"，其实也并不是如一些教科书中所说的将名教与自然相对立，更不是什么为了反抗司马氏。他说：

夫称君子者，心无措乎是非，而行不违乎道者也。何以言之？夫气静神虚者，心不存乎矜尚；体亮心达者，情不系于所欲。矜尚不存乎心，故能越名教而任自然；情不系于所欲，故能审贵贱而通物情。物情顺通，故大道无违；越名任心，故是非无措也。是故言君子，则以无措为主，以通物为美；言小人，则以匿情为非，以违道为阙。①

　　嵇康撰写此文时，高平陵事件尚未发生，故其所谓"越名教而任自然"之说，只是其玄学理论的一贯表述，亦即"越名任心"之意。他在这里所要探讨的乃是"君子"和"小人"两种人格，认为"君子"要想体道，直达"自然"之道，只要不存"矜尚"的功利之心，以"气静神虚"的状态来体之，也就无须通过外在的"名教"而获得，直接听从自己虚涵的内心，"越名教而任自然"也就是后文所说的"越名任心"。嵇康曾与其朋友向秀反复讨论过"养生"与"自然"等问题，但这些都是纯粹的理论探讨，与当时的实际政治并无关联。在《养生论》中，嵇康认为通过养生，可以获得神仙那样的长寿，所以说："夫神仙虽不目见，然记籍所载，前史所传，较而论之，其有必矣；似特受异气，禀之自然，非积学所能致也。至于导养得理，以尽性命，上获千余岁，下可数百年，可有之耳。"养生的方法无非是节制自己的喜怒哀乐与饮食作息等，当然也就不能完全按照情欲而行事。但向秀却认为："有生则有情，称情则自然，若绝而外之，则与无生同。何贵于有生哉？且夫嗜欲，好荣恶辱，好逸恶劳，皆生于自然。夫天地之大德曰生，圣人之大宝曰位，崇高莫大于富贵。然富贵，天地之情也。贵则人顺己以行义于下；富则所欲得以有财聚人，此皆先王所重，关之自然，不得相外也。"向秀认为称情而往，追求利禄富贵也是人之本性，因而符合自然。这样看来，名教与自然之间是没有什么矛盾和紧张感的。但向秀的著作大多亡佚，其《庄子注》是否为郭

---

① 鲁迅辑校《清末民初文献丛刊·嵇康集》，朝华出版社，2018年，第82页。

象完全接受，也已不得而知。从现存资料看，郭象是发展了向秀的理论，并将其发扬光大。

阮籍和嵇康后来把"名教"与"自然"视为对立的两者，是在司马氏掌权并利用虚伪礼法而残杀名士之时，嵇康《与山巨源绝交书》所谓"每非汤武而薄周孔"可谓是与名教的决裂书，阮籍《大人先生传》中塑造了超越世俗，体则自然的"大人先生"的形象。而在玄学的理论表述上，他们并无发明，远远不及王弼"贵无论"的思辨水平，也不如其后郭象所谓"名教即是自然"观点的理论周全。嵇康被后人欣赏，主要在于其人格精神与品行的高洁。李贽曾在《焚书》中感叹说："嵇、阮称同心，而阮则体妙心玄，一似有闻者，观其放言，与孙登之啸可睹也。若向秀注《庄子》，尤为已见大意之人，真可谓庄周之惠施矣。康与二子游，何不就而问道。今读《养生论》，全然不省神仙中事，非但不识神仙，亦且不识养生矣。何以当面蹉过如此耶？以此聪明出尘好汉，虽向、阮亦无如之何，真令人恨恨。虽然，若其人品之高，文辞之妙，则岂七贤之所可及哉？"[①]言下之意，嵇康的理论思辨色彩不高，远不及向秀与阮籍。

郭象为了消除自然与名教之间的对立与紧张感，他通过《庄子注》，将"方内"与"方外"、名教与自然的矛盾消泯无形。在《庄子·大宗师》中，庄子讲述了一个"子桑户、孟子反、子琴张三人相与友"的寓言故事，借孔子之口曰："彼，游方之外者也；而丘，游方之内者也。"实即表明方内之世俗名教与方外之自然之间的不相调和。而郭象对此注曰：

> 夫理有至极，外内相冥，未有极游外之致而不冥于内者也，未有能冥于内而不游于外者也。故圣人常游外以冥内，无心以顺有，故虽终日见形而神气无变，俯仰万机而淡然自若。夫见形而不及神者，天下之常累也。是故睹其与群物并行，则莫能谓之遗物而离人矣；睹其体化而应务，则莫能谓之坐忘而自得矣。岂直谓圣人不然哉？乃必

---

① 李贽《焚书》，中华书局，1974年，第565—566页。

谓至理之无此。是故庄子将明流统之所宗以释天下之可悟，若直就称仲尼之如此，或者将据所见以排之，故超圣人之内迹，而寄方外于数子。宜忘其所寄以寻述作之大意，则夫游外冥内之道坦然自明，而《庄子》之书，故是涉俗盖世之谈矣。①

为了将《庄子》解释成"涉俗盖世之谈"，郭象不得不把名教与自然调和为一，以冥合内外。正因为需要在理论上调和自然与名教，在解释《庄子·逍遥游》"藐姑射之山，有神人居焉"这一句时，郭象注解说："此皆寄言耳。夫神人即今所谓圣人也。夫圣人虽在庙堂之上，然其心无异于山林之中，世岂识之哉！徒见其戴黄屋，佩玉玺，便谓足以缨绂其心矣；见其历山川，同民事，便谓足以憔悴其神矣；岂知至至者之不亏哉！今言王德之人而寄之此山，将明世所无由识，故乃托之于绝垠之外而推之于视听之表耳。"他把《庄子·逍遥游》的"神人"解释成当今所谓"戴黄屋，佩玉玺"的圣人，并言两者是合二为一者。这样一来，自然与名教也就不再是对立的矛盾关系。随着玄谈名士们清谈内容的改变，不再执着于现实政治，两晋名士们似乎都认同这样的解释了。最为典型的便是对两者"将无同"的阐释与理解了。《世说新语·文学》篇第十八则载曰：

> 阮宣子有令闻。太尉王夷甫见而问曰："老庄与圣教同异？"对曰："将无同？"太尉善其言，辟之为掾。世谓"三语掾"。卫玠嘲之曰："一言可辟，何假于三！"宣子曰："苟是天下人望，亦可无言而辟，复何假一！"遂相与为友。②

"老庄与圣教"，实则就是"自然与名教"，"将无同"也就是"大概没有什么不同"或者是"大致相同"的意思，卫玠则干脆说"一言可辟"，

---

① ［晋］郭象注《庄子》，首都经济贸易大学出版社，2007年，第55页。

② 本文所引《世说新语》据《世说新语笺疏》，上海古籍出版社，1993年，第109—207页。

也就是"同"的意思。这样简洁的回答也因此成为名言，表明两晋玄学名士们对"名教即自然"观点的认同。东晋玄释合流，名教自然之争早已泯于无形，玄学名士们更是将儒道释玄冥合为一。孙绰《游天台山赋》云：

> 于是游览既周，体静心闲。害马已去，世事都捐。投刃皆虚，目牛无全。凝思幽岩，朗咏长川。尔乃羲和亭午，游气高褰。法鼓琅以振响，众香馥以扬烟。肆觐天宗，爰集通仙。把以玄玉之膏，嗽以华池之泉。散以象外之说，畅以无生之篇，悟遣有之不尽，觉涉无之有间。泯色空以合迹，忽即有而得玄。释二名之同出，消一无于三幡。恣语乐以终日，等寂默于不言。浑万象以冥观，兀同体于自然。

孙绰此赋之"游"，并非真的"身游"，而是道教存思式的"心游"，释道二家已是同一，在其《喻道论》中，他又阐明"周孔即佛，佛即周孔"之说。周一良《名教自然"将无同"思想之演变》认为："'将无同'之思想实源自魏末，为曹氏司马氏斗争之结果，乃'正始之音'，而不始于司马氏篡魏以后也。魏晋以后，此种思想一线相承，至南北朝之末，历代有人沿袭。较早之代表者，当推何晏与嵇康。嵇康为曹氏之婿，遭司马氏猜忌，终于被杀。嵇康为全身远祸，号称放逸自恣，以老庄为师，'非汤武而薄周孔'。然其与山涛绝交书又云，'仲尼兼爱，不羞执鞭；子文无欲卿相，而三登令尹。是乃君子济物之意也。所谓达能兼善而不渝，穷则自得而无闷。以此观之，故尧舜之君世，许由之岩栖，子房之佐汉，接舆之行歌，其揆一也'。由此可见嵇康并未真'非汤武而薄周孔'，而是主张周孔老庄殊途而同归。'其揆一也'一语，亦即名教自然将无同之注解。"①

诚然，何晏与王弼等正始名士并没有将名教与自然对立起来，即使在比较孔子与老子之优劣时，还是认为孔子为"圣人"，老子为"大贤"，

---

① 周一良《周一良集》第二卷，辽宁教育出版社，1998年，第87页。

孔还是稍胜于老。《世说新语·文学》篇第八则云："王辅嗣弱冠诣裴徽，徽问曰：'夫无者，诚万物之所资，圣人莫肯致言，而老子申之无已，何邪？'弼曰：'圣人体无，无又不可以训，故言必及有；老、庄未免于有，恒训其所不足。'"裴徽与何晏在年龄上都比王弼高出一辈，也都是当时名士，之所以有此一问，确实是因为他们在理论上都还没有将有无与孔老优劣之类的问题考虑清楚，无法得到满意的解释。裴徽自是拥护名教之伦理纲常的，何晏也是如此，只不过他比较裴徽等人的理解更进了一步。《世说新语·文学》第十则刘孝标注引《文章叙录》曰："自儒者论以老子非圣人，绝礼弃学。晏说与圣人同，著论行于世也。"何晏为正始玄学名士的领袖，他与裴徽等人在儒道关系的理解上有所不同，但还是无法理解老庄何以用语言对"无"之意"申之无已"，等到王弼用"圣人体无"及其精彩的言意之辨作了解释与疏通之后，正始名士们始豁然开朗。王弼的回答也成为当时的"名通"，并成为后世两晋名士理解这类问题的范本。如《世说新语·言语》载：

> 孙齐由、齐庄二人小时诣庾公，公问齐由"何字"，答曰："字齐由。"公曰："欲何齐邪？"曰："齐许由。"齐庄："何字"，答曰："字齐庄。"公曰："欲何齐？"曰："齐庄周。"公曰："何不慕仲尼而慕庄周？"对曰："圣人生知，故难企慕。"庾公大喜小儿对。（刘孝标注引《孙放别传》曰：放字齐庄，监君次子也。年八岁，太尉庾公召见之。放清秀，欲观试，乃授纸笔令书，放便自疏名字。公题后问之曰："为欲慕庄周邪？"放书答曰："意欲慕之。"公曰："何故不慕仲尼而慕庄周？"放曰："仲尼生而知之，非希企所及；至于庄周，是其次者，故慕耳。"公谓宾客曰："王辅嗣应答，恐不能胜之。"）

庾亮欣赏孙放的回答，不仅因其年少而聪颖，更是因为这样的回答正契合当时玄学名士们对此问题的理解。而在何晏当时，名教与自然之间并不存在理论上的扞格，嵇康与阮籍等人本来也是这么理解的，但是，当司马氏及其党羽利用名教，却又在实际行为上使名教成为虚伪礼法的护身符时，名教与自然之间的紧张关系便产生了，嵇康阮籍们便只能以自然来抗衡世俗的名教了。这时候，名教与自然之间不是"将无同"，而是大不同。但时过境迁，到了东晋末年陶渊明的时代，嵇康等人的"旧自然说"已不适应当时的现实，佛教的流行使得这个理论问题更为复杂，陶渊明既不能坚持"旧自然说"，更不愿意采用郭象等人的"名教即自然"之说，兼之佛学昌炽，对于形神问题有其独到的阐释，陶渊明无意于什么思想理论的刻意创新，却按照自己的理解而践履其行，于实际生活中"委运任化"。这本是一种生活态度与生活方式，无意于理论创新，所以，陈寅恪只能称其为"新自然说"。

从理论上说，其"新自然说"集中表现于其《形影神》三首诗中：

天地长不没，山川无改时。草木得常理，霜露荣悴之。谓人最灵智，独复不如兹。适见在世中，奄去靡归期。奚觉无一人，亲识岂相思？但余平生物，举目情凄洏。我无腾化术，必尔不复疑。愿君取吾言，得酒莫苟辞。（《形赠影》）

存生不可言，卫生每苦拙。诚愿游昆华，邈然兹道绝。与子相遇来，未尝异悲悦。憩荫苦暂乖，止日终不别。此同既难常，黯尔俱时灭。身没名亦尽，念之五情热。立善有遗爱，胡为不自竭。酒云能消忧，方此讵不劣。（《影答形》）

大钧无私力，万理自森著。人为三才中，岂不以我故。与君虽异物，生而相依附。结托善恶同，安得不相语。三皇大圣人，今复在何处？彭祖爱永年，欲留不得住。老少同一死，贤愚无复数。日醉或能忘，将非促龄具？立善常所欣，谁当为汝誉？甚念伤吾生，正宜委运去。纵浪大化中，不喜亦不惧。应尽便须尽，无复独多虑。（《神释》）①

① 龚斌校笺《陶渊明集校笺》，上海古籍出版社，1996年，第59—65页。

形神之辩自先秦时期便已开始，陶渊明之后的范缜著《神灭论》，更因此而产生了一场大讨论。与陶渊明同时代而又有所接触的当时庐山名僧慧远也著有《形尽神不灭论》。陶渊明这三首诗是否针对慧远，现存文献尚难以确定。关于陶渊明是否受到佛教的影响，直至现在，仍然属于有争议的学术问题。即使陶渊明的"任化""幻化""空无"等名词概念与佛教流行有一定的关系，但陶渊明确实对这些作出了自己的理解。《形影神》三诗中，"形"代表的是养形、养生，是"旧自然说"之主张，但人生短暂，欲求长生而难得也；"影"代表的是名教提倡的"立善""立名"之类；"神"代表的便是陶渊明的"新自然说"，故陈寅恪案曰："此首之意谓形所代表之旧自然说与影所代表之名教说之两非，且互相冲突，不能合一，但己身别有发明之新自然说，实可以皈依，遂托于神之言，两破旧义，独申创解，所以结束二百年学术思想之主流，政治社会之变局，岂仅渊明一人安身立命之所在而已哉！"陶渊明"新自然说"既是对魏晋以来自然与名教之争的回答，也是对当时佛教盛行背景下形神之争的回答，所以陈寅恪才认为陶渊明不仅是大诗人，在这个意义上，也是"大思想家"。因为有了自己的"独申创解"，不需要依靠外来的佛教理论来解决内心的困惑，所以陈寅恪坚持认为陶渊明没有"归命释迦"。其实，从理论深度本身而言，陶渊明的"新自然说"没有太多的创新，只是表明一种生活方式，或者说，代表着自庄子直到阮籍、嵇康而为所追求的"手挥五弦，目送归鸿"般诗意化的生活方式与精神境界，只不过，时代环境的不同，嵇、阮未能真正在现实生活中实现，陶渊明却将其实践化了，变成了一种可以践履的生活方式。

　　朱光潜对于陈寅恪的这个说法持怀疑态度，从学术争鸣的角度而言，是可以见仁见智的。只是他或许没有考虑到陈寅恪提出此说时的特殊背景及其内在的文化关怀。

　　《陶渊明之思想与清谈之关系》一文，撰作于抗战时期（1943年）之桂林，当时陈寅恪任教于广西大学，不但身体状况不好，生活也极为困难。在民族危难的特殊岁月中，总有一些人乐于"颂德"，更有一些汉奸改事新主而变节。所以，在这篇文章中，陈寅恪借陶渊明研究之机，表彰陶渊明能够坚守本民族之义，没有"归命释迦"而别创"新自然说"。这种学说既可保全自身，又可以"消极不与新朝合作"。为什么他要强调这一点呢？我们看他在文中充满激情的一段话：

> 渊明著作文传于世者不多，就中最可窥见其宗旨者，莫如《形影神》赠答释诗，至《归去来辞》《桃花源记》《自祭文》等尚未能充分表示其思想，而此三首诗之所以难解亦由于是也。此三首诗实代表自曹魏末至东晋时士大夫政治思想人生观演变之历程及渊明己身创获之结论，即依据此结论以安身立命者也。前已言魏末晋初名士如嵇康、阮籍叔侄之流是自然而非名教者也；何曾之流是名教而非自然者也，山涛、王戎兄弟则老庄与周孔并尚，以自然名教为两是者也。其尚老庄是自然者，或避世，或禄仕，对于当时政权持反抗或消极不合作之态度，其崇尚周孔是名教者，则干世求进，对于当时政权持积极赞助之态度，故此二派之人往往互相非诋，其周孔老庄并崇、自然名教两是之徒，则前日退隐为高士，晚节急仕至达官，名利兼收，实最无耻之巧宦也。时移世易，又成来复之象。东晋之末叶宛如曹魏之季年，渊明生值其时，既不尽同嵇康之自然，更有异于何曾之名教，且不主名教自然相同之说如山、王辈之所为。

其中所云"时移世易，又成来复之象"，对于这种"名利兼收"的"无耻"之徒，陈寅恪自是十分鄙夷的。在抗战时期的特殊环境中，对于追求士人气节的陈寅恪来说，其借古喻今之旨呼之欲出。了解了这个背景，方可以看出陈寅恪撰作此文的良苦用心。故汪荣祖为之发覆云："在抗战期间，寅恪虽以唐史研究为主，然并未放弃对六朝的探讨。代表作是在成都燕大（按：实作于桂林）所撰有关陶渊明一文。……以古喻今，服侍日寇的汉奸，岂不就是趋利好名的'自然''名教'合一论者吗？而陈寅恪的别有所指，尽在不言之中。"①正因为陈寅恪此文的"别有所指"及其良苦用心，他在文中又特意指出陶渊明《桃花源记》所记为当时坞壁之生活而又加以理想化，虽然他另有《桃花源记旁证》和《魏书司马睿传江东民族条释证及推论》专文释之，还是加上一句："惟有一事特可注意者，即渊明理想中之社会无君臣官长尊卑名分之制度，王介甫《桃源行》'虽有父子无君臣'之句深得其旨，盖此文乃是自然而非名教之作品，借以表示其不与刘寄奴新政权合作之意也。"因为改事新朝，与新政权之合作涉及陈寅恪最为看重的士人气节问题，所以，陈寅恪在文中特别强调说："总之，渊明政治上之主张，沈约《宋书·陶渊明传》所谓'自以曾祖晋世宰辅，耻复屈身异代，自（宋）高祖王业渐隆，不复肯仕'最为可信。与嵇康之为曹魏国姻，因而反抗司马氏者，正复相同。"并因此而驳梁启超在《陶渊明之文艺及其品格》一文中的观点。梁文认为"若说所争在甚么姓司马的，未免把他看小了"云云，陈寅恪以为："斯则任公先生取己身之思想经历，以解释古人之志尚行动，故按诸渊明所生之时代，所出之家世，所遗传之旧教，所发明之新说，皆所难通，自不足据之以疑沈休文之实录也。"其所驳梁任公之说，实亦夫子自道者也。至于他对梁启超观点的不相认同，李锦全先生在《陶潜评传》中认为别有情怀，兹可不论。而陈寅恪对陶渊明"新自然说"和政治主张以及宗教信仰等问题的阐发，就其文章本身而言，可以自我证明，当然也留下了值得商榷的空间。而我们今天重新来认识陶渊明"新自然说"的观点，则需要"知人论世"地了解陈寅恪撰作此文时的良苦用心，了解他提出"新自然说"观点时的现实关怀。也可以说，陈寅恪是以学术论证的方式以行其"致用"之道，这与其表彰王导、解读《哀江南赋》所体现出的"中国文化本位论"出于同一思路。

原载《九江学院学报》（社会科学版）2019年第3期

---

① 汪荣祖《史家陈寅恪传》，北京大学出版社，2005年，第143—144页。

云水趣味，松柏气节

——论陶渊明最大的"政绩"

高　原①

公元403年，陶渊明写了《癸卯岁始春怀古田舍二首》，其中有句"即理愧通识，所保讵乃浅"。意谓不能像一些人那样"通达"，随波逐流贪恋官位，如此，所保全者岂是微不足道？周振甫先生认为："渊明这时已经看到桓玄在政治上的危机，认为离开他正可以保全自己。"② 然此说有偏，因为如果陶渊明仅仅是保全自己，所保的确是浅陋不足论，其诗之格调境界亦无可观，事实上陶渊明"所保"者非仅如是肉体之命，还有精神与生命之真。如龚斌先生注"所保"曰："《庄子·列御寇》：善哉观乎！女处己，人将保女矣。郭象注：保者，聚守之谓也。《淮南子·氾论训》：循性保真，无变乎己。孙楚《乐毅论》：栖迟一丘，以保皓素。按陶渊明所保，当是隐居保生、乐道保真之类。"③ 就是说，不是简单的"隐居保生"，而"乐道保真"才是陶渊明之为陶渊明的价值。"即理愧通识"二句，是陶渊明在以正言若反的方式表达对不能持守"乐道保真"

---

① 　高原，兰州城市学院文史学院教授。

② 　周振甫《陶渊明和他的诗赋》，江苏教育出版社，2006年，第24页。

③ 　龚斌《陶渊明集校笺》，上海古籍出版社，1996年，第180页。

而求变通以至丧失气节、节操者的批判。

类似的志意，还表现在陶渊明《癸卯岁十二月中作与从弟敬远》一诗中："平津苟不由，栖迟讵为拙！"汉代公孙弘封平津侯，为接引贤者，他特意打开东阁门。陶渊明此句意为如果没有机会被当作贤者赏识，那么隐居归田也就不是笨拙无能的选择，表达了自己傲然的志节与对自己隐居归田意义与价值的自信。

陶渊明的勇气与智慧主要表现在能决然、淡然地回到田园，从正当的渠道解决自己的吃饭问题开始独立超越之路。虽然这种"解决"由于种种原因并没有完全"解决"，他依然经常处于困窘状态，但他最终不仅并不后悔这种解决之路，反而替中国士人（读书以求仕者）解决了一个巨大的精神问题。就是说，陶渊明对中国文化的意义与价值在于他所构建的"精神桃花源"或"精神的巢"对后世的士大夫影响巨大、影响深远。对此，当代有两部较有影响的中国文学史评述如下：

> 不依靠束缚他身心自由的官场获取物质生活资料，而完全依靠自己双手的劳作获得精神世界的平和。故后来士大夫在仕途上失意的时候，往往回归到陶渊明，从他身上寻找精神的归宿，包括不为五斗米折腰的骨气、精神自由的淡远，对于后世的士大夫来说，就是精神的桃花源。[1]

> 他的清高耿介、洒脱恬淡、质朴真率、淳厚善良，他对人生所作的哲学思考，连同他的作品一起，为后世的士大夫筑了一个"巢"，一个精神的家园。一方面可以掩护他们与虚伪、丑恶划清界限，另一方面也可使他们得以休息和逃避。他们对陶渊明的强烈认同感，使陶渊明成为一个令人永不生厌的话题[2]。

---

[1] 方铭主编《中国文学史·魏晋南北朝隋唐五代卷》，长春出版社，2013年，第32页。

[2] 袁行霈《中国文学史》第二版，高等教育出版社，2005年，第59页。

因此，可以说，陶渊明正是从"即理愧通识，所保讵乃浅""平津苟不由，栖迟讵为拙"这种傲然的志节与对自己隐居归田意义与价值的自信，以及由此而构建的"精神桃花源"或"精神的巢"中，开启、创示并引领了一种中国士人经典的风雅情怀与超越精神。陶渊明的意义在于他所构建的"精神桃花源"或"精神的巢"，让后世的中国士大夫或知识分子省去了自己探索精神家园的力气，直接有了一个参照与范本。何况当后世者智慧不足、精神力欠缺时，即便自己探索这样一个真淳朴美的精神桃花源，也未必就能探求成功。

陶渊明是否有过苏东坡的苏堤、白居易的白堤这样物化有形的政绩，我们几乎没有印象；从现存关于陶渊明的史料中，也几乎找不到有其他具体政绩的相关记载。然而，陶渊明的"政绩"是无形的精神性的，因为他的"政绩"应该就是为所有的中国士人树立了"保真"的精神旗帜，当士人们身处官场或生活的污泥浊水时，可以将心灵与精神投向这面旗帜，从而得到超拔的智慧与力量。"渊明之诗和而傲，其人然，其诗亦然，真也。"①

陶渊明29岁做江州祭酒，41岁辞去彭泽令。其《连雨独饮》曰："云鹤有奇翼，八表须臾还。"此诗喻托自己有特异的远大志向，但是如果所飞之处与自己的志向有违，瞬息之间就飞回，因此十三年来他一直在为官和归田之间徘徊。当然，我们不能否认陶渊明从骨子里、天性上就对为官有抵触，对此，《始作镇军参军经曲阿作》一诗有充分的表现："弱龄寄事外，委怀在琴书。被褐欣自得，屡空常晏如。时来苟冥会，宛辔憩通衢。投策命晨装，暂与园田疏。眇眇孤舟逝，绵绵归思纡。我行岂不遥，登降千里余。目倦川途异，心念山泽居。望云惭高鸟，临水愧游鱼。真想初在襟，谁谓形迹拘。聊且凭化迁，终返班生庐。"请看这首诗的"节奏"：他弱龄事外，委怀琴书；他被褐自得，屡空晏如；哪怕时来冥会，

---

① 龚斌《陶渊明集校笺》，上海古籍出版社，1996年，第576页。

宛辔通衢，投策命装，暂疏园田，他也是绵绵归思，心念山居，望云惭鸟，临水愧鱼。给人的感觉是，他一路上几乎是把心与目光一直向后投向园田与山泽居，简直就是在无限留恋园田与山泽居中十分勉强地挪向镇军参军这一职位。

　　当代研究陶渊明接受史的李剑锋先生指出："从总的接受情况看，读者用的最多的陶典是'桃源''五柳''篱菊'和'饮酒'，它们成为一种高雅脱俗、自由旷达的隐居生活或环境的象征。"①诚然，在陶渊明接受史上，所谓"桃源""五柳""篱菊"和"饮酒"等超逸情趣与脱俗格调是读者所用最多的陶典，但影响最大、最现实的"接受"当属陶渊明在人生进退出处间的自由姿态。他有自己生命的主宰，故能超然洒脱退隐田园。特别是陶渊明将一种自然的趣味成功地引入了中国的传统官场文化，这或许是他为政之后最大的"政绩"。高雅闲逸的情趣在官场弥散时，有力地起到了引领官场趣味、清洁官场精神的作用，镇贪敦俗之功不可没。当我们的官员传承中国传统官场文化时，常怀"长林丰草"之志时，除将会对其内在精神到外在的气质产生根本性的影响外，还将对官场风气起到良好的净化作用。这就是文化的力量，被一种文化所感化的人，其精神状态与行为模式必然会深受其浸润以至改变。

　　深受道家及陶渊明自然精神影响的中国官场，自东晋以后便推崇一种在"三槐"与"三径"、"五侯"与"五柳"之间的平衡的为官生活。南朝萧绎《全德志论》曰："物我俱忘，无贬廊庙之器；动寂同遣，何累经纶之才。虽坐三槐，不妨家有三径；但接五侯，不妨门垂五柳。"②再后来，特别是从唐朝开始，陶渊明高情雅趣、高雅脱俗及回归田园自然、自由独立精神的影响就已有扩大化的倾向，由隐者、处士，到官僚，并向整个士人群体辐射："唐人推指的具有陶渊明气息的人并不限于隐者、处士，而扩大到官僚，特别是与陶渊明同一级别的县令。从创作主体的目的

---

　　① 李剑锋《元前陶渊明接受史》，齐鲁书社，2002年，第32页。
　　② 欧阳询《艺文类聚》，上海古籍出版社，1982年，第377页。

看，这是借陶渊明推崇一种与建功立业的社会价值相对的高雅脱俗的精神价值，由于这一精神价值与山水田园等自然物象相连，以超越对社会名利的追求为特点，我们不妨称之为自然价值。自然价值在初唐已非仅仅是个人自我标榜的精神价值，而是群体的共识。即高雅脱俗的精神价值同建功立业一样成为社会上具有普遍性的精神价值追求，是大唐时代精神的另一面。从接受者的角度讲，陶渊明开始摆脱六朝时期作为一个单纯的隐者、征士的形象，开始向具有普遍意义的士人形象转变，他既有隐逸的一面，又有作官（而不累于俗物名利）的一面。他的场所开始由隐逸之所（田园山林）向社会（宫廷官场）辐射。而他高雅脱俗、融于自然田园山水、独立自由的精神追求却是始终不变的，这一独具个性的不变的精神追求也由个人的范围向士人群体辐射。"①

初唐人开始把陶渊明装扮成一个"吏隐"的形象。所谓"吏隐"就是为官时有超越于官场的高情雅趣，在官而有隐士之怀，这是魏晋风度的遗风，而经陶渊明得到了大大强化与正式播扬。"在初唐人的理想中，这种并不排斥自然山水精神的一面正是初唐人不排斥陶渊明的根本原因。而建功立业偏于用世的一面又使他们把陶渊明引向官场，于是便出现了一位在官而有山水清思、脱俗雅趣的吏隐的陶渊明形象。"②

初唐杨炯《唐昭武校尉曹君神道碑》曰："归我田庐，功成不居。"融陶渊明精神与老子思想为一句。并且杨炯还在《庭菊赋》中说："凭南轩以长啸，坐东篱而盈把。"③显然，他十分娴熟地使用了陶渊明的经典典故"南轩寄傲""东篱采菊"。休假中的卢照邻则吟咏道："还思北窗下，高卧偃羲皇。"（《山林休日田家》）依然是陶渊明的经典典故：北窗高卧。

由于老庄道家的"功成不居"理念，由于陶渊明影响而形成的"吏隐"文化，它们共同构造了较为清洁的中国自魏晋以来的官场文化的一个

① 李剑锋《元前陶渊明接受史》，齐鲁书社，2002年，第130页。

② 李剑锋《元前陶渊明接受史》，齐鲁书社，2002年，第134页。

③ 《全唐文》，上海古籍出版社，1990年，第865页、第847页。

新的维度，这个维度有效缓解了无数为官者的精神焦虑，不仅由此使为官者较易精神健康、心态阳光，而且还能精神超拔、趣味高逸。唐朝吴筠的《高士咏序》指出了君子默处隐居的社会意义："《易》称君子之道，或出、或处、或默、或语。盖出而语者，所以佐时致理。处而默者，所以居静镇躁，故虽无言，亦几于利物，岂独善其身而已哉。"① "居静镇躁"的隐士十分像是这个浮躁、浮华世界的镇纸，其社会影响的作用已超出自身的独善。

可以说，陶渊明对中国官场文化有两点政绩：一是为官时的高情雅趣、云水趣味，即如王勃《平台秘略论·艺文》所言"身存魏阙之下"时，能"心存江海之上"。二是不能为官、不愿为官时可有独立存在、自由存在的勇气与超越，拥有松菊气节，即如苏东坡《与周长官、李秀才游径山，二君先以诗见寄，次其韵二首》其一："功名一破甑，弃置何用顾。更凭陶靖节，往问征夫路。"

甚至可以说，如果没有陶渊明，太多的中国士人还需要在人生进退的黑暗中摸索，在出处的痛苦中彷徨。陶渊明由此成为中国文化中一道独特的风景线，更成为一面精神的旗帜，在他的麾下聚拢了无数中国为官的士人。由于他超逸自由的精神清洁了这些为官士人的精神，也从而在很大程度上起到了清洁中国古代官场的风气的作用。如果不是有陶渊明这面旗帜在先，讲究高情雅趣的中国官员们的诗赋或则会少太多的逸趣雅兴。有了陶渊明这个前辈，后来的中国为官者们在面对世间之进退、人世之荣利的态度不但会少许多纠结，更能够有一定的自由与超越的表现。比如唐代的白居易虽然在其《新制布裘》诗云："丈夫贵兼济，岂独善一身？安得万里裘，盖裹四周垠。"崇尚兼济，轻视独善，然而他终究还是潇洒地说："归来五柳下，还以酒养真；人间荣与利，摆落如泥尘。"（《效陶潜体诗十六首》）若没有陶渊明这个前辈榜样，很难想象白居易能如此轻松地脱口说出"人间荣与利，摆落如泥尘"。尽管陶渊明之后，许多士人可能

---

① 《全唐诗》，上海古籍出版社1986年，第2090页。

实际上并不一定能像陶渊明那样真正去操作浮云富贵、脱屣轩冕，但能在嘴巴上过一过"超荣越利"的瘾也是极有意义的，这至少会让他们面对富贵、身处轩冕时少些龌龊、少些不堪的表现。

当后世的士人遭遇人生的各种困境，诸如面对出处进退、荣辱得失等时，能够粪土荣名、浮云富贵、脱屣轩冕、遗落仕宦的陶渊明便成为他们最现实也最有力的前辈榜样。在官场上有高怀雅趣、闲情逸趣正是一种"独善"。白居易《与元九书》中直陈闲适与独善的关系："又或退公独处，或移病闲居，知足保和，吟玩情性者一百首，谓之'闲适诗'。……谓之'闲适诗'，独善之义也。"

> 陶云爱吾庐，吾亦爱吾屋。（《春日闲居三首》）
>
> 吾亦爱吾庐，庐中乐吾道。前松后修竹，偃卧可终老。（《玩松竹二首》之一）
>
> 孟夏爱吾庐，陶潜语不虚。花樽飘落酒，风案展开书。（《寄皇甫七》）
>
> 谁能雠校闲，解带卧吾庐。（《常乐里闲居，偶题十六韵》）
>
> 履道西门有弊居，池塘竹树绕吾庐。（《履道西门二首》之一）
>
> 出府归吾庐，静然安且逸。（《咏兴五首·出府归吾庐》）[①]

白居易公务之余，时常偃卧于十分具有陶氏风味的"吾庐"中享受一种典型的中国式风雅生活意趣。白居易太喜欢陶渊明"吾亦爱吾庐"的风雅闲适意趣了，所以在诗中反复念叨"吾庐""吾庐"。而有类于白居易的是宋代改革激进人士王安石，他则不停地念叨"归去来""归去来"，《题仪真致政孙学士归来亭》："彭泽陶潜归去来，素风千岁出尘埃。"《代陈景元书于太一宫道院壁》："野性岂堪比，庐山归去来。"《送吴

---

① 《白居易集》，中华书局，1979年；《全唐诗》卷四百五十九，上海古籍出版社，1986年。

显道五首》之四："功名富贵何足道，且赋渊明《归去来》。"

有陶渊明存在于前，许多中国古代官员在官场遭遇挫败时，自然就成为接受、认同他的契机，比如苏轼就是典型之例："纵观苏轼接受陶渊明的历程，'乌台诗案'的沉重打击和紧随其后的黄州贬谪是苏轼接受陶渊明的转折点，也是最直接的现实动因。"①如果没有陶渊明这个前辈的鼓励与引领，虽不能说苏东坡将不能完全"突围"自己的境遇，超越自己的境遇，但苏东坡的旷达与洒脱的程度估计会打较大的折扣，应该是个不错的判断。

"养真衡茅下"，陶渊明的独善是为了养真。之后，这种养真意趣广泛流行于官场，成为千年不衰的时尚，也让中国古代的官员更多地保持了一份为人之真趣与真气，也即一种良好的人性。人们"尚想其德""爱嗜其文"（萧统《陶渊明集序》）的结果便是，许多人因此能尽力避免自己被官场污浊之气熏染成无情无趣之人，甚至残忍狠戾之人。

若不能兼济天下，便选择独善其身，这在陶渊明之前主要是一种源自老庄思想的理论。并且除了老子庄子这些圣贤外，在一般的士人中几乎还没有成功的例子，还没有产生过著名的并且可效仿的、有可操作性的榜样。而陶渊明在官场外为士人们真实地实践了那种以前只是在传说中的"独善"的生活方式，并且成为历史上"独善"最成功的典型。

"贞志不休，安道苦节，不以躬耕为耻，不以无财为病，自非大贤笃志，与道污隆，孰能如此者乎？"（萧统《陶渊明集序》）仕途蹭蹬坎坷之际，或仕宦违己交病之时，陶渊明归田的独善选择，给无数中国士人以现实的榜样，而这榜样的力量更是无穷。面对生死荣辱、得失进退这些人生根本问题，陶渊明的潇洒成为无数士人可以学习并有可操作性的自由，这才是陶渊明在中国文化史上真正的意义与价值所在。他对其后几乎所有的中国士人都产生了影响，因为他较为理想也更为现实地解决了所有的士人都会遇到的进退出处问题。归隐也好，归田也罢，都只是表面行为，其

---

① 李剑锋《元前陶渊明接受史》，齐鲁书社，2002年，第314页。

深层的意义则是一个士人，特别是一个为官者，在官场外能否独立存在、尊严存在甚至自由愉快地存在的问题。当士人个体的人生意义及存在方式只有为官一途时，独善几乎就只能是理论上的一种概念性存在，而不会成为可以现实地行走的人生之路。陶渊明的榜样，应该说，大大减少了此后中国士子们在不能兼济，亦无法独善时的苟且选择，更抚慰了士子们于进退出处间心灵上的依违痛苦。因为不得志于为官时，还可以另有一种官场外的十分具有现实可操作性的高级追求：乐道。苏轼《续欧阳子朋党论》中说："不得志则奉身而退，乐道不仕。"[1]

所以，后世许多闲人只看到了陶渊明归田表面上的闲适，而不知这种闲适背后的来自儒道两家的超越的智慧与巨大的勇气。正是自由潇洒的道家智慧、道家精神，使陶渊明的闲适自由，十分具有文化的意味以及乐道的精神。而固穷节的儒家精神，又使陶渊明的影响体现在激贪励俗上。南朝萧统的《陶渊明集序》中就指出了陶渊明的诗文的激贪励俗功能："尝谓有能读渊明之文者，驰竞之情遣，鄙吝之意祛，贪夫可以廉，懦夫可以立，岂止仁义可蹈，亦乃爵禄可辞！不劳复旁游太华，远求柱史，此亦有助于风教尔。"有"独善"这个存在维度的健康存在，将有助于官场的良性运行，因为"独善"的超越精神会让士人的心态保持相对的健康。"这种选择如果变成了矢志不移的人生追求，在世时可以使'世罢虚礼，州壤推风'，去世时可以使'远识悲悼，近士伤情'。其效果可以激贪励俗，淳化世风，有益于天下，必当垂名后世。这也就是陶潜所谓'养真衡茅下，庶以善自名'（《辛丑岁七月赴假还江陵夜行涂口》）。可见，陶渊明的'明哲保身'不是苟且偷生，而是以对社会、历史的深刻认识和负责为前提的，它立足于个体自我，又超越了自我。"[2]

陶渊明创示了一种中国士人经典的自由超越、风雅高洁情怀。直到近世，我们还可以随处发现这种深远影响的事例。不说别人，只说吴昌

---

[1] 《苏东坡全集》，中国书店，1986年，第245页。

[2] 李剑锋《元前陶渊明接受史》，齐鲁书社，2002年，第54页。

硕、黄宾虹这两个也曾入仕的画家的两件逸事即可管窥其一："五十三岁时，他（吴昌硕）还希望仕途有发展，借钱凑了二千两银捐了知县，由同乡丁兰保举任江苏安东县（现为涟水县）知县。但吴昌硕毕竟不是做官的材料，做了一个月就辞去。所以他的自刻印中有'一月安东令''弃官先彭泽令五十日'等印。"[1]"黄宾虹二十二岁赴扬州就任两淮盐运使署录事，任录事不到一年，因看不惯官场黑暗，辞职回乡。在他六十左右所作《述怀》诗中有'扬州小录事，拂袖归去来'一句，即指此事。"[2]

陶渊明给我们的启示是：一个人无论官职大小，都应清醒地知道，那不可能是我们永恒的位置，我们还应有一个相对独立于官职的社会位置、一个精神位置，一个无论什么风都吹不倒、怎样的雨都打不湿的位置。只有这样，进退才能自如、上下方可自由。人生最不自由的是除了为官，什么本事都没有；活着最无趣的是除了为官，什么兴趣爱好都没有；生命最失败的是除了为官，什么精神依靠都没有。一旦无官可为，就只剩下惶惶不可终日、无所措手足，生命完全没有寄托。所有为官者，一定需要确立一个安身立命与尊严所在的位置。

秉承庄子的传统，陶渊明提升了中国士人精神海拔的高度，这份超越姿态，这份自由的精神气度，长久沾溉着中国士人的生命，使他们在人生职位的"进"之外，确立了一个可以自由地"退"的有可操作性的精神与现实的领地。这份榜样的力量自然是无穷的，当后世的士子志意难抒，或为官不下去，或为人的尊严在为官中坚守不住时，他便可以很自然地想到前辈陶渊明的选择，陶渊明的选择便给他提供了现实的力量，省去了独自挣扎彷徨的痛苦过程，只需要抉择是否"归去来"。总之，陶渊明在中国文化史上乃至人类文化史的伟大意义，或者说他最大的"政绩"在于，他对权力有一个清洁与潇洒的态度。

原载《苏州教育学院学报》2017年第1期

---

① 何怀硕《大师的心灵》，广东人民出版社，2016年，第36页。
② 何怀硕《大师的心灵》，广东人民出版社，2016年，第100页。

陶渊明接受史上的儒道博弈

刘 强[①]

当我们拨开历史的重重迷雾，深入陶渊明的诗文旨归与人格根底中时，则不难发现，陈寅恪所谓的"外儒内道"与"新自然说"实在很难成立，梁启超、朱光潜、李长之诸家将陶渊明归于儒家的观点更具历史和逻辑的合理性。

陶渊明的隐居生涯与安贫乐道，有着深刻的儒学支撑，而君子志节和圣贤追求，更是陶渊明一以贯之的精神信仰，唯其如此，陶渊明才能跳出晋宋这一时代的思想局限，成就一种高古飘逸、洒落自由的圣贤气象和完美人格。后人谓其"儒隐""诗圣"，良有以也。

一、问题的提出

陶渊明到底是儒家还是道家？恐怕绝大多数人会毫不犹豫地回答：当然是道家。一般读者接触陶渊明诗文，不过《归园田居》《饮酒》诸诗，以及《桃花源记》《归去来兮辞》《五柳先生传》诸文而已。这样的"选

---

① 刘强，复旦大学文学博士，同济大学人文学院教授。

本认知"，自然很难做到"知人论世"。说到陶渊明，鲁迅指出："在后人的心目中，实在飘逸得太久了，但在全集里，他却有时很摩登，……就是诗，除论客所佩服的'悠然见南山'之外，也还有'精卫衔微木，将以填沧海，刑天舞干戚，猛志固常在'之类的'金刚怒目'式，在证明着他并非整天整夜的飘飘然。"（《题未定草六》）

事实上，在长达一千六百年的陶学史上——包括传播史、接受史和研究史——认定陶渊明是儒家的声音，要远比称其为道家的声音，更为广远而巨大。

众所周知，陶渊明是"文如其人"的典范，其诗文一向都与其思想及人格水乳交融，难分彼我。如钟嵘《诗品》就说："每观其文，想其人德。"宋人许颉《彦周诗话》说："陶彭泽诗，颜、谢、潘、陆皆不及者，以其平昔所行事，赋之于诗，无一点愧词，所以能尔。"梁启超论作家的"个性作品"，认为"唐以前的诗人，真能把他的个性整个端出来和我们相接触的，只有阮步兵和陶彭泽两个人，而陶尤为甘脆鲜明"[1]。这些论说，皆以陶渊明人格与文格贴合无间，足可窥文以知人。此其一。

陶渊明不仅是诗人，更是哲人，其诗文颇具有思想史的研究价值。这样具有思想史研究价值的诗人文学家，在整个中国文学史上，恐怕找不出几个。换言之，像陶渊明这样仅仅通过有限的诗文，却能展现丰富的思想风景和时代精神的"诗人哲学家"，实在是凤毛麟角。不少人以为，陶渊明的诗文是受到了玄言诗的影响，而在我看来，陶渊明是压根儿看不起玄言诗的。如果硬要把陶渊明和玄言诗扯上关系，不妨说，陶渊明一生的努力，就是要完成"玄言诗的救赎"，并且实实在在地完成了。"陶诗与玄言诗迥然有别，它不像后者，诗中充满枯燥的说理，而是融进了诗人活生生的情韵志趣，反映出诗人独特的个性。……谈理而没有'理障'，理与情、理与趣浑然一体，堪称说理诗的典范。"[2]

---

① 梁启超《陶渊明之文艺及其品格》，《陶渊明研究资料汇编》上册，中华书局，1962年，第267页。

② 龚斌《陶渊明集校笺》修订本，上海古籍出版社，2011年，第10页。

可以说，陶渊明仿佛完全"出离于"他所容身的"晋、宋易代之际"。他的绝世独立、素履孤往、纵浪大化、不喜不惧的人格品位和精神境界，恍如天外飞石，空谷幽兰，充满了相对于那个时代的"异质性""超越性"和"另类"色彩。南宋大儒朱熹谓其"高于晋、宋人物"（《朱子语类》卷三十四），洵非虚语。

于是，人们在评赏陶渊明诗文的同时，不约而同地联系到他的思想渊源和人格理想，并暗自达成了某种共识：陶渊明彪炳史册的诗文成就以及自洽圆满的人格境界，离不开强大的思想支撑和文化担荷。就陶渊明所处的时代思潮而言，无外乎儒、释、道三家。而三家之中，佛家距离甚远，以至古今学者大多都认为"陶诗里实在也看不出佛教影响"（朱自清《陶诗的深度》）。葛立方以"第一达磨"（《韵语阳秋》卷十二）论渊明，可谓无识之甚。

平心而论，陶渊明的思想里既有儒家，也有道家，所谓"儒道兼修"。但仅仅一句"儒道兼修"，等于彻底抹煞了他！所以，本文要讨论的是，陶渊明的思想及人格，在程度上和比重上，受儒、道二家之影响，孰多孰少、孰轻孰重？甚至更重要的是，陶渊明的思想和人格趋向，究竟是儒家还是道家？这个问题一旦解决，我们再看陶渊明的思想和人格，就会有不一样的发现，也就更容易确定其在中国思想史和心灵史上的坐标及价值。

二、千年陶学史上的儒道博弈

纵观千年陶学史，对陶渊明思想渊源的论说，一直贯穿着显而易见的儒道博弈。大抵年代越早，越赞同其为道家，而年代越晚，指其为儒家的声音便越多。正如朱自清所说："历代论陶，大约六朝到北宋，多以为'隐逸诗人之宗'，南宋以后，他的'忠愤'的人格才扩大了。"（朱自清《陶诗的深度》）言下之意，南宋以前，似乎道家说占上风，之后便是儒家说擅场了。

当然，具体到每一位评价者，其实也并非单一的调子。如陶渊明生前好友颜延之在《陶征士诔》中，说明为何谥其为"靖节征士"时说："若其宽乐令终之美，好廉克己之操，……询诸友好，宜谥曰靖节征士。"要知道，"宽乐令终""好廉克己"，原本是儒者向往的境界，而"靖节征士"的谥号，其意也不过是表彰渊明之"士节"罢了。诔文中又说他是"仁焉而终，智焉而毙"。"士节"也好，"仁智"也罢，皆儒家标举之人格操守及价值追求。钟嵘《诗品》谓陶渊明为"古今隐逸诗人之宗"，然亦肯定其"人德"，赞美其"质直"，而"质直而好义"，正是《论语·颜渊》篇中孔子对"达"的解释。萧统更可谓渊明知音，其《陶渊明集序》云："加以贞志不休，安道苦节，不以躬耕为耻，不以无财为病，自非大贤笃志，与道污隆，孰能如此乎？……尝谓有能读渊明之文者，驰竞之情遣，鄙吝之意祛，贪夫可以廉，懦夫可以立，岂知仁义可蹈，爵禄可辞！不劳复傍游太华，远求柱史，此亦有助于风教耳。"如"大贤笃志"，"仁义可蹈"，"有助于风教"，不正是看到渊明诗文中所蕴藏的教化作用吗？而"太华"者，游仙之谓也；"柱史"者，老子之谓也；"傍游太华，远求柱史"一语，也一语道破渊明之思想，近儒而远道，此论陶者不可不知也。

南朝对陶渊明的接受，大抵还比较折中，并无儒家道家的明显张力。降及隋唐，则比较倾向于视渊明为道家。如隋朝的王通《中说》载："或问陶元亮，子曰：'放人也。《归去来》又避地之心焉；《五柳先生传》则几于闭关也。'"其弟王绩作《五斗先生传》云："先生绝思虑，寡言语，不知天下之有仁义厚薄也。"此二人对渊明的误读，不言自明。难怪清人陈澧说："王通浮躁，宜其不能读渊明之文耳。"[1]

唐人对陶渊明的接受亦偏于道家一面。杜甫《遣兴五首》其三云："陶潜避俗翁，未必能达道。观其著诗集，颇亦恨枯槁。达生岂是足，默

① ［清］陈澧《东塾杂俎》，《陶渊明研究资料汇编》上册，中华书局，1962年，第249页。

识盖不早。有子贤与愚，何其挂怀抱。"白居易《与元九书》说："晋宋以还，得者盖寡。以康乐之奥博，多溺于山水；以渊明之高古，偏放于田园。……于时六义浸微矣，陵夷矣。"但其《访陶公旧宅》又感叹："呜呼陶靖节，生彼晋宋间。心实有所守，口终不能言。"白居易敏锐地看到陶渊明"心实有所守"，但所守为何，则未得正解。至于李白，对渊明则时襄时贬，完全视其心情好坏而评，故不足为据。正如钱锺书《谈艺录·陶渊明诗显晦》所说，"渊明文名，至宋而极"，"六代三唐，正以知希为贵"。言下之意，唐以前，陶渊明并无真正的知音。

北宋儒学昌明，陶渊明的儒者人格渐被体认。如徐铉说："陶彭泽古之逸民也。犹曰：'聊欲弦歌以为三径之资。'是知清真之才，高尚其事，唯安民利物可以易其志，仁之业也。"林逋《省心录》说："陶渊明无功德及人，而名节与功臣、义士等，何耶？盖颜子以退为进，宁武子愚不可及之徒欤？"（《陶渊明资料汇编》）郭祥正《读渊明传》云："陶潜直达道，何止避俗翁。萧然守环堵，褐穿瓢屡空。……使遇宣尼圣，故应颜子同。"（《陶渊明资料汇编》）这诗是针对前引杜甫诗而言的，"达道"云云，显指儒家之道。

苏轼最喜渊明，其《书渊明饮酒诗后》云："人言靖节不知道，吾不信也。"（《陶渊明资料汇编》）这里的"知道"所指何"道"？东坡语焉不详。而黄山谷则说："孔子曰：'宁武子其智可及也，其愚不可及也。'渊明之拙与放，岂可为不知道者哉！"（《陶渊明资料汇编》）山谷引孔子之说以为据，意思已很清楚。不过当时仍有人以老庄之道解之。如晁说之《和陶引辨》称："窃尝譬之曹、刘、鲍、谢、李、杜之诗，五经也，天下之大中正也。彭泽之诗，老氏也，虽可以抗五经而未免为一家之言也。"①不仅以为陶诗出于老子，甚且谓其"抗五经"，这仍是王通、王绩的口吻。甚至连朱熹也说："渊明所说者庄、老，然辞却简

---

① ［宋］晁说之《景迂生集》卷十四，台湾商务印书馆，1986年，影印文渊阁四库全书本。

古。"①唯陆九渊《象山语录》说:"李白、杜甫、陶渊明,皆有志于吾道。"(《陶渊明资料汇编》)象山所谓"吾道",盖"心学"亦即儒学之谓也。

朱子门人真德秀"当仁不让于师",其《跋黄瀍甫拟陶诗》云:

予闻近世之评诗者曰:"渊明之辞甚高,而其指则出于庄、老。康节之辞若卑,而其指则原于六经。"以余观之,渊明之学,正自经术中来,故形之于诗,有不可掩。《荣木》之忧,逝川之叹也;《贫士》之咏,箪瓢之乐也。《饮酒》末章有曰:"羲农去我久,举世少复真。汲汲鲁中叟,弥缝使其淳。"渊明之智及此,是岂玄虚之士可望耶?

真德秀以为渊明之学,皆从经书中来,可谓别具只眼。他还说:"渊明之作,宜自为一编,以附于《三百篇》《楚辞》之后,为诗之根本原则。"(《陶渊明资料汇编》)这几乎是把陶诗当作最高范本了。

有明一代,学者基本上以陶渊明远道而近儒。如许学夷《诗源辩体》称:"晋人贵玄虚,尚黄、老,故其言皆放诞无实。陶靖节见趣虽亦有类老子,而其诗无玄虚放诞之语,中如……等句,皆达人超世,见理安分之言,非玄虚放诞者比也。"归有光《陶庵记》说:"已而观陶子之集,则其平淡冲和,潇洒脱落,悠然势分之外,非独不困于穷,而直以穷为娱。……推陶子之道,可以进于孔氏之门,而世之论者,徒以元熙易代之间,谓为大节,而不究其安命乐天之实。"(《陶渊明资料汇编》)又安盘说:"陶渊明诗冲澹深粹,出于自然,人皆知之,至其有至圣贤之学,人或不能知也。……予谓汉魏以来,知尊孔子而有志圣贤之学者,渊明也,故表而出之。"黄文焕亦云:"若夫理学标宗,圣贤自任,重华、孔子,耿耿不忘,六籍无亲,悠悠生叹,汉魏诸诗,谁及此解?斯则靖节

----

① [宋]黎靖德编,王星贤点校《朱子语类》,中华书局,1986年,第3243页。

之品位，竟当俎豆于孔庑之间，弥朽而弥高者也。"（《陶渊明资料汇编》）盖明代崇尚心学，渊明诗文多出胸臆，又饶理趣，宜乎为明人所喜爱。

至清代，理学复振，以儒家论陶者尤多。如沈德潜《古诗源》曰："晋人诗旷达者征引老、庄，繁缛者征引班、扬，而陶公专用《论语》。汉人以下，宋儒以前，可推圣门弟子者，渊明也。"[1]直接将渊明当作"圣门弟子"。刘熙载《艺概》卷二《诗概》云："曹子建、王仲宣之诗出于《骚》，阮步兵出于《庄》，陶渊明大要出于《论语》。"又说："陶诗有'贤哉回也''吾与点也'之意，宜可嗣洙泗遗音。其贵尚节义，如咏荆卿、美田子泰等作，则亦孔子贤夷、齐之志也。"[2]李光地《榕村语录》卷三十称："靖节诗推周孔处甚多，其逃于酒者，避刘宋耳。"《语录续编》卷八："观《饮酒》诗六首，惓惓六籍，希圣不在韩公下也。"姜湛园《西溟文钞》卷二称："陶公为学道者，愤世俗之好黄老。故曰：'洙泗辍微响，漂流逮狂秦。诗书复何罪？一朝成灰尘。如何绝世下，六籍无一亲。'"（《陶渊明资料汇编》）明确指出陶渊明所学，非黄老之道，实儒家之道。又陈伟勋《酌雅诗话》云："先生不为五斗折腰，足令闻风者顽廉懦立，有功名教，百世下同不朽已。"清人钟秀《陶靖节记事诗品》二十二则，最能发明陶渊明思想之真谛，如："谓陶公为仕宦中人固非，谓陶公为山林中人尤非""盖庄子道家，陶公乃儒者耳""陶公具圣贤经济学问，岂放达饮酒人所能窥测""陶征士诣趣高旷，而胸有主宰，平生志在吾道，念切先师，其性定已久，故有时慨想羲皇，而非狃于羲皇；寄托仙释，而非惑于仙释"。钟秀更提出"儒隐"一说，称："后人云晋人一味狂放，陶公有忧勤处，有安分处，有自任处。秀谓陶公所以异于晋人者，全在有人我一体之量，其不流于楚狂处，全在有及时自勉之心。……三代而后，可称儒隐者，舍陶公其谁与归？"

---

① ［清］沈德潜《古诗源》，辽宁教育出版社，1997年，第144—145页。

② ［清］刘熙载《艺概》，上海古籍出版社，1978年，第54页。

（《陶渊明资料汇编》）这些评说，适可见清人学问朴实、读书审细之一斑。

晚清方宗诚《陶诗真诠》云："陶公志在圣贤，非诗人也。……或谓陶公志在田园，亦非也，其《劝农》诗曰：'孔耽道德，樊须是鄙。董乐琴书，田园弗履。若能超然，投迹高轨。敢不敛衽，敬赞德美。'是岂隐逸人邪？其《命子》诗有曰：'温恭朝夕，念兹在兹，尚想孔伋，庶其企而。'是又以希圣希贤命其子也。"又说："陶公学问与老、庄不同，老庄废礼，废仁义，废读书；陶公言礼服，言'朝与仁义生'，言'游好在六经'，'上赖古人书'，'诗书敦夙好'，确是圣贤之学。""陶公高于老、庄，在不废人事人理，不离人情，只是志趣高远，能超然于境遇形骸之上耳。"（《陶渊明资料汇编》）事实上，明人郎瑛早就提出"渊明非诗人""高出诗人"之说（《陶渊明资料汇编》），比诗人更高者为何？正前引萧统所谓"笃志"之"大贤"也！

不过，清人中也有以渊明为道家的，如方东树《昭昧詹言》云："阮公似屈兼似经，渊明似庄兼似道，皆不得仅以时人目之。""陶公所以不得与于传道之统者，堕于庄、老也。其失在纵浪大化，有放肆意，非圣人独立不惧，君子不忧不惑不惧之道。圣人只是尽性至命，此是放肆也。"（《陶渊明资料汇编》）实则"纵浪大化"何尝限于庄、老？又焉知陶公的"不喜不惧"，不是来自孔子所谓"仁者不忧，知者不惑，勇者不惧"的君子之道呢？

三、"外儒内道"还是"外道内儒"？

近现代西学东渐，儒学备受冲击，学者对个体价值和自由意志多有肯认，故在解读陶渊明时有偏于道家或自然主义的一面。

容肇祖说："陶潜在清谈风气盛极而衰之后，当时佛教亦颇盛行，感自然的真趣，悟幻化的人生，律己甚严，而无苟且卑鄙放荡的举动。或者他本是儒家出身，又从时代上认清清谈家的弊病，故此特别成就了他的高尚的人格和感情。"① 这种论述还比较平允，而朱自清则干脆认为陶渊明将"孔子的学说道家化"，"所以陶诗里主要思想实在还是道家"（朱自清《陶诗的深度》）。陈寅恪则提出一种"外儒内道"说："渊明之为人实外儒而内道，舍释迦而宗天师者也。"并进一步指出："凡两种不同之教徒往往不能相容，其有捐弃旧日之信仰，而皈依他教者，必为对于其夙宗之教义无创辟胜解之人也。"② 言下之意，陶渊明之所以与释慧远所创莲社诸人无缘，原因无他，正为其在天师道之信奉中，形成了自己的"创辟胜解"，即所谓"新自然说"。

不过，陈寅恪的"外儒内道"说很快就受到朱光潜的批评。朱光潜在《陶渊明》一文中指出，陈寅恪"不仅曲解了渊明的思想，也曲解了他的性格"；"在这整个心灵中我们可以发现儒家的成分，也可以发现道家的成分，不见得有所谓内外之分，尤其不见得渊明有意要做儒家或道家。假如说他有意要做某一家，我相信他的儒家的倾向性比较大。"（《陶渊明资料汇编》）这个论断相对平允，更易于接受。

梁启超也指出，陶渊明是一位"极热烈极有豪气的人"，"缠绵悱恻最多情的人"，"极严正——道德责任心极重的人"，"若把他看成是冷面厌世一派，那便大错了"。又说："他虽生长在玄学佛学氛围中，但他一生得力处和用力处，都在儒学。""他一生品格立脚点，大略近于孟子'有所不为''不屑不洁'的狷者，到后来操养纯熟，便从这里头发现出人生真趣味来，若把他当作何晏、王衍那一派放达名士看待，又大错了。""孔子说的'志士不忘在沟壑'，他一生做人的立脚，全在这一点。"③ 窃以为，这是十分中肯的观点。

陶渊明之为陶渊明，正在于其超出了他所处的时代，所以，用晋宋之际流行的佛老思想解读陶渊明，恐怕只能南辕北辙。

---

① 容肇祖《陶潜的思想》，见《魏晋的自然主义》，东方出版社，1996年，第93页。

② 陈寅恪《金明馆丛稿初编》，生活·读书·新知三联书店，2001年，第219页。

③ 梁启超《陶渊明之文艺及其品格》，《饮冰室合集》第12册，中华书局，1994年，第10页。

汤用彤在论及魏晋思想之大势时曾说："魏晋时代思想界颇为复杂，表面上好像没有什么确切的'路数'，但是，我们大体上仍然可以看出其中有两个方向，或两种趋势，即一方面是守旧的，另一方面是趋新的。前者以汉代主要学说的中心思想为依据，后者便是魏晋新学。我们以下不妨简称'旧学'和'新学'两派。'新学'就是通常所谓玄学。当时'旧学'的人们自称'儒道'……，其实思想皆是本于阴阳五行的'间架'，宇宙论多半是承袭汉人的旧说；'新学'则用老庄'虚无之论'作基础，关于宇宙人生各方面另有根本上新的见解。"①

那么，陶渊明所信奉的到底是作为"新学"的玄学呢，还是作为"旧学"的儒学呢？对这一问题，陈寅恪如此回答：

> 渊明之思想为承袭魏晋清谈演变之结果及依据其家世信仰道教之自然说而创改之新自然说。惟其为主自然说者，故非名教说，并以自然与名教不相同。但其非名教之意仅限于不与当时政治势力合作，而不似阮籍、刘伶辈之佯狂任诞。盖主新自然说者不须如主旧自然说之积极抵触名教也。又新自然说不似旧自然说之养此有形之生命，或别学神仙，惟求融合精神于运化之中，即与大自然为一体。因其如此，既无旧自然说形骸物质之滞累，自不致与周孔入世之名教说有所触碍。故渊明之为人实外儒而内道，舍释迦而宗天师者也。推其造诣所极，殆与千年后之道教采取禅宗学说以改进其教义者，颇有近似之处。然则就其旧义革新，"孤明先发"而论，实为吾国中古时代之大思想家，岂仅文学品节居古今之第一流，为世所共知者而已哉！②

陈氏显然注意到了陶渊明与主张"新学"的魏晋玄学名士大不相同，但他不愿意将渊明归于"旧学"或曰"名教"的一派，只好生造了一个

---

① 汤用彤《魏晋思想的发展》，见《魏晋玄学论稿》，人民出版社，1957年，第121页。

② 陈寅恪《金明馆丛稿初编》，生活·读书·新知三联书店，2001年，第219页。

"新自然说"的概念去概括陶渊明的思想："新自然说之要旨在委运任化。夫运化亦自然也，既随顺自然，与自然混同，则认为己身亦自然之一部，而不须更别求腾化之术，如主旧自然说者之所为也。但此委运任化，混同自然之旨自不可谓其非自然说，斯所以别称之为新自然说也。"这是从陶渊明的生死观角度得出的结论，然难免顾此失彼，以偏概全。前引朱光潜《陶渊明》一文说：

> 因为渊明近于人情，而且富于热情，我相信他的得力所在，儒多于道。陈寅恪先生把魏晋人物分名教与自然两派，以为渊明"既不尽同嵇康之自然，更有异何曾之名教，且不主名教自然相同之说如山（涛）、王（戎）辈之所为"。盖其己身之创解乃一种"新自然说"，"新自然说之要旨委运任化"，并且引"立善常所欣，谁当为汝誉"两句诗证明渊明"非名教"。他的要旨在渊明是道非儒。我觉得这番话不但过于系统化，而且把渊明的人格看得太单纯，不免歪曲事实。渊明尚自然，宗老、庄，这是事实；但是也并不非名教，薄周、孔，他一再引"先师遗训"（他的"先师"是孔子，不是老、庄，更不是张道陵），自称"游好在六经"，自勉"养真衡门下，庶以善自名"，遗嘱要儿子孝友，深慨"如何绝世下，六籍无一亲"。这些都无法证明渊明"非名教"的事实。

其实，若以陶渊明的人格与气节而论，也不妨将其思想归纳为"新名教说"的（西晋乐广所谓"名教中自有乐地"已开其先声）。甚至连"新名教"也谈不上，他不过就是严格遵循孔子"隐居以求其志，行义以达其道""无可无不可""从心所欲不逾矩""天下有道则见，无道则隐"的教诲，"知行合一"地度过了一生罢了！

二十世纪五十年代，著名传记文学家李长之完成《陶渊明传论》，从晋、宋易代之际思想史发展的趋势看待陶渊明，认为陶渊明是一位由道家到儒家转换过程中的"象征人物"，"开了宋代理学的先河"。他说：

陶渊明是纪元后四世纪后半到五世纪之初的人物。在思想上，那风靡于二世纪的老庄思潮（为何晏、向秀、郭象所倡导着的），曾深深地浸润着他的心灵。不错，他已渐渐有了儒家的倾向，这恰是他代表了时代之处。因为，儒家思想之抬头，不能不推八世纪的韩愈，他是一个象征人物，他后来开了宋代理学的先河；但你想，由道家到儒家，中间能没有一个转换时期的人物——兼有二者的色彩的么？这就是陶渊明。宋代的欧阳修、苏轼、朱熹之所以推许陶渊明，我们在这里也可以得到一个解答。[①]

比之陈寅恪专从魏晋清谈论陶渊明之思想，李长之的视野无疑更为开阔，他是将陶渊明置于整个中国思想史尤其是儒学发展史上来论列了。

在作为该书附录的《陶渊明论》一文中，李长之反复阐明陶渊明的儒家思想底蕴，说："正是由于他的儒家思想，才排拒了当时莲社一般人的佛教思想。""儒家思想坚强地支持了他的安贫乐道。……他曾说，'贫富常交战，道胜无戚颜'，这帮助他取得了胜利的'道'正是儒家思想。儒家思想使他的坚强的人格更多了一分色泽，也更多了一番光彩。""正是由于他是一个具有浓厚的儒家思想的诗人，能够写出儒家所称赞的封建社会道德和封建社会情感，所以他博得了宋代理学家像朱熹、真德秀等人的喝彩。陶渊明在中国诗人中的地位，自宋以后愈来愈高，正是和那些理学家的赞扬宣传分不开的。"一方面，他承认："陶渊明究竟是一个生长在长期'习尚老庄'而风气在向崇尚儒术转变着的时代的人物，所以也就不可能在他的思想中没有道家的成分。"另一方面，在评陶渊明的《形影神》诗时，他又不容置疑地指出："然而无论如何，比起要在形影神的论据中肯定神不灭并肯定报应的慧远来，陶渊明是鲜明地拿起一面新兴的儒

① 李长之《陶渊明真能超出于时代么》，见《陶渊明传论》，天津人民出版社，2015年，第161页。

家旗帜去反对道释二家了。这是陶渊明思想成熟期的面目，这是他高出于当时莲社诸人处。陶渊明在中国思想史上有卓绝的地位者也就以此。"

在前引文章的末尾，李长之总结道："儒家思想让他有一种操守，给他的躬耕生活以一种安贫乐道的坚强支持，同时限制了他和农民距离的真正缩短，于是有时表现为一种没落的地主官僚式的情感。……他推崇儒家，不排斥道家，后来又结合为一，这就形成了他自己的独特的思想面目。至于佛家的思想，神仙家的思想，放诞的思想，在他却是无缘的。"

尽管李长之的《陶渊明传论》单行本因出版较迟而长期被学术界所忽略，但以李氏之学力才情，此书在陶学史上诚为不可多得之杰作，尤其是对于陶渊明思想结构的论析，鞭辟入里，颇可信从。

这以后，随着二十世纪后半叶历次政治运动的轮番上场，特别是受反孔反儒主流思潮的影响，学者的论述不免陷入政治挂帅和阶级斗争的泥淖。二十世纪八十年代以来，对陶渊明的思想研究更为自觉和深入。尤其是龚斌《陶渊明集校笺》和袁行霈《陶渊明集笺注》两部著作的问世，客观上推动了陶渊明研究走向新的局面。其间，调和陶渊明思想中儒道之张力的观点相对比较流行。

如龚斌就说："渊明独特人格的形成，与魏晋玄学的崇尚自然密切相关，也与儒家'君子固穷'精神及他的躬耕经历有关。渊明任真自得、颖脱不群，显然深受魏晋名士任情自放、脱略形骸的人格之美的影响；而他耿介狷洁的品格，与阮籍、嵇康为代表的竹林名士作风相通。另一方面，渊明的人格也得力于儒家精神的汲取。自西晋向秀、郭象调和名教与自然的矛盾之后，儒玄双修成为普遍的学风。渊明归田之后，生活日趋贫困，但固穷守道之志却老而弥坚，这固然主要取决于他的委运自然的人生观，但也同汲取儒家的君子固穷气节大有关系。"①

李剑锋在讨论"儒家文化与陶渊明"时，以"人际依恋"和"终极关怀"二义概括陶渊明的儒家情怀，同时又探讨"老庄玄学与陶渊明"，认

---

① 龚斌《陶渊明集校笺》修订本，上海古籍出版社，2011年，第8页。

为"陶渊明的思想和诗文也明显受到了老庄玄学的影响"[①]。这也是比较折中的观点。而袁行霈从陶诗的"自然""天道"和"真"等语词，指出其思想与道家的关系，似乎更偏于道家的一面。

在众多的研究中，徐声扬发表于《九江师专学报》的多篇论陶文章值得注意。他以令人动容的笔墨和情怀坚持认为，陶渊明是一位儒家。在与袁行霈的商榷文章中，他指出，陶渊明诗文中出现的"自然""天道"和"真"三词，貌似属于道家，实则用的都是"常用义"而非"老庄哲学的专用义"，真正涉及老庄的少之又少。"陶集中'固穷'说了十一次，'好学'说了九次，'明道'说了六次，'行善'说了五次。他没有直接涉及老庄，怎么引向老庄呢？孔孟没有使用的语言，为什么不能用来阐述儒家思想呢？"[②]驳得极有理。

尽管在陶渊明归儒还是归道这一问题上，谁都无法定于一尊，但平心而论，古今学者对陶渊明的儒家指认，显然更具说服力。

四、结语：圣贤志节与陶诗格调

既然陶渊明的人格与文格如此难分彼我，那么，从程度与词汇上分析其受儒家还是道家的影响更大，就几乎是一个无解的问题。争论到最后，恐怕只能说：陶渊明就是陶渊明，不属于任何一家。然而，这就又把陶渊明的人格志趣，也即颜延之《陶征士诔》所谓"孤生介立之节"给一笔抹杀了！

其实，细读陶渊明的诗文，就可知其人格和思想的底座只能是儒家，而非道家，更非佛家。他的隐居不仕，乍一看像是靠近老庄，仔细推敲，无不是奉行先师孔子的教诲——"天下有道则见，无道则隐"，"邦有道则仕，邦无道则可卷而怀之"，"用之则行，舍之则藏"，"贤者辟世，

---

① 李剑锋《陶渊明及其诗文渊源研究》，山东大学出版社，2005年，第87—197页。

② 徐声扬《也谈陶渊明的哲学思考——兼与袁行霈先生商榷》，《九江师专学报》，1999年第2期。

其次辟地，其次辟色，其次辟言"，"隐居以求其志，行义以达其道"，等等。清人钟秀的"儒隐"说，可谓切中肯綮！朱熹在《向芗林文集后序》中说：

> 陶元亮自以晋世宰辅子孙，耻复屈身后代，自刘裕篡夺势成，遂不肯仕。虽其功名事业不少概见，而其高情逸韵播于声诗者，后世能言之士皆自以为莫能及也。盖古之君子其于天命民彝、君臣父子大伦大法之所在，惓惓如此。是以大者既立，而后节概之高，语言之妙，乃有可得而言者。（《陶渊明资料汇编》）

进而言之，陶渊明的隐居，并非所谓"不为五斗米折腰"那么简单，而是隐含着儒家君臣之义中非常隐微、高远甚至具有信仰性的价值判断，不仕二朝，不臣二姓也只是表象，其深层义理是"从道不从君"，"危邦不入，乱邦不居"！而且，陶渊明的隐，并非远离尘嚣，"人间蒸发"，而是"结庐在人境"，即非长沮、桀溺之辈所谓"避世之士"，而是像伯夷、叔齐以及孔子那样的"避人之士"。孔子说："鸟兽不可与同群，吾非斯人之徒与而谁与？"陶渊明也乐得与农夫为邻，"相见无杂言，但道桑麻长"，"晨兴理荒秽，带月荷锄归"。这样的隐居，绝不是厌世和弃世，而是对人间世的温情脉脉和不离不弃！

陶渊明的安贫乐道，也有着深刻的儒学支撑。他说："先师有遗训，忧道不忧贫。"孔子的话就是他的支撑！他十一次提到"固穷"，也是孔子的"遗训"："君子固穷，小人穷，斯滥矣。"（《论语·卫灵公》）

窃以为，陶渊明并非乐得做一个隐士，他心心念念只想做一个孔子标举的"君子"。《感士不遇赋》云："原百行之攸贵，莫为善之可娱。奉上天之成命，师圣人之遗书。发忠孝于君亲，生信义于乡闾。推诚心而获显，不矫然而祈誉。""夷投老以长饥，回早夭而又贫；伤请车以备椁，悲茹薇而殒身；虽好学与行义，何死生之苦辛！疑报德之若兹，惧斯言之虚陈。何旷世之无才，罕无路之不涩。伊古人之慷慨，病奇名之不立。……宁固穷以济意，不委曲而累己。既轩冕之非荣，岂缊袍之为耻？诚谬会以取拙，且欣然而归止。拥孤襟以毕岁，谢良价于朝市。"此赋不仅大量引用《论语》之典，再次表达"君子固穷"之志，而且几乎可以视为与孔子的"隔代对话"。

渊明自称"好读书"，所好何书？盖儒书也。且看其反复自陈："少年罕人事，游好在六经"、"得知千载上，政赖古人书"（《赠羊长史》）、"诗书敦夙好"（《赴假还江陵夜行途中》）、"诗书塞座外"（《咏贫士》）、"奉上天之成命，师圣人之遗书"（《感士不遇赋》）、"诗书复何罪？一朝成灰尘"（《饮酒》）。凡此种种，不一而足。

陶渊明对老庄玄学是什么态度呢？且看《感士不遇赋》："自真风告逝，大伪斯兴，闾阎懈廉退之节，市朝驱易进之心。"这里的"真风"和"大伪"所指为何？且看其《饮酒》云："羲农去我久，举世少无真。汲汲鲁中叟，弥缝使其淳。……区区诸老翁，为事诚殷勤。如何绝世下，六籍无一亲。终日驰驱走，不见所问津。"由此可见，陶渊明所谓"真风"，正是以孔子和六经为代表的儒家圣贤之学。钱锺书论及陶渊明对老庄的态度时说："盖矫然自异于当时风会。《世说·政事》注引《晋阳秋》记陶侃斥老庄浮华，渊明殆承其家教也。"[1]而所谓"大伪"，大概正是指晋、宋之交，那些一方面笃信佛老，一方面驰驱奔走于仕途经济的所谓"风流名士"吧！

因为"节概之高"，才成就了陶渊明的人格与文格之高。历代学者对陶渊明顶礼膜拜，以为其文品与人品不仅"高于晋宋人物"，而且为"三代以下之诗圣"（潘德舆《作诗本经纲领》，见《陶渊明资料汇编》），良有以也！

前些年学者多讨论"陶渊明何以不入《世说新语》"，或以为是因为渊明门第不高，不合《世说》选人之"流品意识"，待其声名大噪时，

---

[1]　钱锺书《谈艺录》，安徽文艺出版社，1999年，第305页。

又已超出该书所包的时代了。或以为渊明不是清谈之士，且家世衰微破落、文风平淡，在当时没有产生广泛的影响和足够的声誉所致。这些观点虽不无道理，但却未能抓住问题的实质，即陶渊明何以能"高出晋宋"？明人江盈科《雪涛诗评》说："陶渊明超然尘外，独辟一家，盖人非六朝之人，故诗亦非六朝之诗。"（《陶渊明资料汇编》）李调元《雨村诗话》说："陶渊明生于晋末，人品最高，诗亦独有千古，则又晋之集大成也。"（《陶渊明资料汇编》）沈德潜《古诗源》说："不惧饥寒，达天安命，不在季次、原宪下，而概以晋人视之，何耶？"的确，从精神器宇及人格追求来看，陶渊明与六朝名士风气格格不入，仿佛是孔门的隔代传人，允称"大贤"；从其诗文成就与境界来看，又远超众流，彪炳诗坛，不啻"诗圣"！

从精神境界上，明代大儒王阳明颇与陶渊明相通。与作为"哲学家诗人"的王阳明不同，陶渊明是"诗人哲学家"，他的思想及哲学尽在诗文中，不在言论经解中。所以，要理解陶渊明的思想精髓或曰言外之意，王阳明的思想或可以为奥援。且看《传习录》中有这么一段：

> 先生尝言："佛氏不着相，其实着了相。吾儒着相，其实不着相。"请问。曰："佛怕父子累，却逃了父子；怕君臣累，却逃了君臣；怕夫妇累，却逃了夫妇。都是为个君臣、父子、夫妇着了相，便须逃避。如吾儒有个父子，还他以仁；有个君臣，还他以义；有个夫妇，还他以别：何曾着父子、君臣、夫妇的相？"

这里王阳明阐明儒学大义，用了佛家"着相"一词，以其人之道还治其人之身，借此可以窥知，陶渊明所以远超时流，不为佛老所囿，正为其"不着相"，故能"平淡出于自然"（《朱子语类》卷一百四十）。

在论及三教合一之义时，王阳明主张以儒家"圣学"该佛、老"二氏"："二氏之用，皆我之用。即吾尽性至命中完养此身谓之仙；即吾尽性至命中不染世累谓之佛。但后儒不见圣学之全，故与二氏成二见耳。譬之厅堂三间共为一厅，儒者不知皆吾所用，见佛氏，则割左边一间与之；见老氏，则割右边一间与之；而己则自处中间，皆举一而废百也。圣人与天地民物同体，儒、佛、老、庄皆吾之用，是之谓大道。"（《王阳明年谱》"嘉靖二年十一月"条）从这一境界看陶渊明，其所追求的正是"圣人与天地民物同体"的"圣学""大道"，故其能跃出晋宋这一时代的思想局限，成就一种高古飘逸、洒落自由的圣贤气象和完美人格。前引清人钟秀又有言曰："可见人只要心有主宰，若假托之辞，何必庄老，何必不庄老？何必仙释，何必不仙释？放浪形骸之外，谨守规矩之中，古今来元亮一人而已。""有晋一代，知尊孔子者，元亮一人而已，此岂孤僻一流人所能望其项背者哉！"（《陶渊明资料汇编》）涵泳如此论说，不觉心悦诚服。而今而后，陶渊明归儒抑或归道的争讼，庶几可以休矣！

原载《古籍研究》2019年第1期

古直的庐山隐逸与陶渊明研究

钟书林　刘林云①

一、古直的学术贡献

古直（1885—1959），字公愚，号层冰，别署遇庵、征夫、孤生，广东省梅县龙文乡滂溪村人。他是我国现代著名的革命家、教育家、作家和古典文学专家。古氏家族以"诗书传家"，"数世皆以文艺显"，祖父湘帆"渊静好学，早都文誉"，父亲锡贤"塾中诵书，每超群儿"（《取当集·述先录》）；古直先生亦自幼聪敏，负笈苦读，早慧有成，颇工于诗，为南社、冷圃诗社等诗社成员。1906年加入中国同盟会，投身辛亥革命，参加讨袁护法等活动。创办了梅县梅州中学、龙文公学、高要初级师范等学校；创办《大风日报》等。1919年先后出任封川县、高要县县长，兴办教育、关注民生，深受好评。后辞官，隐居庐山，研究国学，潜心著述。1925年出任广东大学教授、中文系主任，从事中文教育，执教十余年。1939年，因广州沦陷，古直回到家乡，出任梅南中学校长，创办"梅

---

①　钟书林，武汉大学文学院教授；刘林云，武汉大学硕士研究生。

南文学馆"。1957年，任南华大学教授，专教陶渊明诗歌。其后调往广州，历任广东省政府参事室参事、广东省文物保管委员会委员、广东省文史馆馆员、广东省政协委员等职。

古直先生国学底蕴深厚，一生著作极为丰富。出版的诗集有《转蓬草》《新妙集》《层冰诗存》《隅楼集》《层冰堂诗集》等。学术研究方面，由汉至清，皆有涉猎。研究汉代文学，有《汉诗研究》（1928）和《汉诗辨证》（1929）；研究唐代文学，有《韩集笺正》（1936）；研究宋代文学，有《黄山谷诗注补正》；研究金代文学，有《元遗山诗选》；研究清代文学，有《清诗独赏集》（1944）、《王渔洋诗选》、《汪容甫文笺》（1923）、《黄公度诗笺》等。而尤精于汉魏六朝文学研究，年谱著作有《诸葛武侯年谱》（1924）、《曹子建年谱》（1928）、《陶靖节年谱》（1922）、《陶靖节年岁考证》（1926）等；研究作品著作有《曹子建诗笺》（1928）、《阮嗣宗诗笺稿》（1930）、《陶靖节述酒诗笺》（1922）、《陶靖节诗笺》（1923）、《陶集校勘记》（1923）、《陶诗卷第考》（1932）等；研究理论批评的著作，有《文心雕龙笺》（1937）、《钟记室诗品笺》（1927）等。其中影响最大的是《钟记室诗品笺》，其次为《层冰堂五种》（《曹子建诗笺》《阮嗣宗诗笺》《陶靖节诗笺》《陶靖节年谱》和《层冰文略》）。其客家文献的整理与研究，更颇具开拓之功。其《客人对》《客人三先生诗选》《客人骈文选》《客人丛书》等，至今亦俱为学界称道。

古直先生在一生的革命、政治、教学和科研事业中，都倾注了巨大精力，始终不忘体恤民力，提携后学。当代早已名满天下的国学大师饶宗颐先生虽然年过九旬，但仍然眷念不忘古直先生对他的提掖鼓励之恩，事迹感人至深①。

五四新文化运动以降，古直、梁启超两位先生是最早运用现代学术视角大力研究陶渊明的学者。梁启超先生的专著《陶渊明》，作于1922年

---

① 饶宗颐《寄古层冰丈梅州》，《清晖集》，海天出版社，2011年。

冬，出版于1923年，成为陶学研究史上划时代的标志性成果。1922—1923年，也是古直先生陶学研究成果丰产的重要时期，1922年，他出版了他的《陶靖节年谱》一卷、《陶靖节述酒诗笺》一卷；到1923年，又出版了他的《陶靖节诗笺》四卷、《陶集校勘记》一卷，此后数十年间，他一直对研究陶渊明倾注了大量精力，直到1956年去世前夕，又重新修订五卷本《重定陶渊明诗笺》。古直先生的陶学研究，起步之早，成果之丰硕，兴趣之浓厚，贡献之巨大，奠定了他在陶学研究史上的重要地位。

二、古直的陶渊明年岁新说

梁启超先生对沈约《宋书》陶渊明享年63岁的旧说提出质疑，并提出56岁新说。古直先生在梁启超之后，相继发表《陶靖节年谱》《陶靖节年岁考证》《陶渊明的年纪问题》，在梁氏新说的基础上，又倡52岁新说。从1922年开始，直到1956年，三十多年，他一直坚持52岁的看法，并不断修改完善。《陶渊明的年纪问题》，发表于1958年，在他去世的前夕，可见他为此付出的努力。李稚甫《古直先生的生平及其在学术上的贡献》一文，充分肯定了古先生的这一贡献。他说："（古直先生）以陶集中纪年诗，作为自证，纠正梁氏之说，认为享年五十二岁，而非五十六岁。在这一问题上，进一步加以肯定，在其晚年亲书稿本中，并附有年表，译证其事。"[1]

古先生的陶渊明年岁考订，是建立在笺注的基础之上的，颇具传统的国学素养。1986年许逸民先生校辑整理的《陶渊明年谱》中辑录的自南宋至今的九家陶渊明年谱中，就有古直先生的《陶靖节年谱》，并同时附录古直的《陶靖节年岁考证》《沈约萧统生卒考》二文，体现了许先生对古直先生的高度认可。古先生的陶渊明年岁考证，虽然在今天看来，不免有些偏颇之处，但他深厚的国学功底，为此做出的贡献，值得我们珍视。

---

① 李稚甫《古直先生的生平及其在学术上的贡献》，《岭南文史》，1991年第1期。

譬如，他对《归园田居》诗"误落尘网中，一去三十年"二句的笺注，启人深思。"一去三十年"，如何理解，至今仍然未有定论。主张陶渊明享年63岁说者，认为应是"一去十三年"。谁是谁非，古直先生从笺释上句"误落尘网中"着手，给出了答案。古先生先引用宋代两家年谱（王质《栗里谱》、吴仁杰《靖节先生年谱》）的说法，并加以比较："吴《谱》指'落尘网'为出仕，故改'一去三十年'为'十三年'。但王质《栗里谱》则云：'君年三十，有《归园田居》诗曰'误落尘网中，一去三十年'，这与吴《谱》，恰成反对。"最后古先生做出判定："王《谱》是对的。"他指出："渊明这诗'误落尘网中'和《杂诗》'落地为兄弟'，两个'落'字皆喻人之出生。屈原《离骚》'惟庚寅吾以降'所谓降，即渊明所谓落。《尔雅》曰：'降，落也。'降、落同义，故落霜曰降霜，人从母体降落地上，地是尘土积成，故曰'落尘网'，唐人诗'世界微尘里'，这就说明了尘网的意义。"所以，"误落尘网中"是指陶渊明自言出生以来，这样"一去三十年"，前后意思就通了，并由此推断作此诗时，陶渊明为三十岁。而针对"吴《谱》指'落尘网'为出仕"的说法，古先生认为不允当。他说："至于仕途，普遍的只用圣网，时网，世网。《汉书·叙传》'不经圣人之纲'，陆机诗'牵世缨时网'，这等网是牵网由人的，尘网是无牵无挂、降落自然的，二者截然不同，我们知此，则知吴、王两说的是非。"古先生引用《汉书》、陆诗等典籍，认为比喻"仕途"，是不用"尘网"的。

又譬如，《饮酒诗》其十九："冉冉星气流，亭亭复一纪。"古先生对"纪"的笺释也值得我们思考。古先生说："'纪'有二义，《周语》：'若国亡不过十年，数之纪也。'韦昭注：'数起于一，终于十，十则更，故曰纪。'又，《晋语》：'蓄力一纪。'韦昭注：'十二年岁星一周，为一纪。'今案由乙巳拂衣归田到作《饮酒诗》时'向不惑'（三十九）恰恰十年，足证这个'亭亭复一纪'是当用第一义的。"

再如，对版本文字差异的精审和考订，尤值得参考。古先生指出："宋本陶集《游斜川》诗序皆作'辛丑正月五日'，吴《谱》改为'辛西正月五日'，而曲为说曰：'东坡和此篇云"虽过靖节年，未失斜川游"，东坡于时年六十二，自辛酉岁论之，先生五十七，而东坡又过其五，亦无伤也'，这是意图把渊明年纪接近东坡，故改'辛丑'为'辛酉'，不悟北宋诸公所见陶集皆作'辛丑'，哪能以此诬东坡。"指明了北宋陶集皆作"辛丑"，不作"辛酉"的重要事实，为后来者考订陶集及享年提供了重要参考。

此外，古先生对诸多记有年月的陶渊明诗文颇多探讨，这在以往是缺乏通盘考虑的。所以，古先生这一方法论的突破，显得尤为可贵。他在通盘考察时的一些看法，也颇有价值。譬如他提及："《丙辰岁八月中于下潠田舍获》诗云：'三四星火积。'三四为十二年。毛《诗》：'七月流火。'火，火星；流，是积下的意思。时八月中获，而火星已于七月积流，故云'三四星火积'，这说明陶渊明自辞官隐居后，已躬耕了十二年。"又如，他指出《戊午岁六月中遇火》诗："'戊午'，集本作'戊申'，陶澍引《江州志》作'戊午'，再三考证知戊午为确。"

可惜的是，古先生在指出"北宋陶集皆作'辛丑'，不作'辛酉'"时，自己却又把"辛丑"改为了"乙丑"；同时，迷信清人吴汝纶（51岁说提出者）"东坡以《告俨等疏》为临终之作"的说法，进而根据《告俨等疏》"年过五十"等语，以此判定陶渊明享年在五十一二岁；又误读了"投耒去学仕""是时向立年"，认定陶渊明二十九岁出仕（甲辰），三十岁归田（乙巳），导致陶渊明出仕时间前后不到一年，与史实记载严重不符。因此，古先生虽然做出很多努力，但他力倡的52岁论，信从者较少。

三、古直的笺注陶诗

对于陶诗的笺注成果，他始终孜孜不倦地在修改、完善，数十年如一日。从20世纪20年代《陶靖节述酒诗笺》《陶靖节诗笺》，到20世纪30年代《陶靖节诗笺定本》，再到1956年《重定陶渊明诗笺》，无不体现了这一令人敬佩的学术精神，也因此得到了学术界的高度评价。

1936年，郭绍虞先生在他的《陶集考辨》"近代本"中专门收录了古直先生的四卷本《陶靖节诗笺定本》，并且称赞说："古氏笺陶用力颇勤，此前虽有诸家笺注，古注不求备擸，汰弃殊多。其自写注，颇能发明陶诗用事之长。窃以为陶诗用事，真所谓水中着盐，虽有盐味不见盐质者。古氏详为钩稽，以发潜幽，不特可明陶诗用事之处，即于陶公学术思想，亦可为印证之助。"郭先生行文之末，还特别交代："朱自清君有书评，载《清华学报》十一卷二期。"①也足见他对古先生陶集注本的认可和推介。

确实，《陶靖节诗笺定本》作为《层冰堂五种》之一，甫一出版，就得到当时古典文学专家朱自清的大力推崇和赞许。朱先生专门为此写了书评：《陶诗的深度——评古直〈陶靖节诗笺定本〉（〈层冰堂五种〉之三）》，发表于《清华学报》。这篇书评，成为朱先生陶学研究的重要成果，饮誉至今。朱先生借评述古先生的书，阐发自己对于陶渊明研究的许多独到见解。而其中不少创见，朱先生在文中即指出直接源自古直先生的笺注成果。

朱自清先生称誉说："古先生《陶靖节诗笺定本》用昔人注经的方法注陶，用力极勤；读了他的书才觉得陶诗并不如一般人所想的那么平易，平易里有的是'多义'。"又如，朱先生通过古先生的笺注，弄清了陶渊明思想"究竟受道家影响多，还是受儒家影响多"的问题。朱先生说："从《古笺定本》引书切合的各条看，陶诗用事，《庄子》最多，《论语》第二。"并由此提出了魏晋时期"孔子学说的道家化"，"陶诗里主要思想实在还是道家"等著名论断。仅由朱先生的例证可以看出：古直先生的陶诗笺注功劳的巨大，以及恩泽浇灌陶学之深。

《陶靖节诗笺定本》堪为古直先生的代表作，饮誉学林。朱自清先生也特别称赞该书中对于《述酒》诗的笺注成绩，他说："《述酒》诗

---

① 郭绍虞《陶集考辨》，《燕京学报》，1936年第20期。

'廋词'太多，古先生所笺可以说十得六七。"古风说，古直先生"早年偶涉西学，但是西方文学批评对他一生几乎没有产生任何影响。因此，古直先生的治学方法是相当传统的"。又说："古直先生通于文献，熟于掌故，精于注释。"①陶渊明的《述酒》诗，一向公认晦涩难懂，自宋代汤汉作注后，稍稍能解，而古直"先生根据历史事实，于渊明诗隐晦难喻者，一一加以疏证"，并对陶诗淡泊明志，陶渊明被称为"古今隐逸诗人之宗"，提出异议。认为身为晋大司马陶侃曾孙，而躬耕垄亩，以酒自藏，绝非渊明本志。古直先生根据诸多历史实际，对陶诗加以考证。指出"述酒"一篇，系为刘裕篡晋，废恭帝，并迫令其饮毒酒自杀之事而发。而《咏荆轲》与《读山海经》诗"形天舞干戚，猛志因常在"之句，也绝非无因而发。鲁迅曾经说过："'形天舞干戚'与'悠然见南山'的是一个人，倘有取舍，即非全人。"这是深刻理解陶渊明为人本质的中肯的批评，也说明了陶渊明隐居韬晦，以酒自藏的沉浮个性，以古今隐逸诗人或田园诗人来理解陶渊明，绝非其本真。古先生将这些推论，"建立在充分的历史记据的基础上，非以臆测出之"。

对于古直先生《陶靖节诗笺定本》的其他笺注成绩，朱自清先生在文中作了较多阐发，兹引述如下，以期更多的读者了解，并引起重视：

> 本书颇多胜解。如《命子》诗，"既见其生，实欲其可"的"可"字，注家多忽略过去，本书却证明"题目入以'可'字，乃晋人之常"。《和刘柴桑》诗，题下引《隋书·经籍志·注》，"梁有'晋'柴桑令《刘遗民集》五卷，《录》一卷"。证"刘柴桑"即"刘遗民"。此事向来只据李公焕注，得此确证，可为定论。又"弱女虽非男，慰情良胜无"，或以为比酒之醨薄，或以为赋，都无证据。本书解为比，引《魏书·徐邈传》及《世说》，以见"魏晋人每好为酒品目，靖节亦复尔尔"。《还旧居》诗"常恐大化尽，气方不

① 古风《古直及其文学批评》，《古典文学知识》，2009年第4期。

及衰", 次句向无人能解；本书引《礼记·王制》"五十始衰", 及《檀弓·郑注》, 才知"常恐……不及衰", 即常恐活不到五十岁之意。《饮酒》诗第十六"孟公不在兹, 终以翳吾情", 旧注都以"孟公"为投辖的陈遵, 实与本诗不切；本书据诗中境地定为刘龚, 确当不易。又第十八前以杨子云自比, 后复以柳下惠自比。这二人间的关系, 向来无人能说；本书却引《法言》及他书证明"子云以柳下惠自比, 故靖节以柳下惠比之"。又如《杂诗》第六起四句云："昔闻长老言, 掩耳每不喜；奈何五十年, 忽已亲此事!"诸家注都不知"此事"是何事。本书引陆机《叹逝赋序》"昔每闻长老追计平生同时亲故；或凋落已尽；或仅有存者……", 乃知指的是亲故凋零。[①]

朱先生并在文章末尾附记说："《层冰堂五种》大约须向古君直接购买, 价约十元, 古君现在广州中山大学。"寥寥数语, 朱先生对古直先生《陶靖节诗笺定本》诸作的钟爱以及推介之深情, 溢于言表。

闵定庆说："古直少年时师从兴宁罗翙云、梅县谢吉我二先生, 学习经史之学, 成年后博学于文, 在学术上深受岭南宿儒朱次琦、陈澧的影响, 又因阮元《文言说》的启迪, 始立志于汉魏六朝诗学研究。"[②]古直先生作为传统学者, 能够融合汉、宋之学, 字句义理皆在人上, 所以"心光所到, 往往发千载之秘"（陈三立《与古公愚先生书》）, 并"以作家和学者两种眼光来进行文学批评, 故能入其内, 体察细微；又能出其外, 烛照宏通。每发一言, 皆中肯綮, 堪为定评"。他精于考据之学, 但亦蕴含义理于其中。往往目光犀利, 一语中的。例如, 针对宋代以来陶渊明的诗风"平淡"说, 古直先生认为并不全面。他在《陶靖节诗笺序》中说："夫公（陶渊明）诗百三十篇, 似平淡者, 独有田园诸什。然一索其实,

---

① 朱自清《陶诗的深度——评古直〈陶靖节诗笺定本〉（〈层冰堂五种〉之三）》, 《朱自清古典文学论文集》, 上海古籍出版社, 1981年, 第571—572页。

② 闵定庆《试论古直〈钟记室诗品笺〉文本诠释的自洽性》, 《华南师范大学学报》2008年第6期。

则清刚之音，仍复流于弦外。若夫《饮酒》《述酒》《咏荆轲》《三良》《杂诗》《贫士》《拟古》《读山海经》七八十首，声情激越，盖嗣宗、越石所不能尚。而乃以平澹概之，岂知公者哉？"指出反映陶渊明平淡诗风的，仅有"田园诸什"（《归园田居》五首等），其余像《饮酒》等大多数诗歌（"七八十首"），都是"声情激越"的慷慨之作，可见他对于陶渊明诗风的整体把握。

四、古直与陶诗"本在上品"说

1925年冬，古直先生在他的《钟记室诗品笺》"发凡"中说："陶公本在上品，《御览》尚有明征。王贻上不考，大肆讥弹。以此推之，魏武下品，郭璞、鲍照、谢朓等中品，安保不是后人窜乱乎？"又谓："陶公今列中品，据《御览》所引，则在上品。"又谓："靖节本在上品，《御览》可征。"又《笺》云："按：《太平御览》卷五百八十六：钟嵘《诗评》曰：'古诗，李陵、班婕妤、曹植、刘桢、王粲、阮籍、陆机、潘岳、张协、左思、谢灵运、陶潜十二人诗皆上品。'据此，则陶公本在上品，今传诗品列之中品，乃后人窜乱之本也。"（见《诗品中·宋征士陶潜诗》笺语）此论一出，震动学坛，成为古先生受后人批评最多的地方。

曹旭先生在称道古先生的《钟记室诗品笺》"是力作，是较完备的注本，是这一时期《诗品》研究的重要收获"[①]的同时，也提出批评说古直《钟记室诗品笺》"最大的纰缪乃在于用不可靠的《太平御览》证陶渊明原在'上品'说。这一缪说被人当真，到今天还有人相信"。1921—1925年，正是古先生隐居庐山时期，《钟记室诗品笺》即完成于这一时期。古先生的这一纰缪，不能不归因于他"爱陶心切"的心情。古先生的陶诗"本在上品"说，虽然经过钱基博、钱锺书父子等学者的辩驳，后人已察其非，但其影响仍长达半个多世纪，亦可见此说的影响力，以及众多"爱

---

① 曹旭《诗品研究》，上海古籍出版社，1998年，第239页。

陶心切"者的热捧。

与此同时，古先生对《诗品》"宋征士陶潜诗"条的笺注，也颇值得珍视。如对"其源出于应璩"一语，古先生作案语云："此说最为后世非议，然璩世以文学显，冰生于水而寒于水，陶诗何渠不能出璩？考璩诗以讥切时事、风规治道为长，陶诗亦多讽刺，故昭明《序》云：'语时事，则指而可想。'源出于璩，殆指此耳。"从文艺风格的相似处，认同陶诗"源出于应璩"的说法。又如对"文体省静，殆无长语。笃意真古，辞兴婉惬"，古先生笺注时，采用把钟嵘《诗品》和昭明太子萧统《陶渊明集序》的意见进行比照的方式，以见出《诗品》的品评价值。他说："仲伟所见，略同昭明。'文体省静'，即昭明所云'词采精拔'；'笃意真古'，即昭明所云'怀抱真旷'；'辞兴婉惬'，即昭明所云'抑扬爽朗'；'风力'，即'干青云而直上'之谓也；'风华'，即'横素波而旁流'也。"将陶诗的艺术风格逐一批出，给读者极大的启发。

五、古直慕陶与庐山躬隐

现当代研究陶渊明的学者众多，仰慕陶渊明人品的人更多，而真正能够做到像古直先生那样辞官归隐的学者，恐怕再无第二人。

1921年2月，作为早年参加同盟会的老资历革命党人，古直先生先后辞去了封川县县长、高要县县长等职，奔赴庐山隐居，时年37岁。比41岁辞官归隐的陶渊明早了4年。古直到庐山后，初住白鹿洞书院，后移居独马楼僧舍，并在三峡桥上陈家坂建成楼房一座，命名为"葛陶斋"，门悬一联："门前学种先生柳，日暮聊为梁甫吟。"（以上参考《古直年谱述要》）可见他慕陶的志向。他隐居庐山葛陶斋的数年，也是他一生学术成果最为丰硕的时期。完成的陶渊明研究著作有《陶靖节述酒诗笺》一卷、《陶靖节年谱》一卷、《陶靖节诗笺》四卷、《陶集校勘记》一卷、《陶靖节年岁考证》一卷等。

闵定庆高度评价了古直先生的庐山隐居，并把它和陶渊明的隐居同时联系起来说："古直决定走进昔日陶渊明隐居之地，这是一个极具政治宣示意味的姿态，向世人也向革命同仁宣告行将彻底作别从事多年的政治活动和宣传活动，回归传统，潜心研究古学，选择一种近乎陶渊明式的'以文自藏'的生存方式，以回应现实社会政治、文化的挑战。"①

古直先生隐居庐山时期的成果特征及其学术反响，正如《古直年谱述要》所说："因庐山侧即为陶渊明故里，古直爱诵陶诗，慕其为人，亦同样辞官归隐。其间，一边品研陶诗，一边寻踪辨伪，追根溯源，所成著述，别具见解。故此时古直关于陶渊明的研究成果，向得学术界的重视。"李稚甫也说："（古直先生）因爱诵陶诗，仰慕陶渊明之为人，加之中年隐居庐山，追踪柴桑遗迹，更深入探讨渊明诗文之奥。""因身居庐山，对渊明柴桑故里遗迹，对此诗中所涉及的地域，一一加以查勘，疏通证明，并按据史实，加以对证，此旁人所难能者。"②庐山的隐居生活，加深了古直先生对陶渊明诗文的理解，对其生活遗迹也有了切身的体会，这些都融注在他对陶渊明诗歌的笺注之中。

更难能可贵的是，隐居庐山的数年生活中，古直先生过着穷困的生活，曾经营过茶室，直到1925年受聘于孙中山先生创办的国立广东大学文科教授，但他会在闲暇假期回庐山写作书稿、设帐教学，教授九江本地弟子。

在《咏陶靖节》（这是他创作的一首以集陶诗形式书写的诗）中，古直先生描述了他隐居庐山时期的情形。诗云："东方有一士，邈然不可干。称心固为好，即日弃其官。拥褐曝前轩，闻饮自欢然。所乐非穷通，所惧非饥寒。猛志固常在，有时不肯言。哀哉亦何伤，在己何怨天。其人虽已没，千载乃相关。"视陶渊明为异代知己，足见他的爱陶心境。

古风曾在《古直及其文学批评》中说："这就是古直，一个革命家的古直，一个教育家的古直，一个作家的古直，一个古典文学专家的古

①　闵定庆《试论古直〈钟记室诗品笺〉文本诠释的自洽性》，华南师范大学学报，2008年第6期。

②　李稚甫《古直先生的生平及其在学术上的贡献》，《岭南文史》，1991年第1期。

直。他的这四种身份都是名副其实的，富有建树的，令人钦佩的。这四种身份由一条精神主线贯穿着，就是'愤时救国'。他参加革命是如此，他办教育是如此，他写诗作文是如此，就连他研究古典文学也是如此。譬如在学术研究的选题取向上，他对于陶渊明的偏爱，对于黄遵宪的钦慕，都与此有关。人一生中要成就一种事业都挺不容易，但是他却成就了四种事业，而且都做得如此之好。因此，古直先生也算是一位奇才！"① 遗憾的是，由于各种复杂原因，古直一生著作等身，却流传不广。他晚年完成的五卷本《重定陶渊明诗笺》等著作及其余早年出版的一些著作，也多年散佚，不易找寻，多部陶学著作，屡不见版，嘉惠学人，实为学术界的重要损失。

原载《九江学院学报》（社会科学版）2018年第1期

---

① 古风《古直及其文学批评》，《古典文学知识》，2009年第4期。

论陶渊明诗文对小说的接受

孔德明　　万瑞祺①

陶渊明诗文对异书多有征引，而这些异书，又多被后人纳入志怪小说范畴。因此，如果以其诗文为考察视角，探绎其对异书的征引情状，或许可以较清楚地了解陶渊明对小说的接受状况。同时，还可以从中考察其小说接受对其诗文风格形成的影响。

一

陶渊明好读书，《五柳先生传》云："好读书，不求甚解，每有会意，便欣然忘食。"沈约《宋书·陶潜传》云："潜少有高趣，尝著《五柳先生传》以自况……时人谓之实录。"　如沈约所述不虚，《五柳先生传》确为陶渊明自况，则陶渊明真为好读书之人矣。但亦有人对《五柳先生传》为陶渊明"自况""实录"进行了质疑，清人张廷玉以为："此

---

①　孔德明，昆明学院人文学院教授，文学博士；万瑞祺，昆明学院硕士研究生。

后人代作，非先生手笔也。"①王振泰认为《五柳先生传》似非陶渊明之"自况""实录"，他提出："《五柳先生传》，所传者何人？笔者疑为渊明之父。"②尽管王先生提出了许多很有见地的质疑依据，最终还是疑而未定。

其实，陶渊明好读书，其诗文中亦屡次提及。从陶渊明诗文看，其少年时便已养成好读书的习惯，如《与子俨等疏》："少学琴书，偶爱闲静，开卷有得，便欣然忘食。"《始作镇军参军经曲阿》："弱龄寄事外，委怀在琴书。"《饮酒》："少年罕人事，游好在六经。"等等。自少年养成读书习惯，便常于三余之时读书，如《感士不遇赋序》："余尝以三余之日，讲习之暇，读其文，慨然惆怅。"《读山海经》："既耕亦已种，时还读我书。"《咏贫士》："诗书塞座外，日昃不遑研。"其不仅于三余之时读书，往往也会因乐于琴书而田园弗履、息交绝游，如《劝农》："董乐琴书，田园弗履。"《和郭主簿》："息交游闲业，卧起弄书琴。"陶渊明读书不仅从中学得知识，受到感化，更重要的是从中获得无穷乐趣，这也应该是其好读书的最大动因。《赠羊长史》："得知千载外，正赖古人书。"从古人书中获得知识。《癸卯岁十二月中作与从弟敬远》："历览千载书，时时见遗烈。"从古典籍中受到感化。《答庞参军》："衡门之下，有琴有书。载弹载咏，爰得我娱。"《归去来兮辞》："悦亲戚之情话，乐琴书以消忧。"《自祭文》："欣以素牍，和以七弦。"从琴书中享受无限愉悦。故陶渊明常常沉浸乐于"诗书敦宿好，林园无俗情"的生活情态之中。

陶渊明不仅"游好在六经"，也"息交游闲业"。"闲业"是相对于"正业"而言的，《礼记·学记》云："教必有正业。孔疏：正业为先王之正典，非诸子百家。"也就是说，陶渊明除了读那些用于齐家治国

---

① 北京大学北京师范大学中文系《陶渊明研究资料汇编》，中华书局，1962年，第366页。

② 王振泰《〈五柳先生传〉陶渊明"自况""实录"说质疑》，《鞍山师范学院学报》，1991年第1期。

的正典外，还浏览正典以外的那些可用来愉悦耳目的闲书。朱光潜通过陶渊明诗文所援引的字句和典故，对陶渊明常读之书作了一个概说："从他这里援引的字句或典故来看，他摩挲最熟的是《诗经》《楚辞》《庄子》《列子》《史记》《汉书》六部书；从偶尔谈到隐逸神仙的话看，他读过皇甫谧的《高士传》和刘向的《列仙传》那一类书。"（《陶渊明资料汇编》）陶渊明"摩挲最熟的"六部书，涉及经、史、子、集，可见其读书范围之广。

陶渊明尤好异书，颜延之《陶征士诔》："心好异书，性乐酒德，简弃烦促，就成省旷。"颜延之所说不虚，其诗文中亦多有体现，如《读山海经》："泛览《周王传》，流观《山海图》。"《移居》："邻曲时时来，抗言谈在昔。奇文共欣赏，疑义相与析。"《和郭主簿》："衔觞念幽人，千载抚尔诀。"朱光潜说："颜延之在诔文里说他'心好异书'，不过从他的诗里看，所谓异书主要的不过是《山海经》之类。"（《陶渊明资料汇编》）除此之外，其诗文还援引了哪些异书？下面着重考察一下陶渊明诗文中所援引的与小说有关联的异书。

陶渊明不仅"流观《山海图》"，还"泛览《周王传》"。"周王传"，李善《文选注》说："周王传，《穆天子传》也。"王隐《晋书·束皙传》："《周王游行记》五卷，说周穆王游行天下之事，今谓之《穆天子传》。"《穆天子传》出于汲冢书，荀勖《穆天子传序》："古文《穆天子传》者，太康二年，汲县民不准盗发古冢所得书也，皆竹简素丝编。……其书言周穆王游行之事。《春秋左氏传》曰：'穆王欲肆其心，周行于天下，将皆使有车辙马迹焉。'此书所载，则其事也。王好巡守，得盗骊、騄耳之乘，造父为御，以观四荒。北绝流沙，西登昆仑，见西王母，与太史公记同。汲郡收书不谨，多毁落残缺。虽其言不典，皆是古书，颇可观览。"[①]《读山海经》的"高酣发心谣，宁效俗中言"，便援引了《穆天子传》："天子觞西王母于瑶池之上。西王母为天子谣

---

① 王根林等校点《穆天子传》，上海古籍出版社，2012年，第47页。

曰：'白云在天，山陵自出。道里悠远，山川间之。将子无死，尚能复来。'"《四库全书》将《穆天子传》归入小说家类，纪昀《钦定四库全书总目提要》卷一百四十二"小说家类三"云："《穆天子传》六卷……《列子·周穆王》篇所载，与此传相出入，盖当时流俗，有此记载，如后世小说野乘之类，故列御寇得捃采其文耳。"可见，《穆天子传》在外在形式上是近乎起居注的史体，但其所记内容恍惚无征，则实为小说。此外，陶渊明诗文对《逸周书》亦有援引，《逸周书》亦出于汲冢书。《述酒》的"山阳归下国，成名犹不勤"，化用了《逸周书·谥法解》的"不勤成名曰灵"[1]；《拟古》的"仲春遘时雨，始雷发东隅"，化用了《逸周书·时训解》的"雷不发声，诸侯失民"；《述酒》的"王子爱清吹，日中翔河汾"、《联句》的"远招王子乔，云驾庶可饬"，其事均见《逸周书·太子晋解》。汲冢书在当时应该是可以称得上"异书"的。《逸周书》内容庞杂，体例不一，性质亦有不同。明胡应麟《少室山房笔丛》卷二："《逸周书》《穆天子》等，虽多夸诞，然文字殊古，且未尝有所依讬，自当入传注中。"[2]王世贞《弇州山人四部稿》卷一百一十二文部《读逸周书》云："余读《逸周书》七十一篇，未尝不深奇其文辞，而怪其悖也。"可见，《逸周书》中亦有志怪之辞也，其有小说意味。

陶渊明诗文亦有援引《燕丹子》者，如《咏荆轲》所咏燕太子丹招荆轲刺秦事，《战国策·燕策》及《史记·刺客列传》皆有翔实记述，但《咏荆轲》之"宋意唱高声"事，二书均未见记载。王叔岷《陶渊明诗笺证稿》云："《燕策三》《史记·刺客列传》载荆轲事，并不涉及宋意。"《淮南子》与《水经注》二书对宋意高歌事有所记录，《淮南子·泰族训》："高渐离、宋意，为击筑而歌于易水之上。"《水经注·易水》曰："荆轲歌，高渐离击筑，宋意和之，为壮声，士发皆冲冠；为哀声，士皆垂涕泣。"《燕丹子》对此事又是如何记载的？《燕丹

① 黄怀信《逸周书汇校集注》，上海古籍出版社，2000年，第677页。
② 胡应麟《少室山房笔丛》，上海书店出版社，2001年，第21页。

子》云："荆轲入秦，不择日而发，太子与知谋者，皆素衣冠送之。于易水之上。荆轲起为寿，歌曰：'风萧萧兮易水寒，壮士一去兮不复还。'高渐离击筑，宋意和之。为壮声则发怒冲冠，为哀声则士皆流涕。二人皆升车，终已不顾也。"①由上看来，《淮南子》记述甚略，较为笼统。《水经注》晚于陶渊明近百年，不可能为渊明所据。因此，渊明所据的最大可能就是《燕丹子》。孙星衍《燕丹子序》云："《国策》《史记》取此为文，削其乌白头、马生角及乞听琴声之事，而增徐夫人匕首、夏无且药囊，足证此书作在史迁、刘向之前。"也就是说，汉晋时期此书早已流行于世，因此陶渊明援引此书是极其可能的。孙星衍说《燕丹子》"学在从横、小说两家之间"。其实，《隋书·经籍志》早已将《燕丹子》列为小说家之首，胡应麟《少室山房笔丛》称其"当是古今小说杂传之祖"，纪昀等编订《钦定四库全书》时，亦将其归入小说家类，纪昀《钦定四库全书总目提要》小说家类云："所载皆燕太子丹事。……然其文实割裂诸书燕丹、荆轲事，杂缀而成。其可信者，已见《史记》，其他多鄙诞不可信，殊无足采。""鄙诞不可信"，正反映了志怪小说的特点。

陶渊明诗文征引《列仙传》者亦有不少，如《影答形》的"诚愿游昆华，邈然兹道绝"，昆华，神仙所居之地，《列仙传》有："（赤松子）往往至昆仑山上，常止西王母石室中，随风雨上下。"②《神释》的"彭祖寿永年，欲留不得住"，《列仙传》有："彭祖者，殷大夫也。……帝颛顼之孙，陆终氏之中子。历夏至殷末，八百余岁。"《五月旦作和戴主簿》："即事如已高，何必升华嵩。"《连雨独饮》："世间有松乔，于今定何间。"《列仙传》有："赤松子者，神农时雨师也。服水玉，以教神农，能入火自烧。""王子乔者，周灵王太子晋也。好吹笙作凤凰鸣。游伊、洛之间，道士浮丘公接上嵩高山。"《拟古》："问君今何行？非商复非戎。"《列仙传》有："关令尹喜者，周大夫也。……与老子俱之

---

① 王根林等校点《燕丹子》，上海古籍出版社，2012年，第83页。
② 王叔岷《列仙传校笺》，中华书局，2007年，第1页。

流沙之西，服巨胜实，莫知其所终。"《列仙传》，唐人已称之为志怪书，顾况《戴氏广异记序》云："志怪之士，刘子政之《列仙》，葛稚川之《神仙》，王子年之《拾遗》……"①顾况把《列仙传》与《拾遗记》这类志怪小说并为一流，足见其具备志怪小说之属性。阙名《五朝小说》便将《列仙传》编入杂传小说类。李剑国称《列仙传》为杂传体志怪小说之"仙传小说"，并说："史氏流变，形成杂传的小说化。从文体上看，其类传一体，在汉代形成了杂传体志怪小说，即《列仙传》。"②

二

陶诗对刘向《说苑》亦有援引，如《有会而作》："怒如亚九饭，当暑厌寒衣。"《咏贫士》："岂忘袭轻裘？苟得非所钦。"其中"九饭"与"轻裘"之典出于《说苑·立节篇》："子思居于卫，缊袍无表，二旬而九食。……田子方闻之，使人遗狐白之裘，……子思辞而不受。"又《拟挽歌辞》："魂气散何之？枯形寄空木。"《说苑·反质》有"昔尧之葬者，空木为椟"。刘向《说苑叙录》云："所校中书《说苑杂事》……除去与《新序》复重者，其余者浅薄，不中义理，别集以为百家，后令以类相从，一一条别篇目，更以造新事十万言以上，凡二十篇，七百八十四章，号曰《新苑》，皆可观。"王尧臣《崇文总目》云："《说苑》五卷，……采传记百家之言，掇其正辞美义可为劝戒者，以类相从，为《说苑》二十篇。"③纪昀《钦定四库全书总目提要》云："《说苑》二十卷。……虽间有传闻异辞，固不以微瑕累全璧矣。"永瑢《钦定四库全书简明目录》云："所录皆春秋至汉初轶事可为法戒者，虽传闻异词，……不失为儒者之言。"④刘向说"不中义理，别集以为百

① 戴孚《广异记》，中华书局，1992年，第1页。
② 李剑国《唐前志怪小说史》，人民文学出版社，2011年，第203页。
③ 王尧臣《崇文总目》，商务印书馆，1967年，第129页。
④ 纪昀《钦定四库全书简明目录》，上海古籍出版社，1985年，第341页。

家"、王尧臣说"采传记百家之言"、纪昀说"间有传闻异辞"、永瑢说"所录皆春秋至汉初轶事",足见其具备一定的小说性。刘知幾《史通·杂说》云:"观刘向对成帝,称武、宣行事,……及自造《洪范》《五行》,及《新序》《说苑》《列女》《神仙》诸传,而皆广陈虚事,多构伪辞。非其识不周而才不足,盖以世人都可欺故也。……至于故为异说,以惑后来,则过之尤甚者矣。" 刘知幾对《说苑》《新序》等书的"广陈虚事,多构伪辞""故为异说"的批判,恰巧点出了《说苑》的小说特性。

另外,陶渊明诗文所征引类于小说的典籍还有《汉武内传》《西京杂记》《三辅决录》《风俗通》《帝王世纪》《古今注》等。如《影答形》:"诚愿游昆华,邈然兹道绝。"引自《汉武内传》:"鲁女生,长乐人。初饵胡麻及术,绝谷八十余年,日少壮,色如桃花,日行三百里,走及麋鹿。传世见之,云三百余年。后采药嵩山,见一女人,曰:'我三天太上侍官也。'以五岳真形与之,并告其施行。女生道成,一旦与知友别,入华山。去后五十年,先相识者逢女生华山庙前,乘白鹿,从玉女三十人,并令谢其乡里亲故人。"《九日闲居》:"酒能祛百虑,菊为制颓龄。"引自《西京杂记》:"九月九日,佩茱萸,食蓬饵,饮菊花酒,令人长寿。"《归去来兮辞》:"三径就荒,松菊犹存。"引自《三辅决录》:"蒋诩字元卿,舍中竹下开三迳,唯求仲、羊仲从之,皆挫廉逃名不出。"《归去来兮辞》:"策扶老以流憩。"引自《风俗通》:"异此鸟,故作鸠杖以赐老人也。……汉无罗氏故作鸠杖以扶老。" 《感士不遇赋》云"或击壤以自欢",皇甫谧《帝王世纪》有"帝尧之世,天下太和,百姓有八九十老人击壤而歌"之说;《拟古》:"上弦惊别鹤,下弦操孤鸾。"崔豹《古今注》有:"别鹤操,商陵牧子所作也。娶妻五年而无子,父兄将为之改娶。妻闻之,中夜(起),依户而悲啸。牧子闻之,怆然而悲,乃援琴而歌。……后人因为乐章焉。"

《汉武内传》,《四库全书》入小说家类,《钦定四库全书总目提要》云:"《汉武帝内传》一卷,旧本题汉班固撰。……其文排偶华丽,

166 –

与王嘉《拾遗记》、陶弘景《真诰》，体格相同。"鲁迅《中国小说史略》云："其一曰《汉武帝内传》，亦一卷，亦记孝武初生至崩葬事，而于王母降特详。其文虽繁丽而浮浅，且窃取释家言，又多用《十洲记》及《汉武故事》中语。"①李剑国《唐前志怪小说史》将其定为"神怪题材的杂传小说"。《西京杂记》，《四库全书》入小说家类，纪昀《钦定四库全书总目提要》小说家类云："《西京杂记》六卷，旧本题晋葛洪撰。……其中所述，虽多为小说家言，而摭采繁富，取材不竭。"《汉书·匡衡传》颜师古注云："今有《西京杂记》者，其书浅俗，出于里巷，多有妄说。"②"出于里巷"，符合小说"街谈巷语"的特点。《三辅决录》，据范晔《后汉书》所载，为东汉赵岐所作。赵岐《决录序》云："三辅者，本雍州之地，……五方之俗杂会，非一国之风，……耳能听而闻故老之言，目能视而见衣冠之畴，心能识而观其贤愚。""五方之俗""故老之言"具有小说特性。《风俗通》，李剑国称之为"杂记体志怪小说"："首次集中地记录下这类民间流传的鬼怪故事，给志怪小说开辟了一块极为重要的题材领域。"应劭《风俗通序》云："言通于流俗之过谬，而事该之于义理也。""流俗"即各种流传俗说，或出于街谈巷语，故具小说家言的特性。《帝王世纪》，西晋皇甫谧所作，所叙上起三皇，下迄汉魏，多采自经传图纬及诸子杂书。宋翔凤《帝王世纪集校序》云："宣圣之成典，复内史之遗则，远追绳契，附会恒滋，揆于载笔，足资多识。""远追绳契，附会恒滋"，则非信史，颇有传说色彩。刘知幾《史通》云："玄晏《帝王纪》，多采《六经》、图谶。"《古今注》，晋崔豹撰，对古代和当时各类事物进行解说诠释，明顾元庆将其编入《阳山顾氏文房小说》，今人亦多视其为博物小说。

陶渊明还多次引用了《列女传》，《咏贫士》："安贫守贱者，自古有黔娄。"《五柳先生传》："黔娄之妻有言：'不戚戚于贫贱，不汲汲

①　鲁迅《中国小说史略》，人民文学出版社，1976年，第23页。
②　班固《汉书》，中华书局，1962年，第3331页。

于富贵。'"黔娄妻出自刘向《列女传·鲁黔娄妻传》:"黔娄死,曾子与门人往吊之。其妻出户,曾子吊之。上堂,见先生之尸在牖下。枕垫席藁,缊袍不表。覆以布被,手足不尽敛,覆头则足见,覆足见头见。……其妻曰:'彼先生者,甘天下之淡味,安天下之卑位。不戚戚于贫贱,不忻忻于富贵。求仁而得仁,求义而得义。其谥为康,不亦宜乎!'"《与子俨等疏》:"但恨邻靡二仲,室无莱妇,抱兹苦心,良独内愧。"《列女传》有:"楚老莱子,逃世耕于蒙山之阳。王使人聘以璧帛。妻曰:'妾闻之,可食以酒肉者,可随以鞭捶;可授以官禄者,可随以斧钺。今先生食人之酒肉,受人之官禄,此皆人之所制也。居乱世而为人所制,能免于患乎?'老莱子遂随其妻至于江南而止。"

《高士传》亦多有征引。《五月旦作和戴主簿》"居常待其尽,曲肱岂伤冲",出于嵇康《高士传》:"(荣启期)对曰:'贫者士之常,死者民之终。居常以待终,何不乐也!'"①《与子俨等疏》"但恨邻靡二仲",《高士传》有:"(求仲、羊仲)皆治车为业,挫廉逃名。蒋元卿之去兖州,还杜陵,荆棘塞门,舍中有三径,不肯出,惟二人从之游,时人谓之二仲。"《答庞参军》:"朝为灌园,夕偃蓬庐。"《戊申岁六月中遇火》:"既已无遇兹,且遂灌我园。"《扇上画赞》:"至矣於陵,养气浩然。蔑彼结驷,甘此灌园。"出自皇甫谧《高士传》:"陈仲子居于於陵,楚王闻其贤,欲以为相,遣使持金百镒,至於陵聘仲子。仲子入谓妻曰:'楚王欲以我为相,今日为相,明日结驷连骑,食方丈于前,意可乎?'妻曰:'夫子左琴右书,乐在其中矣。结驷连骑,所安不过容膝,食方丈于前,所甘不过一肉。今以容膝之安、一肉之味,而怀楚国之忧。乱世多害,恐先生不保命也。'于是出谢使者,遂相与逃去为人灌园。"《咏贫士》:"仲蔚爱穷居,绕宅生蒿蓬。"皇甫谧《高士传》有:"张仲蔚者,平陵人也。与同郡魏景卿俱修道德,隐身不仕。明天官博物,善属文,好诗赋。常居穷素,所处蓬蒿没人。闭门养性,不治荣

---

① 皇甫谧《高士传》,中华书局,1989年,第13页。

名。时人莫识，唯刘龚知之。"

如按照史家观点，则《列女传》有一些地方记载失实，甚至故为异说，故刘知幾说其"广陈虚事，多构伪辞"。《高士传》亦然，同样带有传奇色彩。刘知幾《史通》云："嵇康《高士传》，好聚七国寓言。"又云："至士安撰《高士传》，具说箕山之迹；令升作《搜神记》，深信叶县之灵。此并向声背实，舍真从伪，知而故为，罪之甚者。"又云："嵇康撰《高士传》，取《庄子》《楚辞》二渔父事，合成一篇。夫以园吏之寓言，骚人之假说，而定为实录，斯已谬矣。……壮周著书，以寓言为主；嵇康述《高士传》，多引其虚辞。"由刘知幾所言可知，《高士传》亦多伪辞，具有小说意蕴。

三

尤其需要提出的是，陶渊明诗文援引《列子》甚夥，如《饮酒》："颜生称为仁，荣公言有道。"《咏贫士》："荣叟老带索，欣然方弹琴。"其中的"荣公""荣叟"，即《列子·天瑞》中所记"荣启期"，《列子·天瑞》："孔子游于太山，见荣启期。鹿皮带索，鼓琴而歌。孔子问曰：先生所以乐，何也？对曰：吾乐甚多：天生万物，唯人为贵，吾得为人，一乐也；男尊女卑，故男为贵，吾得为男矣，是二乐也；人生有不见日月，不免襁褓者，吾既已行年九十矣，是三乐也。贫者，士之常也；死者，命之终也。处常得终，当何忧哉？孔子曰：善乎！能自宽者也。"[1] 还有《神释》的"纵浪大化中，不喜亦不惧"，化用《列子·天瑞》："人自生至终，大化有四：婴孩也，少壮也，老耄也，死亡也。"《五月旦作和戴主簿》的"虚舟纵逸棹，回复遂无穷"，化用《列子·天瑞》："粥熊曰：运转亡已，天地密移，畴觉之哉。"《神释》的"老少同一死，贤愚无复数"，化用《列子·杨朱》："生则有贤愚、贵贱，是

---

① 杨伯峻《列子集释》，中华书局，1979年，第22页。

所异也；死则有臭腐、消灭，是所同也。……十年亦死，百年亦死，仁圣亦死，凶愚亦死。"《五月旦作和戴主簿》："神萍写时雨，晨色奏春风。"《怨诗楚调示庞主簿邓治中》："慷慨独悲歌，钟期信为贤。"出自《列子·汤问》："将终，命宫而总四弦，则景风翔，庆云浮，甘露降，醴泉涌。""伯牙鼓琴，志在高山，钟子期曰：峨峨然若泰山。志在流水，曰：洋洋然若江河。子期死，伯牙绝弦，以无知音者。"由上可看出陶渊明对《列子》故事的关注和化用。

《列子》真伪难辨，前人多有考辨，此不赘述。刘向《列子新书目录》云："其学本于黄帝老子，号曰道家。……而《穆王》《汤问》二篇，迂诞恢诡，非君子之言也。"柳宗元《辨列子》云："然观其辞，亦足通知古之多异术也。"高似孙《子略》云："又观穆王与化人游，若清都、紫微、钧天广乐、帝之所居；夏革所言，四海之外，天地之表，无极无尽；传记所书固有是事也。人见其荒唐幻异，固以为诞。"宋濂《诸子辨》云："《天瑞》《黄帝》二篇虽多设辞，而其'离形去智，泊然虚无，飘然与大化游'，实道家之要言。"钮树玉《列子跋》云："至《周穆王篇》《汤问篇》所载，语意怪诞，则他书所无。或言西方圣人，或言海外神仙，以启后人求仙佞佛之端，此书其滥觞矣。"由刘向说的"迂诞恢诡"、柳宗元说的"多异术"、高似孙说的"荒唐幻异"、宋濂说的"设辞"，到钮树玉所说的"语意怪诞"等，足以反映《列子》具有很强的志怪小说意味。的确，如《列子·汤问篇》之"愚公移山""两小儿辩日""薛谭学讴""伯牙鼓琴"及《列子·穆王篇》所述故事，都显示出了极强的小说性。

陶渊明诗文的用事和用语还和裴启《语林》、郭澄之《郭子》、刘义庆《世说新语》极为相类。《饮酒》有"幽兰生前庭，含薰待清风"，《语林》有："谢太傅问诸子侄曰：'子弟何豫人事，而正欲使其佳？'诸人莫有言者。车骑答曰：'譬如芝兰玉树，欲其生于庭阶也。'"①

---

① 鲁迅《古小说钩沉》，齐鲁书社，1996年，第19页。

《读山海经》有"翩翩三青鸟，毛色奇可怜"，《语林》有："真长云：'丞相何奇，止能作吴语及细唾也。'"此是与裴启《语林》用事用语相类者。《与子俨等疏》有"性刚才拙，与物多忤"，《郭子》有："卢志于众中问陆士衡：'陆抗是卿何物？'"《劝农》有"傲然自足，抱朴含真"，《晋故征西大将军长史孟府君传》有："君归，见嘲笑而请笔作答，了不容思"，《郭子》有："道真食尽，了不谢。""（谢万）乃倨坐于晒发，神色傲上，了无惭怍相对，于是而退。"此是与郭澄之《郭子》用事用语相类者。与《世说新语》用事用语相似者更多，《饮酒》有"有酒不肯饮，但顾世间名""虽留身后名，一生亦枯槁"，《世说新语·任诞》有："张季鹰纵任不拘，时人号为'江东步兵'。或谓之曰：'卿乃可纵适一时，独不为身后名耶？'答曰：'使我有身后名，不如即时一杯酒。'"《饮酒》有"咄咄俗中恶，且当从黄绮"，《世说新语·黜免》有："殷中军被废，在信安，终日恒书空作字。扬州吏民寻义逐之，窃视，唯作'咄咄怪事'四字而已。"《晋故征西大将军长史孟府君传》有"未尝有喜愠之容"，《世说新语·德行》有："王戎云：'与嵇康居三十年，未尝见其喜愠之色。'"《晋故征西大将军长史孟府君传》有"哀历观，遂指君谓亮曰：'将无是耶？'"，《世说新语·文学》有："阮宣子有令闻，太尉王夷甫见而问曰：'老、庄与圣教同异？'对曰：'将无同。'"《世说新语·雅量》有："谢太傅盘桓东山时，与孙兴公诸人泛海戏。……既风转急，浪猛，诸人皆喧动不坐。公徐云：'如此，将无归！'众人即承响而回。"从上述例子可以看出，陶渊明所用多为魏晋人口语，颇有谐俗的意味。

陶渊明诗文与《语林》《郭子》《世说新语》用事用语相类者，有的可能来源于现成文本，有的可能来源于当时民间之流传。陶渊明《乞食》云："谈谐终日夕，觞至辄倾杯。情欣新知劝，言咏遂赋诗。""谈谐"二字，亦有作"谐语"者，"谈谐"还见于《答庞参军诗》"谈谐无俗调，所说圣人篇"，这两"谈谐"是否为同一个意思呢？有解释为言谈和谐者，亦有解释为说笑者。不论是言谈和谐还是说笑，那他们所谈的内容是什么呢？《答庞参军诗》中"谈谐"说得很明确——"所说圣人篇"，而非"俗调"。这里特意提出终日谈谐的是圣人篇，是否可以理解为平时谈谐的很可能就是俗调呢？当然难确定，但亦不可排除。《汉书·东方朔传》云："舍人不服，因曰：'臣愿复闻朔隐语，不知，亦当榜。'即妄为谐语曰：……"《论衡·自纪》云："孔子失马于野，野人闭不与。子贡妙称而怒，马圉谐说而懿。"《世说新语·品藻》注引《王胡之别传》云："胡之好谈谐，善属文辞，为当世所重。"《颜氏家训·勉学》云："吟啸谈谑，讽咏辞赋。"《唐诗纪事》云："（李）适之，常山愍王孙，天宝初，代牛仙客为左相。适之为罢相也，朝退，每邀宾戚谈谐赋诗。"[1]由上可见，从汉至唐，谈谐是一种风尚。尤其从"胡之好谈谐，善属文辞""吟啸谈谑，讽咏辞赋""每邀宾戚谈谐赋诗"这几句中可以看出，谈谐和赋诗往往相连，而陶渊明也是"谈谐终日夕""言咏遂赋诗"的。因此，此处的"谈谐"或"谐语"为俗调的可能性还是很大的。如若可能，则和谐俗的小说有密切关联。

陶渊明不论是在奇异之小说还是谐俗之小说中汲取愉悦，都会影响到他的诗文创作。当然，陶渊明诗文风格的形成和当时玄风高畅的时俗影响是分不开的，但也和他个性好尚是有密切联系的。他好高士之风，慕列仙之放，羡荆轲之壮，喜异书之奇，博杂记之志，对他冲淡孤迈情性之陶冶，简古自然而又带谐俗之气诗风的形成不无影响。先看其简古自然之诗文风气与小说的关联。钟嵘在《诗品》中说陶渊明诗"文体省净，殆无长语，笃意真古，辞典婉惬"，白居易《与元九书》云"以渊明之高古，偏放于田园"，朱熹《楚辞后语》云"（陶）潜有高志远识，不能俯仰时俗"（《陶渊明资料汇编》），"真古""高古""不能俯仰时俗"等，应在某种程度上受到了《高士传》《列仙传》中高士和神仙所具有的高逸和放旷品性的影响，故其写诗能够做到"直写胸中天"，"枯淡足自乐，勿为虚名牵"，正如陈模《怀古录》所云："盖渊明人品素高，胸次洒

---

① 计有功《唐诗纪事》，上海古籍出版社，1955年，第283页。

落，信笔而成，不过写胸中之妙尔，未尝以为诗，亦未尝求人称其好，故其好者皆出于自然，此其所以不可及。"正因为如此，故能"不为冗语，惟意尽便了"。陶渊明诗文于简古质直中又充溢着幽默俗谐，且饱含理趣。所以读起来有"质而实绮，癯而实腴"之感，有如黄庭坚《书陶渊明责子诗后》云："观渊明之诗，想见其人岂弟慈祥，戏谑可观也。"①又王夫之《古诗评选》卷二云："《时运》谋篇大雅，而言句犹谐俗耳。"邱嘉穗《东山草堂陶诗笺》卷三云："公抱道统绝续之忧，而终以酒自解如此，可抵韩子《答孟尚书书》，而带滑稽之趣。""《止酒》诗是陶公戏笔，句句牵扯一止字，未免入于谶庾一派，后人不必效也。昌黎《落齿》诗，似仿此。"温汝能《陶诗汇评》卷四云："人世长饮酒，与享长年，何用别求神仙。以放笔写谐趣，其襟怀慨可想见。"（均见《陶渊明资料汇编》）说明陶渊明以放笔写谐趣，应该和《语林》《郭子》或当时民间流传谐俗之小说有些牵连。

总之，陶渊明好读书且好异书，其所读书中，许多书籍都具有志怪小说或志人小说的原始因素，有的甚至就被现代人认定为志怪小说或志人小说。其对这两类小说的接受，也影响到了他诗文风格的形成，其高古自然而又谐俗滑稽的诗文之风，都在一定程度上与他对小说的接受有着不可分割的联系，同时也给后人造成巨大影响。

原载《九江学院学报》（社会科学版）2020年第3期

---

① 黄庭坚《黄庭坚全集》，四川大学出版社，2001年，第655页。

自然、自我、自由

——《归去来兮辞》新论

杨万里①

笔者阅读陶渊明诗文有年，初读之，亦好其"暧暧远人村，依依墟里烟""相见无杂言，但道桑麻长""采菊东篱下，悠然见南山"等诗句，以为其能道田居之乐；继读之，则觉陶诗中道田居之乐者其实寥寥可数，更多的诗在嗟穷和忧生，与魏（西）晋文人的创作主题无实质差异，颇疑"田园诗人"或"隐逸诗人"这类桂冠是否错戴；再读之，求义理兴味于辞章之外者，实寡焉。今试以《归去来兮辞》为例，拈出"自然""自我""自由"三概念为观照准衡，略申自己品陶心得。

一、从自然到自我：道德实践的困境

《归去来兮辞》是陶渊明最重要的作品之一，其中所抒发的鄙弃人事、回归自然的思想，引起历代无数文人的共鸣，至今仍被奉为文人进退之典范。那么，陶渊明孜孜以求的、引无数文人竞折腰的那个"自然"，

---

① 杨万里（1972—），复旦大学文学博士，上海大学文学院副教授。

是什么样的生存状态?

在中外早期文化中，"自然"都曾被看作一个活体（自然2）。一点也不奇怪，"自然之母"的观念在中外早期文化中普遍存在；这个观念带有母系社会对宇宙认知的痕迹，并有强烈的自然崇拜色彩。不同的是，中国文化中"自然"还有"理应如此的本性、本质和状态"（自然1）的含义。汉代以后"自然"一词实际兼有了上述自然1和自然2两种含义，本文谈陶渊明的自然观也立足于此双重含义的"自然"概念。

陶渊明笔下，"自然"一词凡四见：

1.质性自然，非矫励所得。（《归去来兮辞》序）

2.久在樊笼里，复得返自然。（《归园田居》五首之一）

3.（桓温）又问："听妓，丝不如竹，竹不如肉。"（孟）答曰："渐近自然。"（《晋故西征大将军长史孟府君传并赞》）

4.贵贱贤愚，莫不营营以惜生，斯甚惑焉。故极陈形影之苦，言神辨自然以释之。（《形影神》诗序）

四处"自然"均指一种理应如此的本性、本质和状态（自然1）。那么，陶渊明笔下有无"自然2"？回答是肯定的。

陶渊明笔下的"化""大化""化迁""运""常理""大钧""天道""天命"等词，均是"自然2"的另一种表述。这是理解陶渊明自然观的重要悟入处。"化"，造化的省称，在我们古代文化中乃指一种运行规律，它既神秘又客观，有时指四时运行的次序，有时指冥冥中注定的命运，人在它面前无能为力，只有被动接受。

陶渊明的诗歌之所以被推为高不可及的典范，原因在于他第一次以文学的形式，将以上两层意义上的"自然"予以精彩的呈现。正如我们在《归去来兮辞》中所读到的那样，在那里，万物自得自足，欣欣向荣，生活于其中的人与物进退，循时动止。

过去的评论者大多强调陶渊明是写田园诗的高手，其实，陶渊明还是诗歌史上比较早地大量写作山水诗的作家。陶渊明归田之前，写过不少纪游山水诗，如《始作镇军参军经曲阿作》《庚子岁五月中从都还阻风于规林二首》《辛丑风七月赴假还江陵夜行涂口》等；归田后，纪游山水之诗更多，如《时运》、《归园田居》四五两首、《游斜川》、《诸人共游周家墓柏下》、《五月旦作和戴主簿》、《酬刘柴桑》等。陶诗中的山川景物多呈澄和闲美之态，如《游斜川》所写：

> 气和天惟澄，班坐依远流。弱湍驰文鲂，闲谷矫鸣鸥。迥泽散游目，缅然睇曾丘。虽微九重秀，顾瞻无匹俦。

此类山水诗多见山川永恒之美，写法上前承王羲之于东晋永和九年所作《兰亭序》，后启谢灵运。与老子、庄子笔下天地、万物、忽恍、母、鸿蒙、混沌、大块等那种无知无觉、神秘莫测状态相比，陶渊明笔下的自然，清新活泼且与人亲近。再结合陶渊明《归园田居》《桃花源记》等诗综合分析，我们可以进一步知道，陶渊明心中的自然，其实就是这样一种社会形态：没有时间，没有历史，没有文明，更没有国家。恰如西方早期传说中的"阿卡狄亚"（伯罗奔尼撒半岛的腹地牧场，其居民过着田园牧歌式生活）。

陶诗中有鲜明的人物形象，或者说陶渊明在诗歌中曾刻意描绘了自我形象，有学者指出陶渊明有强烈的自我意识，"他很愿意将自己的真实生活公之于众"[①]，但这不是本文正在探讨的哲学意义上的"自我"。归来的陶渊明，虽然得到了《归去来兮辞》诗中所写的那种暂时的快意，但并未获得真正的人生解脱，他还在千丝万缕的社会关系中痛苦地生活着，观《陶渊明集》中大量嗟穷和忧生之诗句可知。所以，才有了《桃花源记》中那种对绝对自由的幻想："黄发垂髫并怡然自乐"，"不知有汉，无论魏晋"。

作家的天职是创作，且思想的天空是自由的，特别是对于创作了《归去来兮辞》《桃花源记》这一类经典作品的作家，我们对他无论怎么赞美

---

① 孙康宜《抒情与描写——六朝诗歌概论》，上海三联书店，2006年，第15页。

都不为过。但我们可以对历来陶诗的传播者和阐释者提出我们的想法：人类理应是一种怎样的生存状态呢？是该像小鹿一样无忧无虑地生活在森林以尽天年，还是该像乌龟一样深潜水底、远灾避祸以求长命百岁？我国古人对这两种选择都投了赞成票。今天，我们也许可以换个角度来追问：这种生活到底有何意义？这种抽去了社会性和历史感的世外桃源或小国寡民状态，能不能看出人的存在与动物性生存有何本质性差别？儒家在设计人类社会最佳存在方式时，毫不犹豫地将目光投向了中华文明之初的"上古三代"；而道家则走得更远，将人类遂初状态定为最佳生存方式。试问：它们将人类数千年的智性追求和精神成就置于何地？[1]人的价值、尊严与荣耀何在？这种观念对人类历尽千辛万苦从而取得的辉煌成就，表示出了一点点的尊重和敬畏吗？相比之下，与陶渊明生活时代相近的葛洪、袁宏等人，则继承了汉代李充等人"今胜于古"的观念，有力地捍卫了理性的光辉和价值（分别见《抱朴子·外篇》卷四"诘鲍第四十八"和《后汉纪》卷十二）。声音虽然微弱，但值得珍视。

为什么会这样？因为我们的文化中没有发展出真正的"自我"，或者说，它没有真正的自我反思——对人的自我作为一个独立的精神实体的明确意识。而它的缺失，与我们文化传统中的自然观有关。

前文提到，中外文化的早期，自然是一个"活体"，"自然之母"、自然崇拜的观念在中外早期文化中普遍存在。然而，到了轴心时代，由于各大文明对自然的态度不同，他们的文化在以后的发展中形成了根本性差异。具体来说，希腊罗马文化将自然崇拜发展成两条文化主线：一是自然法则，承认人的自然本性；二是理性主义，如普罗泰戈拉"人是万物的尺度"，柏拉图"认识你自己"，最终发展成重逻各斯的文化传统。随着西方文化中主客分裂的形而上学的建立，人（当然是指西方文化哺育下的人）最终脱离自然的怀抱，客观化的自然界概念最终形成，真正意义上的

① 吴学国《存在·自我·神性——印度哲学与宗教思想研究》，中国社会科学出版社，2006年，第3页。

"自我"至此形成。什么是自我？笛卡尔认为：自我（他称为"心灵"）的全部本质是思想，它不依赖于任何物质性的东西，自我、上帝和物质世界是三种实体。德国古典哲学家费希特认为，世界上只有自我是唯一的实在，它是认识和意志的主体。由此可知，人只有脱离了对自然的心理依赖，挣脱了自然的束缚，才能显示出人应有的尊严和光辉。

中国文化没有真正从自然崇拜中走出来。儒家将上古自然崇拜转化为具有自然神特性的先王崇拜，以那神秘不可言说的三王为最高境界，对现实和未来充满敌意和恐惧（最典型的如《周易》的吉凶观念，充分反映了儒家对于自然极端恐惧与依赖并行的精神状态）。说到底，还是一种变相的自然崇拜。道家则直接承认自己的根本精神就是自然崇拜；墨家本来有望发展出类似西方逻各斯传统下的理性精神，可惜它中断了。由于中国文化这种独特的存续路径，所以，它不可能产生真正的自我。或者说，中国文化一直以自然为自我。其结果是"导致东方传统中没有精神的自我意识"，并使人们在道德实践方面面临困境[1]。

以此角度来考量陶渊明在《归去来兮辞》中的一系列表述，可以得到新的解释，或者说，可视为传统文化在道德实践方面面临困境的一个实例。

1."为长吏"而"愧"，进而"自免"，这是自我的选择？

"亲故多劝余为长吏。"陶渊明出仕，据其自道，原因是：家中人多地少；自己又不会经营；亲朋故友的规劝；地方大员和叔叔的提携；时代动荡不宜远游，恰好做官的地方离家近；做官之地官田多，每年收入足够他喝酒。陶渊明高度强调这些外部因素，是想要证明自己弃官行为的"合法性"——这个官不是我自愿当的，所以我随时可以丢了它。依据现代心理学的观点，一个将自己的选择完全推诿到外在因素的人，他就是没

---

① 吴学国《存在·自我·神性——印度哲学与宗教思想研究》，中国社会科学出版社2006年版，第10页。

有"自我"的人，其人格不够坚强，也因而是不完整的。陶渊明自认为的"合法性"，将在下文作进一步的讨论，现在先探讨陶渊明的做官心态和为官出发点。他看中了做官的"利"和"禄"（此所谓"千里来作官，只为吃和穿"，"当官不发财，请我都不来"），却没有想过要履行相应的义务。一千多年来，似乎极少有人对此提出过质疑。陶渊明有意无意地放弃了儒家对一个官员的基本要求——引导民众、管理社会。知识分子放弃应有的道义，在当时是那样普遍；更奇怪的是，这种放弃，还获得了极好的名声——名士风流。当他"脱然有怀"地出仕以及"眷然""怅然"而弃官时，他心里所想，全是一己之得失和感受。在一个知识分子普遍没有担当、没有热情的时代，它的文化厚度、哲学深度能有几分？知识分子不负责任也许不必苛求，但如果还特意把这种不负责任炫耀成一种人格美，那真是文化悲剧了。

"深愧平生之志。"愧，指感到羞耻。陶诗《始作镇军参军经曲阿》："望云惭高鸟，临水愧游鱼。"这里的"愧"，理解成"羡慕"比较恰当。真实的愧疚产生于反省。不能像鸟一样飞，不能像鱼一样游，并不是诗人本身的错，大可不必为此愧疚。事实上，陶氏真正愧疚的是：他仅仅为了过上更好的生活而放弃（至少是暂时放弃）了原则——"以心为形役"。事实证明，在他弃官回家后，全家并没有因此而饿死，相反，他在回归自然中体验到了劳动的快乐（当然是暂时的），找到了生活的意义（表面上），如《癸卯岁始春怀古田舍》二首等诗中所写。早知如此，当初就应顶住外人的劝说和物质的诱惑，不去违心地出仕。这是陶渊明不能释怀之处。他在《饮酒》组诗中，对此"愧"有进一步的申述，如"此行谁使然？似为饥所驱"（第十首），"畴昔苦长饥，投耒去学仕。将养不得节，冻馁固缠己"（第十九首）。在今天很不好理解：为了生存而出仕，正当合法地做官，为什么就是值得羞愧的事情呢？可见他那"平生之志"，导致了他在实践上的困境。

"情在骏奔，自免去职。"渊明的"自免"，其实就是弃官。他曾经"犹望一稔，当敛裳宵逝"，意思是：原计划等到稻熟秋收之后，在一个黑夜弃官。古代县官的主要职责有二：催租，判案。陶渊明打算在秋收后辞官，可能与催租有关，也可能与"公田之利，足以为酒"有关，到底如何，已无法深究。他妹妹的突然去世，打乱了他的计划，他在奔丧前夕辞官了。

他觉得自己弃官的行为完全"合法"。因为做官完全违背了自己自由的本性，他之所以接受这个官职，如上文所述，完全是外力作用的结果，非"主动"行为，现在我弃之如旧履败服，有何不当？有何不可？

宋代人已经开始不认可陶渊明的这种决定，开始怀疑他弃官的"合法性"。陈渊曾指出：

> 以此为可欲而就，以此为可轻而去，此何义哉？诚如此，是废规矩准绳而任吾意耳。孔子曰"和顺于道德而理于义"，又曰"行义以达其道"。渊明至处，或几于道矣，于义则未也。（陈渊《默堂集》卷十六《答翁子静论陶渊明》）

> 陶公于此功名富贵诚不足以累其心，然于道则几矣，于义则未也。岂可与行义以达其道者同日语哉？何则？仕为令尹乃曰徒为五斗米而已，一束带见督邮便弃官而归，其去就果何义乎？（陈渊《默堂集》卷十七《又论龟山墓志中事》）

魏晋文人，往往以傲视名教、摆脱世事为高，为自由，为风度。类似陶渊明的这种"草率行为"是不受谴责的。当然，在当时不受谴责，并不意味着在其他历史时段就不该受到质疑。因为这涉及对"自由"的理解。

2. "田园将芜""心为形役"是"违己"的苦恼？

"田园将芜胡不归。"此语双关，既可指家里的田园长满杂草，又可指自己内心失去了往日的平和宁静，头脑被各种意念搅乱。在这种情况下，我为什么还不回去呢？回到家里，清理田园；回到过去的生活，重拾心内的宁静淡泊。古人常说："但存方寸地，留与子孙耕。"此方寸之地，即我们每个人心中的田园。精神园地荒芜的人，是终日惶惶不安的。问题是：他满怀希望地回到田园（自然）以后，并没有因此而获得真正意义上的平和宁静，这可从他大量的嗟贫和忧生的诗作中看出来。这不得不引起我们对古人"自然"观的反思。

"既自以心为形役。"心为形役即神为形役。道家反对"心为形役"：一个人要努力退隐保"真"，承担社会责任（"人事"）就是"心为形役"的表现（这点与儒家正相反）。这里的"形"，往往指"身"。《庄子·齐物论》："昭文之鼓琴也，师旷之枝策也，惠子之据梧也。"郭象注云："夫三子者，皆欲辨非己所明以明之，故知尽虑穷，形劳神倦，或枝策假寐，或据梧而瞑。"在道家看来，一切理性和智慧，其结果只能是形劳神倦，心为形役，乃速死之道。故陶渊明在本诗序言对"尝从人事，皆口腹自役"的做法表示了追悔之意，并在此诗开篇自宽自解："既自以心为形役，奚惆怅而独悲？悟已往之不谏，知来者之可追。"他深刻地认识到自己的生活已陷入"迷途"，并坚信自己还能找回原来的自我。然而，他在回归自然后，并没有真正脱离尘网，他在贫病寂寞中走完了余生。人能够彻底脱离自然本性的需求而追求自我的存在吗？儒道思想殊途同归之处在于：缺乏对人的自然本性和自然法则的尊重，最终导致了个体的消融，自我无法实现。

"饥冻虽切，违己交病。"陶渊明所坚守的"己"是什么？可依据陶渊明的全部作品作一番总体检讨。通读陶氏全部作品后，可以得出一个印象：陶渊明竭力以"回归田园"和"君子固穷"两种信念（还有行动），来维护其个人精神的内核——真。

其向往田园的诗句如：

少无适俗韵，性本爱丘山。（《归园田居》五首之一）
目倦川途异，心念山泽居。（《始作镇军参军经曲阿作》）
静念园林好，人间良可辞。（《庚子岁五月中从都还阻风于规

林》二首之二）

商歌非吾事，依依在耦耕。（《辛丑岁七月赴假还江陵夜行涂口》）

其抒"君子固穷"的句子如：

被褐欣自得，屡空常晏如。（《始作镇军参军经曲阿作》）

高操非所攀，谬得固穷节。（《癸卯岁十二月中作与从弟敬远》）

不赖固穷节，百世当谁传？（《饮酒》之二）

斯滥岂攸志？固穷夙所归。（《有会而作》）

他毅然决然又小心翼翼地维护着内心的"真"：

悠悠上古，厥初生人。傲然自足，抱朴含真。（《劝农》）

试酌百情远，重觞忽忘天。天岂去此哉，任真无所先。（《连雨独饮》）

真想初在襟，谁谓形迹拘。（《始作镇军参军经曲阿作》）

养真衡茅下，庶以善自名。（《辛丑岁七月赴假还江陵夜行涂口》）

陶渊明坚信，只有身心存"真"，才是"有己"。换句话说，"真"是自我存在的标志。凡是与"真"背道而驰的行为，都是"违己"。那么，"真"究竟是什么？苏轼曾说："渊明欲仕则仕，不以求之为嫌；欲隐则隐，不以去之为高。饥则叩门而乞食，饱则鸡黍以延客。古今贤之，贵其真也。"（《苕溪渔隐丛话》前集卷三）这个"真"就是坦诚、坦率、不做作的意思，最多只能算"真"的初级意义，与陶渊明心中的"真"，相去甚远。

道家典籍中，单独使用"真"字时，往往有本性、本原的含义，如《庄子·齐物论》："如求得其情与不得，无益损乎其真。"《庄子·秋水》："谨守而勿失，是谓反其真。"《庄子·山木》："见利而忘其真。"晋郭象注："（鸟）目能视，翼能逝，此鸟之真性也。"《庄子·渔父》："客乃笑而还，行言曰：'仁则仁矣，恐不免其身苦心劳形以危其真。'"陶渊明诗中的"真"即同此义——指人或事物直接、本来的样子，即本性、本原。进一步说，就是自然。在陶渊明看来，人事是对"真"的最大戕害，"纡辔诚可学，违己讵非迷？"（《饮酒》第九首）而"晨兴理荒秽，带月荷锄归"的田园生活，他感觉满足，"但使愿无违"了。陶渊明认为，一旦介入人事，人就有迷失方向的可能。还有什么比人生迷失方向更可怕的事情呢？

"君子固穷"与"回归自然"实际来自两种价值体系。前者出自儒家，后者更多地与道家相连。陶渊明以儒家理念，助行道家"保真"的终极理想，可以说是出于儒而栖止于道。他的自然观当然是来自道家的。

3.人间之"趣"在于"息交以绝游"？

"园日涉以成趣。"陶渊明刚刚归隐田园时，神情笃定地吟唱着"寓形宇内复几时！曷不委心任去留？胡为乎遑遑欲何之"，但很快，他发现自己虽然已"回归自然"，过起了隐居生活，但没有真正感受到自由，因而也不可能找到真正的自我。读其诗文，处处可觉察到他的人生迷惘之感：

> 野外罕人事，穷巷寡轮鞅。白日掩荆扉，虚室绝尘想。时复墟曲中，披草共来往。相见无杂言，但道桑麻长。桑麻日已长，我土日已广。常恐霜霰至，零落同草莽。（《归园田居》之二）

作者身居村野穷巷，不与世情相接，往来者多田间农夫，相见时只道桑麻农活，诗书礼乐和"修治齐平"之事一概不入耳。看似作者内心已平静，其实不然，末一句"常恐"两字，将自己内心的惶惶无归依之状完全揭出。这种无端的恐惧心情一直伴随着归田后的陶渊明。越是面对良辰美景，便越能勾起他内心的悲凉情绪：

> 人生似幻化，终当归空无。（《归园田居》之四）
> 衔觞念幽人，千载抚尔诀。（《和郭主簿》二首之二）
> 从古皆有没，念之中心焦。（《己酉岁九月九日》）
> 人生无根蒂，飘如陌上尘。（《杂诗》十二首之一）

　　所有这些面对良辰美景而产生的焦虑，与本诗中"既窈窕以寻壑，亦崎岖而经丘。木欣欣以向荣，泉涓涓而始流。善万物之得时，感吾生之行休"的感受是一致的。其内心毕竟未能平静下来。陶渊明努力摆脱这种精神苦痛的方法就是饮酒，饮酒之乐即他所谓的"趣"。以今天的说法，就是酒精带给人的幻觉，饮酒者在这种幻觉中得到一种短暂而飘然的快感。

> 有客赏我趣，每每顾林园。谈谐无俗调，所说圣人篇。或有数斗酒，闲饮自欢然。（《答庞参军》）
> 故人赏我趣，挈壶相与至。（《饮酒》其十四）
> 温尝问君（指孟嘉——引者）："酒有何好而卿嗜之？"君笑而答曰："明公但不得酒中趣尔。"（《晋故西征大将军长史孟府君传》）

　　"园日涉以成趣"之"趣"，指隐居之乐，正如他在《咏二疏》诗中所谓"借问衰周来，几人得其趣"，两"趣"义同。饮酒之乐，是其隐居之乐的最高境界，故可代表他心中的"趣"。

　　"请息交以绝游"。以现代心理学角度来分析，陶渊明也许有中度的社交恐惧症（social phobia），或者叫社交焦虑症（social anxiety disorder）。这是一种对社交或公开场合感到强烈恐惧或忧虑的精神疾病。患者在陌生人面前、可能被别人仔细观察的社交场合，有显著且持久的恐惧，害怕自己的行为或紧张的表现会引起羞辱、难堪。除非患者是在喝酒之后，或者服用了实验性的药物后，他才变得健谈，不怕生。

陶诗有云："少无适俗韵，性本爱丘山。误落尘网中，一去三十年。"可见他自小就有孤介简傲的性格。陶渊明于公元405年弃官归家，《归去来分辞》当作于此时，作者此年约三十五岁。他以"误落尘网"来概括自己三十多年的生命和生活，其性格中与社会尖锐对立的一面，可想而知是多么强烈。他以"羁鸟恋旧林，池鱼思故渊"比喻自己的弃官归家；同样，在他四言组诗《归鸟》中，描绘了一只独来独往、徘徊林表、栖止不定的飞鸟，这正是作者自己精神和性格的写照。他为什么强烈要求"息交以绝游"，原因是"世与我而相违"，他无法融入社会，社会也不接纳他。他决意回到自然的怀抱。

其实，无论陶渊明在诗中如何强调他归田后门庭安静，"门庭无尘杂，虚室有余闲"（《归园田居》第一），他自称"息交""绝游"的背后，是他对知己的渴望，对亲近山林沟壑的渴望。

> 老夫有所爱，思与尔为邻。（《示周续之祖企谢景夷三郎》）
> 放欢一遇，既醉还休。实欣心期，方从我游。（《酬丁柴桑》）
> 相知何必旧，倾盖定前言。有客赏我趣，每每顾林园。谈谐无俗调，所说圣人篇。（《答庞参军》）
> 伊余怀人，欣德孜孜。我有旨酒，与汝乐之。乃陈好言，乃著新诗。一日不见，如何不思。（《答庞参军》）

特别是《移居》二首，足见渊明"息交"绝非不与人交往：

> 昔欲居南村，非为卜其宅。闻多素心人，乐与数晨夕。怀此颇有年，今日从兹役。

春秋多佳日，登高赋新诗。过门更相呼，有酒斟酌之。农务各自归，闲暇辄相思。相思则披衣，言笑无厌时。

陶渊明的知己，可以是"相见无杂言，但道桑麻长"的农民，可以是"奇文共欣赏，疑义相与析"的文友，可以是"我有旨酒，与汝乐之"的酒友，除此以外便是他"息交"的对象——俗人。

陶渊明在《归去来兮辞》中，描绘了他归田后游历山水时的自足之乐。山水之荒野与他内心追求的"自然"，本性相通。归田后的他，多有纪游山水之诗，如《时运》，《归园田居》第四首、第五首，《游斜川》，《诸人共游周家墓柏下》，《五月旦作和戴主簿》，《酬刘柴桑》等。可见陶渊明并不是真的"绝游"，相反，他特别喜欢游览山水。诗人为何喜欢？"中觞纵遥情，忘彼千载忧"（《游斜川》），"今我不为乐，知有来岁否？"（《酬刘柴桑》）。他是那么渴望回到自然的怀抱，但是，当他真正接近自然时，内心又在永恒的自然面前充满恐惧——忧生之念时时在冲击着他的心灵。

二、没有"自我"的"自由"？

正如上节所析，《归去来兮辞》中暗含着一系列道德实践方面的困境，由此可以推知陶渊明不可能获得真正的自由——诗人心中最高的追求。

与陶渊明同时期的西方大哲学家奥古斯丁（354—430）曾说过："人缺少自由意志，不能过正直的生活。"又说："在这三种（存在、活着、理解——引者）中，有二者为尸体所缺乏，一者为兽所缺乏，而三者都为人所具备。"[1]意思是：尸体只能算存在，兽可算存在和活着，人则三者俱有。当老子喊出绝圣弃知、和光同尘的呼吁时，当人们艳羡小国寡民、

---

① 奥古斯丁《论自由意志》卷二，江西人民出版社，2008年。

世外桃源这种社会形态时，是否表明人主动放弃了"理解"，只选择了"存在与活着"？人类放弃"理解"，也意味着同时放弃了自由意志，正直生活当然就无从寻觅了。

自由意志是在自然进化中产生的。按康德的说法："人类从大自然的保护制过渡到自由状态，是因为大自然把理性和以理性为基础的意志自由赋予了人类。"[①]摆脱自然保护制的过渡之处，就是人兽揖别之处。人类是从这里踏上自由之路的。

《归去来兮辞》所表达的，正是回归"自然保护制"。"聊乘化以归尽，乐夫天命复奚疑"，这是《归去来兮辞》想表达的最终意思，也是无数文人引起共鸣之处。如前所述，陶渊明笔下的"化""大化""化迁""运""常理""大钧""天道""天命"等词均是"自然"一词的另一种表述方式。"化"，造化的省称，在我们古代文化中乃指一种运行规律，它既神秘又客观，有时指四时运行的次序，有时指冥冥中注定的命运，人在它面前无能为力，只有被动接受。按道家思想，我们只有顺应或者被动接受这种客观规律的安排，走完我们的一生，而"乐乎天命"，只不过是我们在"乘化归尽"旅途中应持有的"积极"态度。

斯宾诺莎说："自由的人绝少想到死亡；他的智慧，不是死的默念，而是生的沉思。"道家和佛教太过执着于沉思"死"，所以，他们不可能是真正自由的人。儒家和西方文化执着于沉思"生"，前者强调最好的"生"就是实现上古三代之治，上节已分析这还是一种变相的自然崇拜，故不可能有真正的自由；在后者观念中，最好的生是以自然法则为基础的理性和自由意志的展开，故而有可能拥有真正的自由。以自然法则为基础，就必然会强调人的自然权利。事实上，罗马法典中，自然法高于万民法、市民法。与生俱来的权利如自由、平等、人权等，都是不可剥夺的。这是后来西方民主制度的基础之一。求之吾国，明代李贽所谓"人欲即天理"，可算是空谷足音了。

---

① 康德《历史理性批判文集》，商务印书馆，1990年，第5页。

苏轼谓："吾于诗人无所好，独好渊明诗。渊明作诗不多，然质而实绮，癯而实腴。自曹刘鲍谢李杜诸人皆莫及也。"（四库全书本《陶渊明集·总论》）将陶渊明推为古今第一诗人，其理安在？据我们的理解，陶渊明高不可及之处在于：他对身处的、以暴力为原则的动乱时代深感厌恶，并主动拒绝了它。他所追求的自由（实质是某种程度上的颓废），乃是任何一个有良知的人在暴政之下的无奈选择（这种颓废，总比被奴役要高贵得多）。苏轼一生忠君爱民，而人生经历却是跌宕起伏，备受身心两端的折磨，他晚年对陶渊明的无限推崇，或许是一种彻悟后的真实表达吧。陶渊明对后人的意义即在于此。不过，对于今天的读者和阐释者来说，如果还停留在苏轼时代对陶渊明的评价之中，未免有些泥古不化，我们理应做出我们这个时代的新的解释。

中国传统文化的一个重要特点就是把人和事物最直接、最本原的存在（自然）当作最高的善，而印度和西方宗教则明确将人的直接、本来的存在规定为罪恶或染污。趋善避恶是人的本能，所以，中国文化将回归自然当作最高的境界，而印度文化、西方文化则走上了自我救赎之路。其中，西方文化自我救赎的重要选择项是征服自然，而印度文化中的人类救赎手段则是精神修炼。

早在古希腊文化中，论及"自然"时，已初步摆脱自然崇拜，更多是从物理学理论的角度进行探索，如亚里士多德《物理学》中论"自然与目的"。亚里士多德的自然观经伽利略几何化、数学化后，成为西方自然观的主流观念。培根（1561—1626）更是大张旗鼓地宣扬这种思想，他在《新工具》中提出："人类的野心可分三类：一是在本国之人扩展自己的权力和领土，这种野心是鄙陋和堕落的；二是要在人群之间扩张自己国家的权力和领土，这种野心虽出于贪欲，但多少还有些尊严；三是人类力图对宇宙建立并扩张人的权力和领域，它比前两种野心要健全和高贵。"这是近代科学革命的思想基石。在这种理念的驱使下，自然作为养育者、母亲的隐喻逐渐消失，机械论和征服自然、统治自然成为现代世界观的核心部分①，英国密尔《论自然》："如果人工的东西不如自然的，生活的各种技巧的目的又是什么呢？建掘、耕作、建房、穿衣，这些都是直接违反'要遵从自然'这一律令的。"②结果之一是人类的科学技术得到了高度发展，人类获得了前所未有的自由。

中国文学史上，以回归自然为核心的桃源情结，一直强烈地盘踞于文人心中③，直至近代西方思想传入后才消歇。在西方，工业文明兴起以后，文学传统中也出现了"回归自然"的主题，经典之作如美国作家爱默生的《自然的魅力》、美国作家梭罗的《瓦尔登湖》、俄国作家普里什文的《大自然的日历》、美国利奥波德的《沙乡年鉴》等。这种与工业文明相伴的回归自然，着眼点在于反思人类对理性和科学的盲目崇拜，并不是要抛弃理性，回归原始（虽然他们也主张回归简朴生活），与陶渊明《归去来兮辞》所表达的鄙弃人事、回归自然有着本质的区别。正如爱默生在《自然的魅力》中所写："我们对美景的追求与我们对虚假社会的抗议是不可分离的。人是堕落的，自然是正直的，这是一种显示差异的测量仪，测量人心中是否有神圣的情感。""我们心情懊悔地看着泡沫滚涌的溪流：如果我们的生命里充满正直的活力，溪流会羞于面对我们。激情的溪流闪耀着真正的火焰，而不是反射阳光或月光。"④他们在自然中看到正直、活力等人格力量，其实是反观人类自身的基本精神。又如利奥波德在《沙乡年鉴》中说："了解荒野的价值的能力，归结起来，是一个理智上的谦卑问题。"他提出的"荒野"，是最接近"原始自然"的一个概念，但他的着眼点，还是反思人类的理性。英国大气学家詹姆斯·拉伍洛克（James Lovelock）在二十世纪六十年代末提出了盖娅假说（Gaia

① ［美］卡洛琳·麦茜特著，吴国盛等译《自然之死》，吉林人民出版社，1999年，第2页。

② 转引自刘华杰《自然二十讲》，天津人民出版社，2008年，第63页。

③ 参见赵山林《古代文人的桃源情结》，见其论文集《诗词曲论稿》，中华书局，2006年。

④ 转引自刘华杰《自然二十讲》，天津人民出版社，2008年，第29页。

Hypothesis），"盖娅"（Gaia）是希腊神话中一个地母神的名字。"盖娅假说"的核心观念是：地球是一个有机体，即一个能够进行能量与物质交流并使之内部维护稳定的体系。这个假说得到美国生物学家林恩·马古利斯（Lynn Margulis）等人的大力推扬，使当代人的自然观产生了巨大变化，低碳、绿色环保成为当前最重要的社会思潮。究其实质，还是西方文化传统中对理性进行反思的延续。至于美学家艾伦·卡尔松提出的"自然全美"思想，意指所有的自然物在本质上都是美的，或者我们应该将所有的自然物都看作是美的。完全是因为科学知识对自然的重新描述，使我们在以前看不见美的地方看见了美，范式与和谐代替了无意义的杂乱。尼科尔松（Nicolson）在《山的暗淡和山的光辉》一书中说，正是因为17世纪以来天文学和物理学的发展，以及随后发展起来的地质学和地理学，人们对自然世界有了新的认识，自然的范围得到了极大的拓展，才使得崇高的观念在对自然的欣赏中有了自己的位置。以前被认为只适用于对神的惊奇和敬畏，现在成了对似乎无限的自然世界的审美反应[1]。

陶渊明《归去来兮辞》所表达的回归自然，实际是将小国寡民或者世外桃源中的动物性生存奉为人类最佳终极状态。显然这是理性尚未展开的结果。在这种观念之下，人必然匍匐在自然（天）或者自然的替身（天子）脚下。由此我们可以知道：中西文学中的回归自然，在表面的相似之外，其背后的思想基础是不一样的。

---

[1] 引自彭锋《"自然全美"及其科学证明——评卡尔松的"肯定美学"》，《陕西师范大学学报》哲学社会科学版，2001年第4期。

陈洪绶绘陶艺术研究

肖起帆　刘小兵①

陈洪绶作为明末清初的著名书画家、诗人，其创作对于中国书画艺术的发展具有特殊意义。研究其传世作品，会发现其晚年的绘画艺术中包含了浓厚的陶渊明元素。从文学与图像二者关系这一新的理论角度，以陈洪绶这一独特的个体，并结合其人生经历和书画艺术，考察其以陶渊明为题材的绘画艺术，可以看出陈洪绶对陶渊明的人生理想、生命情怀和诗文艺术的接受，以及陶渊明这一文化符号对后世文士在人格塑造、出入抉择以及艺术创作中的影响。从而印证陶渊明无愧于中国传统文化的特殊符号这一称誉，以及陶渊明对于中国文化及艺术的影响不仅深远，而且是多方面的。

一、陈洪绶的人生历程与艺术选择

明末清初的陈洪绶和晋宋易代之际的陶渊明有相似的人生经历，面对同样内外交困的社会现状，同样荒权废政、贪图享乐的统治者。在这样的环境中，陶渊明和陈洪绶虽然也曾怀抱建功立业的志向，然而黑暗的社会

---

① 肖起帆，福建师大文学院硕士研究生；刘小兵，博士，黄淮学院副教授。

并没有给他们施展抱负的机会，这使得他们在失望中重新思考人生。面对无休止的政权争夺，无法改变现状的陶渊明毅然归隐，期望在田园中保持自己怀质抱真的人格和安贫乐道的志趣。陶渊明这种敢为人先的勇气、清高洒脱的气质，使得陈洪绶在晚年归隐之后，在自己最擅长的绘画中屡次表达其对陶渊明的追慕。纵观陈洪绶的人生历程，其一生可分为以下几个阶段：少年读书，立志报国；青年结交师友，以功名为志，但屡试不第；中年考进国子监，以跻身仕途；明朝灭亡之后，以出家归隐来逃避作为一个遗民关于生死问题的思考。关于陈洪绶的生平，史书有载："陈洪绶，字章侯，浙江诸暨人。幼适妇翁家，登案画关壮缪像于素壁，长八九尺，妇翁见之惊异，扃室奉之。洪绶画人物，衣纹清劲，力量气局，在仇、唐之上……鼎革后，混迹浮屠间，初号老莲，至是自号悔迟。纵酒不羁，语及乱离，辄恸哭。后数年卒。"[1]

相似的人生经历，使得陈洪绶在艺术创作中有意识地向陶渊明靠近。陈洪绶的祖父陈性学官职微小，父亲陈于朝没有出仕，并英年早逝。陈洪绶九岁丧父，其后祖父、母亲相继病故，青年时期的一系列变故使他离家出走，浪迹绍兴。在绍兴有幸成为著名学者刘宗周的弟子，在其"独慎"学说的影响下，形成了独特的个性，并致力于建功立业。全祖望云："蕺山弟子，玄趾（王毓蓍）和章侯（陈洪绶）最为畸士，不肯怗怗就绳墨。"[2] "不肯怗怗就绳墨"充分体现了陈洪绶的个性气质。高度的政治热情使他时刻以功名为志，虽屡试不中但依旧不改其志，寻找另一条进仕之路——进国子监。但是欣赏他绘画能力的崇祯皇帝并没有给他施展抱负的机会，而是为他打开了艺术世界的大门，使他得以接触到宫廷中收藏的历代名画。命运的波折并没有结束，恩师刘宗周因为直言进谏惹怒皇帝而被革职，同时使得陈洪绶对朝廷失去信心，并由此放弃自己的幻想，离京归隐。这种体验，与陶渊明的"归去来兮，请息交以绝游。世与我而相

---

① 赵尔巽等《清史稿》卷540，中华书局，1977年，第13901页。

② 朱铸禹校《全祖望集汇校集注》，上海古籍出版社，2002年，第448页。

违，复驾言兮焉求"的心境与反思有相似之处。因此，陈洪绶与陶渊明在行为和精神上跨越千年的距离，实现了契合。纵观其一生，陈洪绶在政治上不得意，又经历了明朝的覆灭，特别是在其老师刘宗周等一批忠义之士因明朝覆灭而绝食自杀之后，引发了他对遗民生死问题的思考，以出家为僧来缓解自己内心的痛苦。晚年生活窘迫，却不攀附权贵，靠卖画艰辛生活。周亮工《读画录》卷一载："人所致金钱随手尽，尤喜为贫不得志人作画，周其乏，凡贫士借其生者，数十百家。若豪贵有权势者索之，虽千金不为搦笔也。"[①]陈洪绶在绘画时选择陶渊明并非偶然，他的人生遭遇与性格使其与陶渊明在心灵上有诸多契合之处，并在他最擅长的绘画中得以体现。

　　陈洪绶一生虽然仕途坎坷，但是在绘画艺术上却超越同时代的人，被誉为"代表十七世纪出现许多有彻底的个人独特风格艺术家中的第一人"[②]。陈洪绶的绘画天赋在很小的时候就表现出来了，四岁时在墙壁上画的关公像，神似真人，人人见之下拜，天赋异禀加上后天的努力，使之成为独具一格的大家。胸怀大志使他在黑暗的官场中挣扎，恩师刘宗周直言进谏而被革职这一事件使他彻底对朝廷失去信心，并于次年在愤懑中辞官归隐。如果说他在青年时期读《离骚》有感而创作《屈子行吟图》和《九歌图》，借历史故事表达自己对国家的赤胆忠心和对百姓的怜悯之情，在看到恩师刘宗周无辜遭贬而创作《水浒传叶子》人物版画作品，刻画了40个《水浒传》里面的英雄人物，在歌颂他们强烈的反抗精神和无畏的英雄气概的同时，也表现出自己对国家腐败政权的失望与痛心，那么，他在晚年创作的《桃源图》《陶渊明故事图》《隐居十六观》等与陶渊明有关的作品，则表现了画家由积极的入世到消极的隐遁，由关心国家、立志报国到对国家失去信心，渴望在田园中回归自我，表现出对渊明清高洒脱人格的向往之情。

---

① 周亮工《读画录》卷一，中国大百科全书出版社，1997年，第9页。

② 翁万戈《陈洪绶》，上海人民美术出版社，1997年，第1页。

因此研究其传世画作，便会发现其创作与所处的社会环境、个人心态等因素有紧密的联系，由此其画作具有明显的分期：早年追随蓝瑛学习花鸟画，体现出年幼时活泼、天真的心境；青年时看到政治的腐败和政权的危机，创作了《九歌图》《水浒传叶子》等一系列表现自己忧国忧民情绪的画作，以此抒发自己想要建功立业的雄心壮志；明亡以后，选择归隐的他向往陶渊明那种清高洒脱的人格，并在画作中表现自己的向往之情，如名作《陶渊明故事图》《隐居十六观》等。在黑暗的现实使其无法实现报国理想的情况下，他选择在自己最擅长的画作中表现自己的人生理想，由此可以看出在不同时期其体现出不同的艺术选择，本文则重点考察陈洪绶晚年画作中体现出的陶渊明情结。

二、陈洪绶之前的绘陶创作

身处晋宋易代之际的陶渊明是生活中的勇者，面对复杂的政治形势，他敢于走出污浊的官场，回归他祈望已久的田园生活。鲁迅先生曾说："至东晋末，乱也看惯了，篡也看惯了，文章便更平和。代表平和的文章的人有陶潜。他的态度是随便饮酒，乞食，高兴的时候就谈论和作文章，无尤无怨。所以现在有人称他为田园诗人，是个非常和平的田园诗人。"① 这在他的诗文中也最为突出，如《归园田居》《饮酒》诗等，因而他也被钟嵘称为"古今隐逸诗人之宗"。陶渊明生命的光辉在他死后才逐渐释放，特别是唐宋之后更是成为中国士大夫精神上的一个归宿。长久以来，士人在不断读陶、咏陶、和陶中追慕渊明，画家更是创作无数以陶渊明为素材的绘画。后人所画的与陶渊明有关的画像始于唐代，宋代《宣和画谱》中记载最早画陶渊明的是唐人郑虔。郑虔所绘《陶潜像》虽无法直观，但从记载中可以想象他对陶渊明清高洒脱性格的追慕与向往。此后，以陶渊明为题材的画作便大量涌现，唐代更多的是画渊明的《桃花源

<hr>

① 鲁迅《鲁迅全集·而已集》，人民文学出版社，1998年，第515页。

记》，表现人们对理想桃源生活的向往；到了宋代，陶渊明画像更是层出不穷，由于宋代特殊的政治环境，画家在创作绘陶作品时，往往加入自己的志趣、性格；元明清时以陶渊明为题材的绘画艺术层出不穷、代不乏人，如赵孟頫，如文徵明，而明末清初的陈洪绶成为其中承前启后的代表。

在所有绘陶的作品中，对陈洪绶影响最大的应属北宋的李公麟和元代的赵孟頫，他们对以陶渊明为题材的画像作出了卓越贡献。但陈洪绶在追慕古法的同时，又能够吸收同时代画家的营养，"他匠心独运地将人物肖像图与故事图相结合而产生了优秀的作品，以傲然的风骨给人留下了难以磨灭的印象，改观了传统陶渊明画像。"①这不仅使他创造出自己的独特风格，也由此奠定了他在以陶渊明为绘画题材的画家中的卓越地位。绘陶并非陈洪绶首创，但是由于其绘画艺术成就较高，其绘陶作品具有承前启后的意义，所以值得重点关注。

三、陈洪绶绘画作品中的慕陶情结

陈洪绶在黑暗的政治现实中苦苦挣扎，终于在明亡之后看清政权的腐败，一度出家为僧，终生不仕。晚年的生活环境和处世心理使他追慕渊明，倾心于"采菊东篱下，悠然见南山"（《饮酒》其五）的闲适；醉心于"归去来兮，请息交与绝游。世与我而相违，复驾言兮焉求"（《归去来兮辞》）的洒脱；痴心于"不戚戚于贫贱，不汲汲于富贵"（《五柳先生传》）的睿智；并数次创作与陶渊明有关的作品，体现出明显的陶渊明情结。根据其传世画作可以将其关于陶渊明题材的作品分为三类：有相关文学题材、传奇事迹为依据的故事叙事类，如《陶渊明故事图》；传统的肖像刻画类，如《博古叶子》中的《空汤瓶》、《隐居十六观》；以陶渊

---

① 李剑锋《风骨、诗意与入俗——陈洪绶、石涛与清代的陶渊明绘事》，《文史哲》，2013年，第6期。

明"菊花"这一象征符号为主题的菊花隐喻类：如《三处士图》、《摹古双册》之十八《折菊图》、之十九《菊石图》等。

1.故事叙述类之《陶渊明故事图》

陈洪绶在汲取前人营养的基础之上，匠心独运地将人物肖像图与故事图相结合而产生了优秀的作品，其中最著名的应当是于1650年为朋友周亮工作的《陶渊明故事图》，现藏于美国夏威夷岛火奴鲁鲁艺术学院。在明亡之后，陈洪绶的恩师刘宗周等一批忠义之士选择与国家共存亡，英勇就义，陈洪绶自己则在寺庙之中缓解遗民生死问题在内心所产生的冲突，而他的老友周亮工却选择事清，这使得他非常痛心，甚至想要与之绝交。于是在晚年作《陶渊明故事图》以告诫自己的老友，希望他能够辞官归隐，不事二主。在陶渊明诗文集和陶渊明传记的基础上，选择最具有代表性的生活片段，创作了这幅传世名画。全卷包括采菊、寄力、种秫、归去、无酒、解印、贳酒、赞扇、却馈、行乞、灌酒等共十一段，每幅图除了二字标题之外，还配有简短的题词，如《贳酒》题为"有钱不守，吾媚吾口"，《却馈》题为"乞食者却肉，吾竟不爱吾腹"，《行乞》题为"辞禄之臣，乞食之人"[①]等。酒肉之欲人人皆沉醉其中，但陶渊明为坚守自身的节操，宁愿乞食也要却肉，体现了陶渊明遗世独立、清高洒脱的人格，也彰显了陈洪绶自身的境界。他笔下的陶渊明有一股傲视的狂力，在其题跋中得以展现，如《采菊》云："黄花初开，白衣酒来，吾何求于人哉！"《归去》题为"松景思余，余乃归欤"。寥寥数字将陶渊明遗世独立的傲气完美呈现。历来文士之所以选择读陶、和陶，甚至画家也屡次倾心于画陶，不仅在于陶渊明清高的人格，还在于他有一颗系念百姓的仁爱之心，如《寄力》云："人子役我子，我子役人子，不作子人观，谆谆付此纸。"陈洪绶不仅题跋绘尽陶心，人物也都描绘得活灵活现，陈洪绶画中的陶渊明身高体大，造型夸张，充满力量与生机，睹其画卷便能感受到

---

① 翁万戈《陈洪绶》，上海人民美术出版社，1997年，第223页。

陶渊明凛然的风骨，由此可以看出陈洪绶非凡的绘画功力。陈洪绶的画境与题跋相得益彰，不仅展现了陶渊明洒脱的气质，将其清高的人格也不遗余力地展现在世人面前，能够让人更好地了解陶心，也体现了陈洪绶自身对于陶渊明的向往及其自身高尚的人格境界。

2.肖像类之《博古叶子》中的《空汤瓶》

在陈洪绶以陶渊明为题材的肖像绘画中，最具有独创性的要数《博古叶子》中的《空汤瓶》。《博古叶子》是以历史故事为内容的一组人物图，在广阔的历史长河中，选择自己喜欢的人物，将其相关的事物画在叶子上，共48幅。其中《空汤瓶》这一幅描绘的便是陶渊明，画中的渊明坐在石边，右手旁放置一酒瓶、一酒勺、一酒盏，左手边有一杖藜，置于地上，身着宽袍，低头若有思，无言的诗人与静寂的环境相融，给人一种孤寂之感。由于题名为《空汤瓶》，可知酒瓶中应没有酒，渊明嗜酒人尽皆知，作者别出心裁地选择画"空汤瓶"，则着意表现陶渊明的精神境界，虽无酒可饮，但富足的精神状态亦能使其达到"问君何能尔，心远地自偏"（《饮酒》其五）的高度，使无数的文人士子心神往之。在画的右侧题词中有"陶渊明其卧徐徐，其觉于于。瓶之罄矣，其乐只且"[①]。这段题词不仅点明所画人物，而且将陶渊明悠闲自得的精神风貌不遗余力地展现出来。这幅画留有大量的空白，陶渊明坐于其间，给人一种"海阔凭鱼跃，天高任鸟飞"的雄浑之气。在画的左侧有"白衣各送执者一杯"的字样，这里则在暗示关于陶渊明白衣送酒的典故，这则典故同样描写出陶渊明的洒脱气质，绘画与题跋相得益彰，陶渊明那种在贫苦生活中依旧怡然自乐的洒脱形象跃然纸上。

3.肖像类之《隐居十六观》

在1651年，陈洪绶曾画《隐居十六观》赠予自己的老友沈颢，在《隐

---

① 袁行霈《古代绘画中的陶渊明》，《北京大学学报》，2006年，第6期。

居十六观》中，画家从众多历史人物中挑选题材，以简明之笔描绘他们日常最具代表性的生活方式，共有16个观照，每一观都有其相照的隐士形象，其中的《醒石》《杖菊》《孤往》三幅与渊明有关，足见其对渊明的赞赏之意。如《醒石》，渊明喜爱赏石，时醉卧，时醒观。明人林有麟道："陶渊明所居东里有大石，陶渊明常醉眠其上，名之曰醒石。"[①]画中人倚石而坐，一手扶石，一手触地，低头若有思，无尽的哲思呈现于读者眼前。渊明爱菊，人尽皆知，此后菊便成为渊明的化身，同时也被赋予高远的情致。菊花便成为后世画家创作时青睐的对象。如《杖菊》，画中人执一杖藜，杖头有菊花悬挂，徐徐行之，菊伴其左右，在跋山涉水之际，时时赏悦，生命傲然之意跃然纸上。再如《孤往》，画中人独来独往，身处空然无物的茫茫天地间，手执一把蒲扇，无畏地畅游天地内外，这与陶渊明在《归去来兮辞》中表达的"归去来兮，请息交以绝游，世与我而相违……怀良辰以孤往，或植杖而耘籽"意趣遥相呼应。身处污浊社会的陶渊明是生活中的勇者，在权贵面前宁折不屈，毅然辞官归隐，在田园中回归自我，寻找精神世界的自由；同时他又是一个孤独的人，诗中常常以"孤云""孤鸟""孤松"等物自况其颖脱不群的品格和安贫固穷的操守，所以他生前是孤独的。在绘与陶有关的画作时，陈洪绶结合自己的人生经历，作为明朝遗民的他，"耻事二姓"，内心的痛苦无法言说，只能将人生理想寄寓自身擅长的绘画之中，表现对渊明的向往之情。

4.菊花隐喻类之《三处士图》

渊明爱菊，菊也由此成为渊明的化身，同时也被赋予高远的情致。在后世以陶渊明为题材的画作中，有不少关于菊花的作品，陈洪绶也延续了这一传统，有《三处士图》（图四）、《摹古双册》之十八《折菊图》、之十九《菊石图》等关于菊花的画作。古代人喜借历史人物表达心志或激励朋友，陈洪绶也不例外，其《摹古双册》之十八《折菊图》、之十九

---

① 林有麟《素园石谱》，上海古籍出版社，1995年，第138页。

《菊石图》，依旧用象征渊明的菊花和渊明喜爱的石来作为题材，以寄托自己对陶渊明洒脱情志与高风亮节的向往之情。最具代表性的应属作于1651年的《三处士图》，他选取菊花、水仙、墨梅三种植物入画，并在画后题诗，说明三种花代表三位自己钦慕已久的古人——爱菊嗜酒的东晋诗人陶渊明、善画水仙的南宋高士赵孟坚以及梅妻鹤子的北宋诗人林逋。画作题诗如下："辛卯孟夏送绮季弟之扬州，君将苏州去，随风莅扬州。我独还茅屋，岂曰无朋俦。情理廑可托，书画酒与谋。岂不能伴君，笔札作浪游……画此三处士，与君相绸缪。渊明之好酒，一杯酹芳洲。林公之好鹤，鹤唳闻高秋。王孙之好画，泼墨观龙舟。君品最相似，中心又相俦。对此第痛饮，思归解我忧。优优一老秃，学佛无咨诹。"[①]诗中交代了创作的缘由，画家选取的题材也别具一格，梅、菊、水仙皆凌寒傲霜、孤高清洁之品，借以自况，亦比友人，蕴含着画家深厚的情感。其中梅花自右下方向上生长，占据画卷一半，左边是菊花与水仙相伴而生，因其孤高清洁之质，画家将花期不同的三种植物置于同幅画中，整幅画作透出傲然的风骨和勃勃的生机，观之使人心神澎湃，不仅完美呈现了画家高雅的情志，又给人一股拼搏的动力。画家对于这三种植物的选择，也映射了其自身的心理状态，悲惨的遭遇无法磨灭画家内心的豪情壮志，国虽亡，志犹在！晚年的陈洪绶虽然没有像恩师刘宗周那样与明朝共存亡，但出于对节操的坚守而选择终不事清，苟且性命的他无法排解内心的痛苦，只能寄情于画作，用自己最擅长的绘画来表达自己的情志，亦对后世文士、画家产生了深远影响。

四、陈洪绶绘陶作品的文化意蕴及其影响

作为明末清初的大家，陈洪绶虽然终身抱有立国之志，但身处那样腐朽的政权之中，必然是报国无门，有志难施。经历灭国之难的他，在创

---

① 《陈洪绶集》，浙江古籍出版社，2012年，第640页。

作时倾心于陶渊明，向往陶渊明在田园中的悠闲生活，在追慕渊明那种超然洒脱情志的同时，也以此来缓解遗民身份所产生的苦闷。陈洪绶关于陶渊明题材的绘画，深受李公麟、赵孟頫画作的影响，但他不仅仅是承袭古法，还善于向同辈人学习，在继承中勇于创新，匠心独运地将人物肖像图与故事图相结合，并由此形成自己独特的风格，同时也产生了深厚的文化意蕴。

陶渊明作为诗人，为何会受到众多画家的青睐？纵观陶渊明的人生经历与处世心态，不难发现，身处乱世的他有自己的坚守，面对权贵"不为五斗米折腰"；面对短暂多难的人生，他崇尚自然，不去担忧生命的长度，在战乱之时选择于田园中回归自我；面对贫穷，他随性洒脱，无食则乞，有酒即醉，率性而为，活出真我。同样生活在复杂政治环境中的陈洪绶，对陶渊明的向往之情不言而喻，经历国家灭亡的他"耻事二姓"，选择在佛门清地化解自己身为"遗民"的尴尬处境。有志难图、苟且性命的他，只能通过自己最擅长的绘画来发泄苦闷，因为向往陶渊明那种寄情田园的洒脱，钦佩他敢于回归自我的勇气，自然就会选择陶渊明作为其创作的题材，以寄托自己的情志，选择其作为自己心灵的归宿。

陶渊明生命的光辉在他去世之后才逐渐焕发生机，虽然传世作品不多，但他随性洒脱的人生态度，高风亮节的坚贞节操，令后世无数文人醉心其中，并在创作中表达向往之情。陶渊明不仅对文学家产生深远影响，如白居易、苏轼、陆游，屡次在作品中流露慕陶之情；而且对书画家也产生了深远影响，自唐代开始便出现有关陶渊明的画像，经过宋元的持续发展，至明清已发展成熟，画像中的陶渊明也从不可触摸的遗世隐士，逐渐融入人们的日常生活，并带有明显的时代特色。陶渊明传世不多的著作中，《桃花源记》《归去来兮辞》更是画家青睐的对象：陶渊明用他的忧民之心为身处乱世的百姓，描绘了一处安静祥和的生存之所，《桃花源记》也由此成为画家创作的对象，他们将陶渊明笔下的桃花源展现在世人面前，由此表达向往之情。决定与官场诀别的陶渊明，想到自己即将远离官场、回归田园，想象着辞官回家时的喜悦与归隐后的田园生活，喜悦之情难以言状，信手写下《归去来兮辞》这篇回归田园的宣言书，该辞赋作品被以连环画的方式再现于画家笔下，他们选取陶渊明生活中的几个典型场景，来表现其不与世俗同流合污、耿介狷洁的操守。由此可见文学与绘画图像虽存在艺术门类之分，但二者却有相通之处，那便是艺术背后所承载的精神境界，正是这种精神才使得它们之间得以互文、互补，并丰富着源远流长的中华文化。所以，研究文学不能仅仅局限于文学这一领域，需要触类旁通，文学与绘画、书法之间仍有广阔的空间有待研究。

观察陈洪绶这一独特的个体，可以解读后人绘陶热情之高的原因：其一，只有经历过人生的波涛，才能明白自然的可贵。古往今来大多数绘陶的画家，都向往陶渊明笔下桃花源般的理想生活，期望在乱世中寻找一处安放心灵的家园，而陶渊明笔下的桃花源便是这样一处绝佳之地。身处乱世的陶渊明在回归自我的同时，并没有忘记百姓，他的忧国忧民之心并没有因其归隐而有丝毫的减退，他在田园中找到了自身心灵的归宿，又用他的奇思妙笔为普通百姓描绘了一个没有战乱、宁静祥和的世外桃源，为百姓寻找一处安居乐业之所。渊明笔下的桃花源也由此成为后世文人向往的神仙般的居所，并多次在他们各自擅长的艺术领域被寄托情志，如书法、绘画、戏剧、小说等艺术。其二，陶渊明的高尚人格与画家的思想境界神交。文学家用读陶诗、和陶诗的方式来追慕渊明，画家则用绘陶的方式以寄托情志。陶渊明身上所表现出来的不与世俗同流合污、耿介狷洁的人格追求，同画家在创作中所表现的思想境界跨越时空，心神交接。陶渊明的诗文、事迹代表着清高、自然、洒脱、脱俗，最符合士大夫的情志，于是千百年之后的文人志士会不约而同地选择陶渊明作为自己精神偶像。所以，把握陶渊明这一文化符号意义，对于了解中国文化、艺术，尤其是士文化、文人书画都具有独特的意义。

陈洪绶的绘陶作品不仅具有深厚的文化底蕴，而且对后世文人产生深远影响。清代乃至近代依旧有许多关于陶渊明题材的绘画，或多或少都会受到陈洪绶的影响。由陈洪绶开始画家在画像中把陶渊明放进现实生活的世界，使得渊明不再是遗世独立的世外高人，同时也将画家自身的人生经历和处世心态融入其中，既是画古追慕，又寄托自己的情志。在清末民初的"海上画派"便延续了陈洪绶人物画的精髓，借用古人清高的形象和一些具有代表性的道具，来寄托自己的情志，如任伯年的《周闲像》《饭石先生像》等便是这样的作品。《饭石先生像》（图十）创作于光绪三年（1877），画家任伯年曾多次得到朋友姜石农的帮助，屡次作画赠之，这是其中的一幅。画中人物刻画得栩栩如生，线条流畅，色彩淡雅，有老莲遗风。左边有胡公寿书"饭石"二字与题跋，画中人居右侧，倚桌而坐，目光所及之处有花苞待放，既可愉悦心情，又能陶冶情操，观此画作，悠闲自得之乐油然而生，由此可见陈洪绶的绘画对中国绘画艺术具有承上启下的意义。

原载《九江学院学报》（社会科学版）2019年第3期

◎《陶渊明故事图》之《解印》

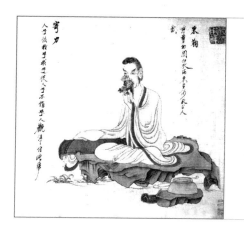

◎《陶渊明故事图》之《采菊》

◎《陶渊明故事图》之《归去》

◎《隐居十六观》之《醒石》

◎《隐居十六观》之《孤往》

◎《隐居十六观》之《杖菊》

陶诗"阮公"辨析

——兼论《咏贫士七首》的写作时间

贺　伟[①]

陶渊明写有《咏贫士七首》，专门歌颂历史上固穷守节的贫士群体，借以抒发己志。第五首主要写袁安、阮公的事迹：

> 袁安困积雪，邈然不可干。阮公见钱入，即日弃其官。刍藁有常温，采莒足朝餐。岂不实辛苦？所惧非饥寒。贫富常交战，道胜无戚颜。至德冠邦间，清节映西关[②]。

《后汉书·袁安传》："袁安字邵公，汝南汝阳人，……举孝廉，除阴平长、任城令，所在吏人畏而爱之。"李贤注引《汝南先贤传》曰："时大雪积地丈余，洛阳令身出案行，见人家皆除雪出，有乞食者。至袁安门，无有行路。谓安已死，令人除雪入户，见安僵卧。问何以不出。安曰：'大雪人皆饿，不宜干人。'令以为贤，举为孝廉。"[③]此即"袁安

---

①　贺伟，清华大学博士，郑州大学文学院教师。

②　袁行霈《陶渊明集笺注》，中华书局，2011年，第258页。

③　［南朝宋］范晔撰，［唐］李贤等注《后汉书》，中华书局，1965年，第1517页。

困积雪"二句所本。袁安为汝南郡汝阳县人，因品德高洁入选《汝南先贤传》，正是"至德冠邦闾"。"清节映西关"应与"阮公"相关。

一、学界关于"阮公"身份的讨论

"阮公"是谁？宋人已难得其详，汤汉曾向刘克庄请教，后者同样不知，《刘克庄诗话》："《咏贫士》云'阮公见钱入，即日弃其官'，又云'昔在黄子廉'。二事未详出处。……伯纪（汤汉字伯纪）阙疑，以质于余，余亦不能解。"①今天通行的各种陶集整理本亦多曰"不详""不知"，如王瑶曰："阮公，不详其事。""西关，地名，盖即阮公故乡，其事不详。"逯钦立曰："阮公二句，其人其事不详。""西关，盖指阮公故里。"袁行霈曰："阮公，事迹不详。""西关，或系阮公之所居。"杨勇曰："疑此句有误字，待考。"②亦有少数研究者对"阮公"进行考证，李剑锋先生总结如下：

> 阮公，韩传达《阮籍评传》云："联系到《晋书·阮籍传》中所说的'即拜东平相……旬日而还'的话，则此二句陶诗似应指阮籍。又，在陶之前的诸阮中，称得起阮公的，《世说新语》中多指阮籍。"龚斌云："李华《陶渊明诗文注释考补》疑指王敦为阮修敛钱为婚事。然检《晋书·阮修传》，王敦为修敛钱为婚，修实受之，时修居贫未官，作官尚在其后；且修避乱南行，亦未言弃官。故阮公非指阮修。"范子烨亦以为指阮修。……二说可备参考。③

---

① 吴文治主编《宋诗话全编》，凤凰出版社，1998年，第8421页。

② 王瑶编注《陶渊明集》，人民文学出版社，1990年，第69页；逯钦立校注《陶渊明集》，中华书局，1979年，第126页；袁行霈《陶渊明集笺注》，中华书局，2003年，第259页；杨勇《陶渊明集校笺》，上海古籍出版社，2007年，第222页。

③ 古直笺，李剑锋评《重定陶渊明诗笺》，山东大学出版社，2016年，第175-176页。

可见，关于"阮公"的人选，学界主要有阮籍、阮修两种观点。

阮公为"阮籍"之说似始于宋人。李正民《寄和叔》："阮公痛哭到途穷，碧海相望西与东。"① "阮公"毫无疑问指"阮籍"。《晋书·阮籍传》："时率意独驾，不由径路，车迹所穷，辄恸哭而反。"《和尹叔见寄》："愁肠索寞频浇酒，病骨支离懒正冠。郑太田多犹乏食，阮公钱入便辞官。"② "阮公钱入便辞官"显然化用陶诗，"愁肠索寞频浇酒"亦与阮籍有关，《世说新语·任诞》："王孝伯问王大：'阮籍何如司马相如？'王大曰：'阮籍胸中垒块，故须酒浇之。'"③ 联系前诗"阮公"称谓，此诗"愁肠索寞频浇酒"，可以推断李正民认定陶诗中的"阮公"指"阮籍"。《佩文韵府》卷一引陶诗"阮公见钱入"云："此谓阮籍。"蔡丹君曰："《咏贫士》共七首，涉及的历史人物，不是贫士，就是与当朝政治疏远或者有矛盾的一些远离了政治中心的人物，如隐士杨伦、陈遵、扬雄、荣叟、黔娄、袁安、阮籍、张仲蔚、刘龚、黄子廉。"④ 也赞成"阮公"为"阮籍"。按杨伦、扬雄分别见《饮酒》其十二、其十八，陈遵见《饮酒》其十六"孟公不在兹"，然"孟公"并非"陈遵"，实为"刘龚"。杨伦等三人不是《咏贫士》中的人物，蔡文有误。

现存六朝诗作提及"阮公"例指"阮籍"，如颜延之《五君咏》："阮公虽沦迹，识密鉴亦洞。"⑤ 以及鲍照《拟阮公夜中不能寐》、江淹《效阮公诗十五首》等。颜延之、鲍照和陶渊明生活时代接近，前者与陶

① ［宋］李正民《大隐集》，景印文渊阁四库全书第1133册，台北商务印书馆，1986年，第100页。

② ［宋］李正民《大隐集》，景印文渊阁四库全书第1133册，台北商务印书馆，1986年，第107页。

③ 余嘉锡《世说新语笺疏》，中华书局，2015年，第841页。本文所引《世说新语》均见此书。

④ 蔡丹君《六朝杂史、杂传与咏史诗学的发展》，《北京大学学报》2019年第2期，第93页。

⑤ 逯钦立辑校《先秦汉魏晋南北朝诗》，中华书局，1983年，第1235页。

渊明交往亲密，撰《陶征士诔》表达对友人的悼念；后者写有《学陶彭泽体》，专门模拟陶诗风格。综观阮籍生平，并无"见钱入，即日弃官"的经历。王绩《解六合丞还》："彭泽有田唯种秫，步兵从宦岂论钱。"[①]按《晋书·阮籍传》："籍闻步兵厨营人善酿，有贮酒三百斛，乃求为步兵校尉。"阮籍因步兵厨营藏酒丰富而求为步兵校尉，此即"步兵从宦岂论钱"。仅就字面而言，该句似与"阮公见钱入，即日弃其官"相似，实则大相径庭。倘不局限于诗歌，将资料考察范围扩大至六朝各种典籍，关于"阮公"的记载主要有两人：

（1）阮籍。《世说新语·任诞》："阮公邻家妇有美色，当垆沽酒。阮与王安丰常从妇饮酒，阮醉，便眠其妇侧。"桓玄《与袁宜都书论啸》："阮公之言，不动苏门之听。而微啸一鼓，玄默为之解颜。"[②]此二例中"阮公"均指"阮籍"。

（2）阮裕。《世说新语·方正》："王右军与谢公诣阮公。"刘孝标注："阮思旷也。"《世说新语·尤悔》："阮思旷奉大法，敬信甚至。大儿年未弱冠，忽被笃疾。"刘孝标注："以阮公智识，必无此弊。脱此非谬，何其惑欤。"王羲之《杂帖》多处提到"阮公"，也指阮思旷，如《杂帖五》："兴公近便索然。玄度来数日，有疾患，便复来。阿万小差，大事问有重虑……阮公政散耿。"[③]

陶诗"阮公"非"阮籍"已如上论，是否可能为"阮思旷"？《晋书·阮籍传附阮裕传》：

> 裕字思旷，……咸和初，除尚书郎。时事故之后，公私弛废，裕遂去职还家，居会稽剡县。……朝廷将欲征之，裕知不得已，乃求

---

① 夏连保校注《王绩文集》，三晋出版社，2016年，第88页。

② ［清］严可均校辑《全上古三代秦汉三国六朝文》，中华书局，1958年，第2142页。

③ ［清］严可均校辑《全上古三代秦汉三国六朝文》，中华书局，1958年，第1067页。

为王舒抚军长史。舒薨，除吏部郎，不就。即家拜临海太守，少时去职。司空郗鉴请为长史，诏征秘书监，皆以疾辞。复除东阳太守。寻征侍中，不就。还剡山，有肥遁之志。……在东山久之，复征散骑常侍，领国子祭酒。俄而复以为金紫光禄大夫，领琅邪王师。经年敦逼，并无所就。……或问裕曰："子屡辞征聘，而宰二郡，何邪？"裕曰："虽屡辞王命，非敢为高也。吾少无宦情，兼拙于人间，既不能躬耕自活，必有所资，故曲躬二郡。岂以骋能，私计故耳。"

阮思旷少无宦情，曾短暂出仕，后隐居东山，朝廷屡加征辟，一无所就。有人问道："您既然屡辞聘命，当初为何出任临海、东阳二郡太守？"他回答说："我拙于谋生，又不能躬耕自资，只好屈就二郡，以为退隐之资。"若"阮公"指"阮裕"，"阮公见钱入，即日弃其官"可理解为：阮裕因家贫两度出任郡守，一旦获得足够的俸禄作为退隐之资，就辞官归隐。

因家贫求郡守或县令，在六朝是普遍现象，《宋书·王僧达传》："诉家贫，求郡。"《南齐书·沈冲传》："泰始初，以母老家贫，启明帝得为永兴令。"将获取退隐之资作为出仕理由，也是时人常用的借口，陶渊明亦有斯言，《晋书·陶潜传》："谓亲朋曰：'聊欲弦歌，以为三径之资可乎？'执事者闻之，以为彭泽令。"既然阮思旷关于出任临海、东阳二郡太守的辩解是当时比较通行的仕宦套语，并无特殊之处，陶诗何以高度赞扬，称曰"清节映西关"？

仔细品味"阮公见钱入，即日弃其官"可知，"阮公"为摆脱即将到手的钱财立刻弃官。倘像阮裕那样，获得足够的俸禄作为退隐之资后才决定辞官，难称"清节"。因此，陶诗"阮公"也不是指"阮思旷"。

再来看阮修。《晋书·阮籍传附阮修传》：

修字宣子。……性简任，不修人事。绝不喜见俗人，遇便舍去。……常步行，以百钱挂杖头，至酒店，便独酣畅。虽当世富贵而不肯顾，家无儋石之储，晏如也。与兄弟同志，常自得于林阜之间。……修居贫，年四十余未有室，王敦等敛钱为婚，皆名士也，时慕者求入钱而不得。……王敦时为鸿胪卿，谓修曰："卿常无食，鸿胪丞差有禄，能作不？"修曰："亦复可尔耳！"

阮修与陶渊明有相似处，如"性简任""独酣畅""与兄弟同志，常自得于林阜之间""家无儋石之储""常无食"。因家贫，阮修四十尚未娶妻，王敦等募钱为之置办婚礼，仰慕者想捐钱给他而不可得。"求入钱而不得"，范子烨认为"与陶诗'阮公见钱入'一句相合"。现存史料并无阮修钱入弃官的记载，为弥缝这一矛盾，他提出：今日见到的各家《晋书》有关阮宣子的文字材料已有比较严重的阙文。陶渊明当年所读的晋史，其中却可能有关于阮修钱入弃官的记载。"西关"指函谷关。函谷关在豫州之西部，故称"西关"①。

上述解读明显存在问题。虽然《晋书》未清楚交代阮修是否接受"王敦等敛钱为婚"，从史书叙事角度言，倘若他对此加以拒绝，史臣一定会记录之，以突出传主高尚品德。由此反推，阮修当是接受了王敦等人的捐赠，这种行为本身并无值得称道处，也不符合"清节"。其次，正如龚斌所言，"王敦为修敛钱为婚，……时修居贫未官，作官尚在其后"②，既然之后才为鸿胪丞，当时尚未出仕，何来"即日弃其官"？此外，阮修为陈留尉氏（今开封尉氏县）人，属河南东部，函谷关位于河南西部，毗邻山西、陕西，二者看不出有何关联，说"阮修的清节，辉映函谷关"甚为不妥。至于怀疑今传《晋书》出现了比较严重的残缺，陶渊明可能读过阮修"钱入弃官"的记载，理论上固然可通。因史书没有研究者期望的材料，便怀疑通行文本有误，终究难以令人信服。

冈村繁同样主张"阮公"为"阮修"，"据《晋书·阮修传》载，

① 范子烨《悠然望南山——文化视域中的陶渊明》，东方出版中心，2010年，第252—255页。

② 龚斌《陶渊明集校笺》增订本，上海古籍出版社，2012年，第340页。

他因贫穷而至四十岁未婚娶，当时的王敦等名士曾按习俗要将女儿许嫁给他，并附以厚金嫁妆。然而阮修却谢绝了"①。将"王敦等敛钱为婚"理解为"王敦等名士想将女儿许配给他，并赠以丰厚的礼金"，这显然属于误读。

总之，陶诗"阮公见钱入，即日弃其官"的记述必有依据，只不过诗中"阮公"并非阮籍、阮裕、阮修，而是另有其人。

二、陶诗"阮公"指"阮长之"

1944年任启珊撰《陶诗阮公考略》，提出"阮公"当为"阮长之"：

> 阮公，就是阮长之。……"见钱入，即弃官"是怎么样的一回事呢？因为晋亡宋兴以来，南朝地方官吏的生活资料和费用，都由当地供给实物，出于官田官地，以及人民所纳的租税，俸给以年计，不按月算。每年以芒种节结算。官吏在芒种前去任，则年俸概归后任所有；芒种后去任，则年俸概入前任所有。长之任武昌太守，辞职中央已准，并且已经任命新人接任，但是新任久未到差。长之候到是年芒种节的前一天，不等新任，就把印信依法交给府中可以负责的人员，自己离开武昌了。换句话说，就是把年俸完全让给后任去得罢了。……长之，家既极穷，作官又向来极廉洁。……阮公见钱入，即日弃其官。先生就是用的阮长之的故事。……阮公之去武昌到江州，至迟也在丙寅正月以前；先生之死，尚在丁卯九月。……先生不但亲闻其事，并可亲见其人②。

此文写于抗战期间，中国知网等常用数据库又未收录，导致它一直

---

① ［日］冈村繁撰，陆晓光、笠征译《陶渊明李白新论》，上海古籍出版社，2002年，第42页。

② 任启珊《陶诗阮公考略》，《台湾中正大学校刊》，1994年第8期。

不为学界注意。就笔者目力所及，国内探讨"阮公"的各种陶学论著，未见引用其说者。任文大体成立，但论述全文仅数百字，论述点到为止，颇为简略，且有疏漏处。兹在此基础上进一步补充说明，以深化相关问题的研究。

《宋书·阮长之传》：

> 阮长之字茂景，陈留尉氏人也。……年十五丧父，有孝性，哀感傍人。服除，蔬食者犹积载。闲居笃学，未尝有惰容。……母老，求补襄垣令，督邮无礼，鞭之，去职。……入为尚书殿中郎，出为武昌太守。时王弘为江州，雅相知重，引为车骑从事中郎。入为太子中舍人，中书侍郎。……十一年，复除临海太守。至郡少时而母亡，葬毕，不胜忧，十四年，卒，时年五十九。时郡县田禄，以芒种为断，此前去官者，则一年秩禄皆入后人，此后去官者，则一年秩禄皆入前人。始以元嘉末改此科，计月分禄。长之去武昌郡，代人未至，以芒种前一日解印绶。

据《宋书·文帝纪》，元嘉二年（425）秋八月"新除司空王弘为车骑大将军、开府仪同三司"，元嘉三年（426）春正月"以车骑大将军、江州刺史王弘为司徒、录尚书事、扬州刺史"。王弘为江州刺史、征辟阮长之为车骑从事中郎，必在元嘉二年（425）八月至元嘉三年（426）正月。阮长之辞去武昌太守是在元嘉三年芒种前一天，《宋书·裴松之传》："太祖元嘉三年，诛司徒徐羡之等，分遣大使，巡行天下。……尚书殿中郎阮长之使雍州。"据《宋书·文帝本纪》，元嘉三年（426）五月"遣大使巡行四方"，据《裴松之传》，阮长之时为尚书殿中郎。这显然与《宋书·阮长之传》的"入为尚书殿中郎，出为武昌太守。时王弘为江州，雅相知重，引为车骑从事中郎"矛盾。裴传关于阮长之官职的记载似误。任启珊说阮公之去武昌到江州，至迟也在元嘉三年丙寅正月以前，其言误。元嘉三年五月王导已为扬州刺史，阮长之赴任车骑从事中郎，当前往建康。

武昌原为荆州属郡，"晋惠帝元康元年，分扬州之豫章、鄱阳、庐陵、临川、南康、建安、晋安，荆州之武昌、桂阳、安成十郡为江州。"（《宋书·州郡志》）从此划入江州，至宋孝武帝孝建元年始"分荆州之江夏、竟陵、随、武陵、天门，湘州之巴陵，江州之武昌，豫州之西阳，又以南郡之州陵、监利二县度属巴陵，立郢州"（《宋书·州郡志》）。刘宋元嘉初，武昌尚属江州辖郡，刺史王弘应对其下属阮长之立身行事比较熟悉，所以才"雅相知重，引为车骑从事中郎"。

王弘任江州刺史，与陶渊明过从亲密，《宋书·陶潜传》记载不少两人交往的逸事。因王弘的缘故，陶渊明有机会了解阮长之其人其事。

阮长之芒种前一日去官，又载于《南史·循吏传》、《建康实录》卷十四、费枢《廉吏传》卷下、孔平仲《续世说》卷二、《册府元龟》卷六七九等唐宋典籍，可见流传颇广。何良俊《语林》卷二："长之去武昌，代人未至，以芒种前一日解印绶去，时论多之。"[①]"时论多之"表明此事当时就扩散开来。武昌、浔阳同属江州，陶渊明和州府官员多有往来，他的外祖父孟嘉是武昌人，祖父陶茂做过武昌太守，妹妹嫁与武昌程氏，理应知晓阮长之"钱入弃官"事迹，并写入诗中。

《宋书》关于阮长之的记载，如"早年丧父""有孝性，哀感傍人""闲居笃学""母老，求补襄垣令"，皆可在陶渊明诗文中找到同样叙述，两人生平行事确有相近处。就连"督邮无礼，鞭之，去职"，也与《宋书·陶潜传》类似："郡遣督邮至，县吏白应束带见之，潜叹曰：'我不能为五斗米折腰向乡里小人。'即日解印绶去职。"如此，陶渊明称赞阮长之并以之自况便不难理解。

"阮公"若指"阮长之"，"清节映西关"即迎刃而解。武昌位于浔阳郡（州府所在地）以西，是江州地区重要的军事屏障，可称"西关"。

---

① ［明］何良俊《语林》，景印文渊阁四库全书第1041册，台北商务印书馆，1986年，第462页。

阮长之于芒种前一日辞去武昌太守，把即将到手的一年俸禄留给后任，正是"清节映西关"。

陶渊明生于兴宁三年（365），卒于元嘉四年（427）；阮长之生于太元四年（379），卒于元嘉十四年（437）。陶年长阮十四岁，称其为"阮公"当是尊称。《晋书·陶潜传》："刺史王弘以元熙中临州，甚钦迟之，后自造焉。潜称疾不见，既而语人云：'我性不狎世，因疾守闲，幸非洁志慕声，岂敢以王公纡轸为荣邪！'"陶渊明同样年长王弘（379—432）十四岁，称其为"王公"，亦是尊称。

据《后汉书·袁安传》，袁安"除阴平长、任城令，所在吏人畏而爱之"，据《南史·阮长之传》，阮长之"前后所莅官，皆有风政，为后人所思，宋世言善治者，咸称之。文帝深惜之，曰：'景茂方堪大用，岂直以清苦见惜'"，两人均是清廉爱民的循吏，陶渊明将其并举，良有以也。

三、《咏贫士七首》写于元嘉三年冬

《咏贫士七首》乃陶渊明晚年咏怀之作，多用以自况，章法深于布置。"七首中第一首叙述贫士的高洁与孤独，第二首叙述自己的贫状与怀抱，而结以'何以慰吾怀，赖古多此贤'。以下五首便承此分咏古代著名贫士的行迹品德，而借以抒情述怀。第七首最后二句结以'谁云固穷难？邈哉此前修'，总结本诗，也总括以上各篇要旨。可知这七首是一时所作。"①七首虽同时所作，具体写于何时？学界颇有分歧，龚斌总结道：

> 王瑶注从刘履《选诗补注》，谓诗中"朝霞开宿雾，众鸟相与飞"二句，"当为喻改朝后群臣趋附之状"，因之系此诗于宋武帝永初元年庚申。邓安生《陶渊明年谱》同。逯钦立《陶渊明事迹诗文系

---

① 王瑶编注《陶渊明集》，人民文学出版社，1990年，第68页。

年》据萧统《陶渊明传》所载江州刺史檀道济馈渊明粱肉事，谓此诗作于元嘉三年丙寅。魏正申《陶渊明探稿》谓此诗作于渊明归田之初。李华《陶渊明年谱辩证》系此诗于晋安帝义熙十四年戊午。[①]

除义熙元年（405）、义熙十四年（418）、永初元年（420）、元嘉三年（426）外，尚有义熙二年（406）、义熙十一年（415）前、入宋后（420—427）、元嘉二年（425）等意见。钟书林《隐士的深度：陶渊明新探》："《咏贫士》诗写了上古及两汉一系列贫士……很像是一组读书笔记，作于早年研读《诗》《书》时期……可能作于归隐初期，即义熙二年。"[②]钱志熙据《咏贫士》其六"仲蔚爱穷居，绕宅生蒿蓬。翳然绝交游，赋诗颇能工。举世无知者，止有一刘龚"，认为"此处自寓之义，则'刘龚'者，或为刘遗民耶？渊明有《和刘柴桑》《酬刘柴桑》两首，可见二人有诗学上的交流。刘卒于义熙十一年渊明五十一岁时，则《咏贫士七首》为此前之作。"[③]

上引诸人关于《咏贫士》系年最多相差二十余年，出入不可谓不大。之所以如此，主要因为组诗文本未提供可资编年的确切信息，研究者从不同角度阐释，自然得出相异结论。"阮公"身份的确定使这一问题得以解决。

阮长之于元嘉三年（426）芒种前一天辞去武昌太守，陶渊明写《咏贫士》自应在此之后。《咏贫士》其一"凄厉岁云暮，拥褐曝前轩。南圃无遗秀，枯条盈北园"，组诗写于岁暮。《初学记》卷三"岁时部·冬"引梁元帝《纂要》曰："十二月季冬，亦曰暮冬、杪冬、除月、暮节、暮岁、穷稔、穷纪。"[④]《癸卯岁十二月中作与从弟敬远》"凄凄岁暮风，翳翳经日雪"，"岁暮"指十二月；《岁暮和张常侍》"市朝凄旧人，骤

① 龚斌《陶渊明集校笺》增订本，上海古籍出版社，2012年，第330页。
② 钟书林《隐士的深度：陶渊明新探》，中国社会科学出版社，2015年，第87页。
③ 钱志熙《陶渊明经纬》，北京大学出版社，2019年，第103页。
④ ［唐］徐坚《初学记》，中华书局，2004年，第59页。

骥感悲泉。明旦非今日，岁暮余何言"，逯钦立注"岁暮，除夕"①，学界亦多认为此诗作于义熙十四年（418）十二月。《咏贫士》诗中的"岁暮"亦应指"十二月"，为求稳妥，兹理解成宽泛意义上的冬季。

《建康实录》卷一二《太祖文皇帝》："（元嘉四年）十一月辛未，甘露降初宁陵。散骑常侍陆子真荐豫章雷次宗、寻阳陶潜、南郡刘凝之。"② 萧统《陶渊明传》："元嘉四年，将复征命，会卒。"元嘉四年（427）十一月，由于陆子真举荐，刘宋朝廷准备征聘陶渊明，后者突然卒世，事情搁浅。任启珊说"先生之死，尚在丁卯九月"，似据《自祭文》"岁惟丁卯，律中无射"，研究者大都认为《自祭文》乃陶渊明临终绝笔，并据此得出陶渊明卒于元嘉四年（427）九月。实则并不准确。

"组诗的创作，从理论上说比单篇诗歌创作要难得多，体现了更高的艺术水准。……组诗并非只是简单地将单篇扩大为一组，扩大为'诗群'，同时也是创作艺术观念与方法上的一种变化。……体现文人在创作时一种较量艺事、呈现其非凡的创作能力的心理。"③相较单篇，组诗不只数量的增加，还要考虑谋篇布局、章法结构、主旨统一等方面。陶渊明卒于元嘉四年（427）十一月，病逝前身体状况较差，恐怕没有精力集中写作组诗。《资治通鉴·宋纪二》记元嘉三年"大旱，蝗"，与诗中描述的贫困情形相符。"阮公钱入弃官"也发生于元嘉三年夏。综合考虑"凄厉岁云暮"等各种因素，《咏贫士》应写于元嘉三年（426）冬。《宋书·五行志》记载"宋文帝元嘉二年夏，旱"。元嘉二年王弘尚为江州刺史，陶渊明若因遭遇年灾，饥困至"倾壶绝余沥，窥灶不见烟"的地步，他一定会施以援助，《晋书·陶潜传》"刺史王弘以元熙中临州，甚钦迟之，……至于酒米乏绝，亦时相赠"便是证明。同理，下文所论《有会而作》也应作于元嘉三年，而非元嘉二年。

---

① 逯钦立校注《陶渊明集》，中华书局，1979年，第67页。
② ［唐］许嵩撰，张忱石点校《建康实录》，中华书局，1986年，第417页。
③ 钱志熙《陶渊明经纬》，北京大学出版社，2019年，第222—223页。

四、《咏贫士七首》内容主旨新探

"阮公"身份的确定不仅使《咏贫士》系年问题得以解决，还为组诗相关篇目的阐释提供了相应的历史语境，有助于深化对陶渊明其人其文的理解。

《南史·陶潜传》："江州刺史檀道济往候之，偃卧瘠馁有日矣，道济谓曰：'夫贤者处世，天下无道则隐，有道则至。今子生文明之世，奈何自苦如此。'对曰：'潜也何敢望贤，志不及也。'道济馈以粱肉，麾而去之。"萧统《陶渊明传》亦录此事。按《宋书·文帝本纪》，檀道济出任江州刺史在元嘉三年五月。陶渊明是"浔阳三隐"之一，义熙末被朝廷征著作佐郎，隐士名声广为流传。檀道济拜访陶渊明，劝其出仕并馈赠粱肉，当在出任江州刺史后不久。

《咏贫士》其三"弊襟不掩肘，藜羹常乏斟。岂忘袭轻裘？苟得非所钦"、其四"安贫守贱者，自古有黔娄。好爵吾不荣，厚馈吾不酬"、其七"惠孙一晤叹，腆赠竟莫酬"，联系组诗写作背景，"厚馈不酬""腆赠莫酬""苟得非所钦"恐有感而发，当是影射檀道济馈赠粱肉事，借以表达固穷守节的坚定信念。

元嘉二年（425）春，庞参军从浔阳出发，前往江陵赴任谢晦卫军参军，陶渊明赋诗赠别①。《答庞参军·序》："吾抱疾多年，不复为文。"因身染疾病，陶渊明晚年较少创作，却于离世前一年集中心力写下章法严密、深于布置的《咏贫士七首》。檀道济公然劝仕、馈赠粱肉之举，在陶渊明生命的最后岁月里，属于浓墨重彩的事件，令他触动很大，不得不写组诗，郑重表露心志。

陶集还有《有会而作》一首，"旧谷既没，新谷未登。颇为老农，而值年灾。日月尚悠，为患未已。登岁之功，既不可希。朝夕所资，烟火裁通。旬日已来，日念饥乏。岁云夕矣，慨然永怀"，序文提到"年

---

① 刘奕《陶渊明〈答庞参军〉二首系年辨正》，《苏州教育学院学报》，2019年第1期。

灾""朝夕所资，烟火裁通"，与《咏贫士》一致，可知作于元嘉三年（426）岁暮。"常善粥者心，深恨蒙袂非。嗟来何足吝，徒没空自遗。斯滥岂彼志？固穷夙所归。馁也已矣夫，在昔余多师"，当亦影射檀道济馈赠梁肉事。前四句写蒙袂以受嗟来之食为耻，不接受施粥者（暗指檀道济）馈赠，落得饿死的悲惨下场，似乎对其行为表示批评；后四句笔锋一转，说像小人那般"斯滥"并非本志，"君子固穷"才是立身处世的准则。"在昔余多师"即《咏贫士》歌咏的历史上那些固穷守节的贫士群体。

因为"倾壶绝余沥，窥灶不见烟"（《咏贫士》其二）的饥寒生活，陶渊明很可能遭到家人、妻子的埋怨，所谓"闲居非陈厄，窃有愠见言"（《咏贫士》其二）恐非泛谈。陶渊明贫穷与否，一般人不会关心，只有他的亲人才会"愠见言"。面对檀道济馈赠的梁肉，妻子自然希望他能接受，以便度过饥寒，"年饥感仁妻，泣涕向我流。丈夫虽有志，固为儿女忧"（《咏贫士》其七），陶渊明却"麾而去之"，所承受的来自家庭的压力不难想见。人生选择的背后是一种坚持，后者比前者更困难，尤其这种坚持不仅招致多数人的非议，甚至得不到亲友、妻子的认同。《祭从弟敬远文》："敛策归来，尔知我意。常愿携手，置彼众议。"有时难免动摇怀疑（"贫富常交战""嗟来何足吝，徒没空自遗"），但终究还是坚定不移（"道胜无戚颜""固穷夙所归"），精神力量之可贵亦由此凸显。

陶渊明晚年生活恶化，穷困潦倒，乞食度日，但并未因饥寒之苦、家人之劝再度出仕（义熙末，朝廷征其为著作佐郎），而是坦然面对，很大一部分原因在于他找到了忍受饥寒的精神支柱——固穷，发现了人生的榜样——贫士。

结　论

元嘉二年八月至元嘉三年正月，江州刺史王弘征辟阮长之为车骑从事中郎，后者于元嘉三年芒种前一日辞去武昌太守，将一年俸禄留给后任，这便是"阮公见钱入，即日弃其官"所用之事典。"阮公"既指"阮长之"，《咏贫士》应写于元嘉三年冬。细绎组诗文本，其中多处影射"檀道济馈以粱肉，麾而去之"事，借以表露固穷守节、绝意仕途的坚定信念。

陈寅恪在《读〈哀江南赋〉》中提出"古典""今典"之分："解释词句，征引故实，必有时代限断。然时代划分，于古典甚易，于'今典'则难。盖所谓'今典'者，即作者当日之时事也。"①《咏贫士》其五分咏袁安、阮长之事迹，正是化用"古典"与熔铸"今典"的有机统一，体现了高超的用典艺术。

原载《北京社会科学》2020年第8期

---

① 陈寅恪《金明馆丛稿初编》，上海古籍出版社，1980年，第209页。

朝鲜王朝文士和《归园田居》考述

詹杭伦　沈时蓉[①]

陶渊明《归园田居》组诗是脍炙人口的名作，自宋以后，文人学士唱和不断。袁行霈教授《陶渊明集笺注》附录二收录有由宋至清的和陶诗十家九种，可谓洋洋大观。然而，陶渊明的影响并不局限在中国，其实早已溢出国界，东邻朝鲜王朝的文人也有大量的和陶诗，笔者在《韩国文集丛刊》正续编中检索到申钦、金寿恒、李晚秀、洪奭周、赵荣祐、洪仁谟等六家的和陶渊明《归园田居》诗作。这批诗作，据笔者管见所及，仅有申钦的作品在中国得到过介绍[②]，有关其他朝鲜和陶诗之研究，尚付阙如。立足中国，放眼世界，是当代陶渊明研究者应有的气度。有鉴于此，笔者将这批朝鲜和陶诗人诗作考述如下，旨在为陶渊明域外接受史之研究作基础性的资料整理和研究工作。

---

①　詹杭伦，香港大学中文学院教授。沈时蓉，北京化工大学教授。

②　曹春茹《朝鲜诗人申钦的和陶诗〈归园田居六首〉研究》，河南《新乡学院学报》（社会科学版），2009年第1期。

一、申钦《和归园田居》六首

申钦（1566—1628），字敬叔，号象村、玄轩、玄翁等，朝鲜王朝中期著名的政治家、文学家，历任礼曹判书、艺文馆提学、世子右副宾客、领议政等职，著有《象村稿》。书中载和陶诗102首。其著《和陶诗序》云：

> 余获戾于朝，一逐而归于田，再逐而累于穷峡，于世已赘疣矣。既无所事事，间取简策阅之，如梦境已，复置之。一日，见苏长公和陶诗，深有契于衷。盖苏翁之偃蹇折困于惠于儋，仿佛于余，而乃若陶翁之高标清节，余之景慕又不啻苏翁，兹故踵其和而继和之，凡一百二首。噫！九原可作，吾其丽泽于苏，而函丈于陶乎？浊流横天，平陆成江，生晚义熙，自比于无怀者，踪迹虽悬，寓致则然也。以是言之，苏翁之饱吃惠州，何渠不及于陶翁？而余之捐佩昭阳，追轨两翁，亦岂相远也哉！达人旷识，意在骊黄之外。若以出处屈伸为标的而二之者，糟粕论也。知余者必辨之。万历丁巳（1617）四月下浣，玄翁书于昭阳寓舍。[①]

此序主要说了三层意思，其一，自身遭受贬谪的经历，是自己亲近苏东坡、陶渊明的主要原因；其二，自己的和陶诗是"丽泽于苏，而函丈于陶"之作，即近受苏东坡和陶诗的恩泽，远承陶渊明原作的高风亮节；其三，自己和陶诗的精神与苏东坡、陶渊明一脉相承，后先辉映。

接下来，我们来读他的《和归园田居》六首：

> 获罪圣明时，角巾归故山。惕息保躯命，居然经岁年。薙荆辟为圃，引流汇作渊。葺茅盖矮屋，把锄开荒田。兹居岂不陋，亦复异尘

---

① 申钦《象村稿》卷五十六，《韩国文集丛刊》第69册，韩国景仁文化社，1990年，第370页。

间。田家氓俗醇，仿佛羲农前。百卉动芳园，溪谷霭云烟。以我于其中，幽兴一何颠。浮荣不足论，未老幸得闲。忘机更忘形，啸傲任陶然。（申钦《象村稿》卷五十六）

以上第一首。诗下申钦原有一小注："陶韵昔本多一'贤'字，故东坡押'贤'。而今本则只有'然'字为结，从今本。"这为陶诗的异文提供了一处值得注意的参考资料。首句所谓"获罪圣明时"，是指1613年朝鲜宣祖临终时曾将嫡子永昌大君托命于申钦等七位大臣；庶子光海君登位后，以谋逆罪除掉永昌大君，申钦等人受此案连累而被贬[1]。申钦被迫归隐后，以渊明和东坡为榜样，投身田园生活，享受自然的美景和体念闲适的心境，自得其乐。

真全息天黥，迹削免尘鞅。内景得三住，已断流注想。一气自推转，世运来复往。不容亦奚病，涉世无寸长。天下何思虑，退藏业愈广。瑶瑟声正希，悠然瞻昊莽。（申钦《象村稿》卷五十六）

以上第二首。"天黥"语出《庄子·大宗师》，意谓天刑或天谴，申钦所不能忘怀的当然是遭受国君的贬斥；不过，他转念一想，遭贬的好处是能够保全天性，而避免在尘世中继续遭受祸殃。在内能够体会道家修炼之法，以气住、神住、形住为"三住"；也如禅家一样，能够了断"流注想"［黎靖德编《朱子语类》（明成化九年陈炜刻本）卷二十一："若是计较利害，犹只是因利害上起，这个病犹是轻；惟是未计较利害时，已自有私意，这个病却最重，往往是才有这个躯壳了，便自私了，佛氏所谓'流注想'者是也"］，即断却利己的私心杂念。世道人生皆有起有落，有来有往，要看开一点儿。自己不被朝廷所容，退藏也道路宽广，可以抚

---

① 详见张维撰《大匡辅国崇禄大夫议政府领议政兼领经筵弘文馆艺文馆春秋馆观象监事世子师申公谥状》，载《象村先生集》附录一。《韩国文集丛刊》第72册，第418页。

琴娱心，欣赏自然美景。

> 我居何寂寂，山深人亦稀。唯有林中鸟，款款空催归。杖策涉东陂，西风吹薜衣。生事此为足，休言与世违。（申钦《象村稿》卷五十六）

以上第三首。描写自己的山居生活状况。山深人稀，鸟鸣山幽。作者徜徉山间，以为平生万事足，不必以《庄子》书中"与世违"的隐者自夸。《庄子·则阳》篇："方且与世违而心不屑与之俱，是陆沉者也。"郭象注："人中隐者，譬无水而沉也。"

> 万事既无求，一室有以娱。时时出门望，极浦连郊墟。不美桃源人，独向桃源居。塘里芙蓉花，塘上垂柳株。杖屦日来往，此乐长自如。丰约且安分，那复计赢余。浮生贵与贱，毕竟同归虚。所以老聃翁，谈经唯说无。（申钦《象村稿》卷五十六）

以上第四首。除了写山居兴味之外，还特别体会到"浮生贵与贱，毕竟同归虚"的道理。这道理，想必作者身处庙堂之高时，是难以体念到的。

> 寻幽岂知疲，溪谷从诘曲。落叶满空山，乔林霜亦足。道高迹反蹇，志远世何局。百年懔无几，倏忽风中烛。清游不厌频，聊以穷昏旭。（申钦《象村稿》卷五十六）

以上第五首。写游山的乐趣和领悟。作者行山走到穷高极远之处，体会到"道高迹反蹇"，愈到高处路愈艰险。当然，不仅是山路如此，作者在朝廷的仕途又何尝不是如此呢？不过，作者以为"志远世何局"，只要内心志向坚定，就一定山外有山，路外有路；可见作者还怀抱着重出江湖的希望。不过，作者也明白，人生百年，时光有限，生命脆弱，犹如风中之烛，不知是否还能等到重出的那一天，目下，姑且抓紧时间，以游山为乐吧！

　　村路纵复横，东阡接西陌。野人日无事，放游颇闲适。舒啸上林皋，悠然忘景夕。须臾暝色起，新月映林隙。却愧樊笼里，半生为物役。贫贱无所羡，富贵有何绩。古今同一丘，浮荣顾何益。（申钦《象村稿》卷五十六）

　　以上第六首。陶渊明《归园田居》的第六首诗已失传，后人取江淹《杂拟》诗而补之，东坡所和，亦是江淹诗。申钦所和，亦依从苏轼之先例。其诗前半写山居生活，后半所表达的思想，与第四首近似，阐发贫贱、富贵同归死亡的认识。查慎行《苏轼补注》云："《韩子苍诗话》：渊明《归园田居》末篇乃叙行役，与前五首不类，今俗本乃取江文通'种苗在东皋'为末篇，东坡因而和之。陈述古家本止有五首，予以为亦非也。当如张相国本题云《杂咏六首》。洪迈《对雨编》亦云《归园》六首，末一篇乃江文通《杂拟三十首》之一，明言效陶征君田居，盖陶之三章曰：'种豆南山下，草盛豆苗稀。晨兴理荒秽，带月荷锄归。'故文通曰：'虽有荷锄倦，浊酒聊自适。'正拟其意也。今陶集讹编入，东坡据而和之。"[1] 李公焕认为："江淹《杂拟》诗，亦颇似之，但'开径望三益'，此一句不类。"（李公焕《笺注陶渊明集》卷二）为何此句不像渊明所作呢？主要指此句的用典与陶潜不类。三益，指三益之友。《论语·季氏》："孔子曰：益者三友，损者三友。友直，友谅，友多闻，益矣。"陶潜归隐田园，自甘寂寞，不会如孔子所说，希望得到益友。

---

　　① 查慎行注《苏诗补注》卷三十九，文渊阁四库全书本，第21页。

二、金寿恒《次归园田居韵》六首

金寿恒（1629—1689），朝鲜王朝仁祖、肃宗年间的文臣，字久之，号文谷，原籍安东。1651年谒圣文科状元及第，1656年文科重试乙科及第。历任正言、校理、清宦职、大提学等职。著有《文谷集》，卷七载《和陶诗》五十首。其《次归园田居韵》诗序云："东坡谪惠州，游白水山佛迹岩而归，悉次渊明《归园田》诗韵。今余所寓，有国师岩，即道诜遗迹也，遂用其韵以志之。"①

> 陂陁国师岩，斜对月出山。鸠林征异事，陈迹已千年。流传岩下路，旧是千寻渊。尝闻灰变劫，始验海成田。谁言汉阳客，窜身来此间。登岩试四望，海山皆眼前。前临数百户，日夕连炊烟。真僧卓锡地，苔发被岩颠。有时独盘桓，目送浮云闲。销沉何足论，我心正悠然。（金寿恒《文谷集》卷七）

以上第一首，咏叹道诜遗迹。道诜（827—898）乃新罗禅僧，高丽时被尊为国师。事见《高丽史》卷二，《东国通鉴》卷十三。诗中"谁言汉阳客，窜身来此间"是指道诜乃唐僧一行弟子的传说。对此传说，车天辂（1556—1615）撰《五山说林草稿》早就提出批驳："道诜国师，说者以为唐一行之弟子，误也。一行乃唐玄宗时人也，道诜乃与王太祖父王隆一时。王太祖高丽正与赵宋相竝，然与道诜相去不啻数百载。其曰一行之门人者，岂非妄乎？"②

> 宦游苦趋尘，谪居幸税鞅。闲依耕钓邻，稍惬湖海想。慵来且高

---

① 金寿恒《文谷集》卷七，《韩国文集丛刊》第133册，韩国景仁文化社，1990年，第130页。

② 蔡美花、赵季主编《韩国诗话全编校注》第二册，人民文学出版社，2012年，第975页。

卧，兴到时独往。人情任厚薄，物理看消长。云归碧峰阴，潮落沧洲广。即此散幽襟，何须揽宿莽。（金寿恒《文谷集》卷七）

以上第二首，感叹身世。金寿恒所生活的朝鲜显宗（1660年至1674年在位）、肃宗（1675年至1720年时在位）时代，朝廷大臣分成"西人""南人"两派。显宗、肃宗后来重用南人，贬斥西人，金寿恒为西人派重臣，被肃宗贬谪，直至赐死。此诗即写于初次遭受贬谪之时。诗中的"税鞅"一词，是止息车驾之意，是免官归隐的代词。典出谢朓诗《京路夜发》："行矣倦路长，无由税归鞅。"李周翰注："税，息也；鞅，驾也。"（《六臣注文选》卷二十七）诗人在贬谪之后，感受到世道人心之冷暖，故感慨颇多。

岁晏风景冷，村深车马稀。邻翁挈榼至，不醉即无归。扪松露洒面，摘橘香满衣。已谢簪组累，宁愁乡国违。（金寿恒《文谷集》卷七）

以上第三首，写谪居地的村居生活。当地百姓不嫌其为贬谪之人，邀其饮酒，不醉不归。诗人体会到下层百姓的真情，对朝廷、家乡之眷恋相思就得以放下释怀了。

兹乡信乐土，山泽佳可娱。层峦开洞府，远浦绕村墟。向来落南士，于焉多卜居。岸岸竹成林，家家梅并株。沟塍纷绣错，原野何旷如。秔稻岁常登，鱼虾味有余。里社日过从，樽罍不曾虚。吾幸得所托，新诗安可无。（金寿恒《文谷集》卷七）

以上第四首，体会到贬谪地山居生活的乐趣，有东坡"饱吃惠州饭，细和渊明诗"（黄庭坚《跋子瞻和陶诗》）的情怀。

慎莫涉世路，世路羊肠曲。慎莫恋功名，功名蛇著足。何如竹林下，斗酒且相属。披襟溯清风，促席蒭残烛。拔弃身外愁，优游度曛旭。（金寿恒《文谷集》卷七）

以上第五首，揭示世路险恶，功名多余，不如享受竹林七贤般潇洒自在的生活。

比邻多耆老，东阡或北陌。柴扉烦屡敲，步屟随所适。赖此风俗淳，鲑菜资朝夕。浊醪过墙头，寒灯分壁隙。却羡山野人，闲居无所役。生涯有竹橘，事业唯耕绩。嗟余困文网，虚名竟何益。（金寿恒《文谷集》卷七）

第六首表达对山野人生活状况的羡慕，并对自己陷于官场文网的遭罪生涯表示懊悔。

三．李晚秀《谪居》（和《归园田居》）六首

李晚秀（1752—1820），字成仲，号屐翁，仕至右承旨，著有《屐园遗稿》。书中载《和陶集》，其序云："壬申首春，南迁于庆。夏五下旬，蒙恩北还。用惠州故事，聊以遣怀，为《和陶集》。"[1]这里的壬申指朝鲜纯祖十二年（1812），当清嘉庆十七年。此年李晚秀有贬谪南迁之事，和陶诗即仿东坡惠州故事而作。李晚秀的和陶诗皆自拟题目，其《谪居》诗后附注："和《归园田居》。"诗云：

青山不负我，我自负青山。五十尚知非，今我又十年。盲程夜不

① 李晚秀《屐园遗稿》卷十三，《韩国文集丛刊》第268册，韩国景仁文化社，1990年，第585页。

休，栗栗如临渊。微我恋轩组，微我无林园。胡为绊此身，马迹车尘间。羊肠在我后，滟预在我前。西事竟狼狈，苍黄万灶烟。超超一千里，南过鸟道巅。恩谴比编户，居停得便闲。静言思愆尤，吾行固宜然。（李晚秀《屐园遗稿》卷十三）

此为第一首，写谪居的行程。起首"青山不负我，我自负青山"写得爽朗豪迈。诗人是年已六十岁了，遭遇贬谪千里之外，自然非常艰苦。但结尾并无抱怨，而是声明"静言思愆尤，吾行固宜然"，表明认罪伏法的态度。

龙湖拜阿兄，一宿淹征鞍。天为风雨之，宛是怀远想。老人情偏弱，居别难于往。掺手更迟留，欲话不能长。君子固知命，理明心自广。但愿加餐饭，峤南即苍莽。（李晚秀《屐园遗稿》卷十三）

以上第二首，写贬谪途中拜访兄长。其中"掺手更迟留，欲话不能长"一联，写贬谪途中两位老人见面的情景，情真意切。

君年已逼顺，我齿忽望稀。平生鹿车亭，携手愿同归。此别终须返，何必泪沾衣。丁宁护儿稚，慎莫吾言违。（李晚秀《屐园遗稿》卷十三）

以上第三首，写与兄长话别的情形。诗中所用"鹿车亭"典故，出自《后汉书·鲍宣妻传》，鲍宣与妻共驾鹿车归乡，说明夫妻可以同甘共苦。李晚秀用此典写兄弟情深，与东坡兄弟可以媲美。

儿子不知愁，少小但欢娱。北征观肃野，西游过箕墟。跬步不暂离，饮食与起居。别来四易月，眼中珊瑚株。伏波戒严敦，毋尔季良如。晦翁教受之，程文伯恭余。谁道南州远，书来月无虚。愿汝学业

勤，祝汝疾恙无。（李晚秀《屐园遗稿》卷十三）

以上第四首，是对儿子的叮咛。儿子从小跟随自己长大，但自己遭遇贬谪，已与儿子离别四月。诗中叮咛儿子要谨遵马援《戒兄子严敦书》中的教导，不要效法口无遮拦的杜季良，"效季良不得，陷为天下轻薄子，所谓画虎不成，反类狗者也"（《后汉书·马援列传》）。诗中的"伯恭"是吕祖谦的字，朱熹尝言："学如伯恭，方能变化气质。"①最后嘱咐儿子常常写信，并祝学业进步，身体健康。

　　孤臣去京国，回首清汉曲。行行迟迟岘，斜日更驻足。郁葱千章松，万年护仙局。臣罪臣自知，臣心先王烛。村灯不成寐，饮涕达晨旭。（李晚秀《屐园遗稿》卷十三）

以上第五首，写贬谪途中的心理。表达一种罪臣懊悔的心态，既缺乏陶潜对回归田园的向往，也缺乏苏轼随遇而安的旷达，思想境界不可同日而语。

　　迢递度川原，逶迟越阡陌。大岭高际天，浮云杳何适。鸡林旧游地，廿载如宿夕。荣名哂蚁穴，岁月惊驹隙。天公真饷我，担夫谢形役。植植姚平仲，勇退由败绩。朝闻夕死可，动忍庶增益。（李晚秀《屐园遗稿》卷十三）

以上第六首，写贬谪途中的景色，颇为壮观。结尾引出"姚平仲"以自况，姚平仲字希晏，为北宋大将。年十八与夏人战灭底河，斩获甚众。宋钦宗召对，平仲请斫营擒帅以献功，不成，遂亡命奔蜀。入大面山得石穴以居。朝廷数下诏求之弗得。南宋乾道、淳熙之间始出山，至丈人观道

――――――――――

① 王崇炳《金华征献略》卷四《儒学传》，清雍正十年刻本。

院，年八十余。紫髯郁然，长数尺，面奕奕有光。为人作草书，颇奇伟（事迹详陆游《渭南文集》卷二十三《姚平仲小传》）。

四、赵荣祏《次归园田居韵》五首

赵荣祏（1686—1761），字宗甫，号观我斋，咸安人。工人物及风俗画。著有《观我斋稿》。书中有《次归园田居韵》五首，诗云：

> 北里顺坊化，终古白岳山。第宅多名贤，车马盛当年。上世居栗牛，近代有农渊。听松又白鹿，有堂兼有田。仙源与清阴，旧宅亦此间。清枫好涧壑，老桧遗祠前。门巷深榆柳，楼台饶风烟。潇洒远心庵，寂寞在山巅。我昔携友朋，徜徉日闲闲。人事无古今，往迹梦依然。（赵荣祏《观我斋稿》卷一）

以上第一首，写家乡旧宅。前六句（"北里顺坊化"至"近代有农渊"）写家乡人文渊源。"栗、牛"指朝鲜前世大儒栗谷（李珥，1536—1584）和牛溪（成浑，1535—1598）。"农、渊"指朝鲜近世大儒农岩（金昌协，1651—1708）和三渊（金昌翕，1653—1722）。上述四人都是朝鲜王朝朱子学派的代表人物，足见此地人文氛围浓厚。中间八句（"听松又白鹿"至"楼台饶风烟"）写故乡的山水形胜。结尾六句（"潇洒远心庵"至"往迹梦依然"）写对家乡的怀想，为回归园田造势。"远心庵"之命名，当取于陶诗"心远地自偏"。

> 先祖自南土，义谷税归鞅。凤讲性命学，永断功名想。两贤道义交，切磋相还往。世居二百年，我亦此生长。兄弟接屋居，庭宇数亩广。家贫不足叹，忝先愧卤莽。（赵荣祏《观我斋稿》卷一）

据赵荣祏《宅记》，赵家之老宅"在汉都北部顺化坊彰义里之仁王谷，实谷南第四家也。自我先祖主簿公，世居于顺化坊，此再从祖德山公家。家凡十六楹，为室三厅一也。岁庚戌，余自堤川哭长子重希，弃官归，赁舍居白门外。适德山公曾孙重明将卖之，偿以白金一百五十两。以明年辛亥二月某日移居焉。始重明家贫，又飘落东南，宅方借人，为逆旅传舍，椽朽瓦破，墙堵崩坏，荒落不修。余既入，略治而葺之，畚土筑垣，又就正堂之南，立屋五楹，为读书之所，余自号观我斋"（赵荣祓《观我斋稿》卷二）。诗中的"义谷"指李邦直（？—1384），字青州，号义谷，官至集贤殿大学士。赵、李两家为二百年世交，成就了一帮后学子弟。

> 志业叹学疏，光阴感发稀。譬如失道人，日暮靡所归。尚悔二十年，奔走著朝衣。点检平生事，牢落壮心违。（赵荣祓《观我斋稿》卷一）

第三首回顾平生，曾在朝廷任职二十年，以碌碌无为而悔恨，为能够回归家园而庆幸。

> 有斋吾所筑，虽小可康娱。青山绕屋后，桑柘似郊墟。巷僻嚣尘绝，端合静者居。我心如死灰，我坐如枯株。家贫且守分，居之视裕如。庭下锄菜圃，蒌蒿尚有余。嗅兰怜馥郁，听蝉爱清虚。有时披古画，水墨看有无。（赵荣祓《观我斋稿》卷一）

以上第四首，写自己营筑的观我斋。山居清净，安贫乐道，种菜养花，以书画遣生，得其所哉。

> 旧老半丘山，亲知少邻曲。见人多生面，出门无投足。一身且自顾，四民无所属。学问叹已衰，古人喻秉烛。夜眠独不减，一枕到朝旭。（赵荣祓《观我斋稿》卷一）

以上第五首，写自己独居的兴味。作者并非是躬耕田园，所以没有陶潜、苏轼与邻舍的交往，他是一位文人，也是一位书画家，自有兴趣爱好，所以可以耐受寂寞，一枕清梦直到朝阳升起。无须苛责他不与下层民众交往，他有选择自己生活方式的权利。

五、洪奭周《和陶归园田居韵》一首

洪奭周（1774—1842），字成伯，号渊泉，丰山人。1795年式年文科以甲科及第，曾任直长、正言、两馆大提学、左议政、领中枢府事等。1803年和1830年两次以谢恩使书状官到过北京。1836年牵连党争、被贬官。著有《渊泉集》，有《和陶归园田居韵》一首。诗云：

> 端居感时物，梦想在陇山。陇山不堪思，况复别经年。晨驾越石岭，夕秣临濠渊。繁阴翳长薄，时雨膏平田。官楼面苍翠，静若岩阿间。怡怡对床头，婉婉趋堂前。飔歌递埙篪，落笔凌云烟。欢娱澹忘夕，明月上山巅。因思牵俗忙，转悟乞身闲。赋归须及早，前哲知其然。[①]

此诗写于贬官任所。开首四句（"端居感时物"至"况复别经年"）写对家乡的思念，陇山是其家乡丰山的一处名胜。接下来四句（"晨驾越石岭"至"时雨膏平田"）写到贬所的经过，作者在贬谪途中还有心观赏沿途景物，可见本次贬官不甚严重，只是降级调职而已。再接下来四句（"官楼面苍翠"至"婉婉趋堂前"）写新任官楼靠近山岩，景观不错。再接下来四句（"飔歌递埙篪"至"明月上山巅"）写新的任所虽然偏

---

① 洪奭周《渊泉集》卷三，《韩国文集丛刊》第293册，韩国景仁文化社，1990年，第69页。

远，但如同山居，可以自由自在地写作与欢娱。最后四句（"因思牵俗忙"至"前哲知其然"）表明愿意辞官归隐之心。

六、洪仁谟《次陶靖节归园田居韵》一首，附《闲居集陶》六首

洪仁谟（1755—1812），字而寿，号足睡居士，丰山人。为洪奭周之父。著有《足睡堂集》。其《次陶靖节归园田居韵》诗云：

> 明月照绿水，白云在青山。陇西非吾土，铜符已三年。城角夜呜呜，楼鼓晓渊渊。东阁中夜思，悠悠汉南田。晚境谐夙愿，混迹渔樵间。鸥鹭飞在后，鹳鹤鸣向前。优游送日月，潇洒卧云烟。荆钗横雪鬓，葛巾岸霜颠。吟诗复对局，欢娱事事闲。人生贵惬意，归来共欣然。①

这首诗是洪仁谟在县吏任上的思归之作。"陇西"是其任官之地，"铜符"是"铜符吏"的省称，即指郡县小吏。韦庄《九江逢卢员外》诗："陶潜岂是铜符吏，田凤终为锦帐郎。"（韦庄《浣花集》卷七）即咏叹陶潜不为五斗米折腰之事。

洪仁谟还有《闲居集陶》六首，是以陶写己之作，诗云：

> 吾亦爱吾庐（《读山海经》），守拙归园田（《归园田居》之一）。春秋多佳日（《移居》之二），虚室有余闲（《归园田居》之一）。穷巷寡轮鞅（《归园田居》之二），飞鸟相与还（《饮酒》之五）。登高赋新诗（《移居》之二），悠然见南山（《饮酒》之五）。

---

① 洪仁谟《足睡堂集》卷三，《韩国文集丛刊续编》第103册，韩国景仁文化社，1990年，第631页。

故人赏我趣（《饮酒》之十四》），林园无俗情（《辛丑岁七月赴假还江陵夜行途口》）。日入相与归（《癸卯岁始春怀古田舍》之二），夜景湛虚明（《辛丑岁七月赴假还江陵夜行途口》）。挥觞道平素（《咏二疏》），清歌散新声（《诸人共游周家墓柏下》）。但使愿无违（《归园田居》之三），聊复得此生（《饮酒》之七）。

日月掷人去（《杂诗》之二），盛衰不可量（《杂诗》之三）。遥遥望白云（《和郭主簿》），平原独茫茫（《拟古》之四）。欲言无予和（《杂诗》之二），且当从绮黄（《饮酒》之六）。紫芝谁复采（《赠羊长史》），食之寿命长（《读山海经》之四）。日夕欢相持（《饮酒》），万岁如平常（《读山海经》之八）。何以称我情（《己酉岁九月九日》），且为陶一觞（《杂诗》之八）。

息交游闲业（《和郭主簿》），正赖古人书（《赠羊长史》）。晨夕看山川（《乙巳岁三月经钱溪》），挈杖还西庐（《和刘柴桑》）。起晚眠常早（《杂诗第四》），过此奚所须（《和刘柴桑》）。邻曲时时来（《移居》），为我少踌躇（《赠羊长史》）。相见无杂言（《归园田居》之二），君情定何如（《拟古》之三）。

野外罕人事（《归园田居》之二），良日登远游（《酬刘柴桑》）。朝霞开宿雾（《咏贫士》），闲谷矫鸣鸥（《游斜川》）。静念园林好（《庚子岁五月中从都还阻风于规林》之二），迢迢百尺楼（《拟古》之四）。行止千万端（《饮酒》之六），终怀在归舟（《乙巳岁三月经钱溪》）。欣然方弹琴（《咏贫士》之三），班坐依远流（《游斜川》）。放意乐余年（《咏二疏》），忘彼千载忧（《游斜川》）。

遥遥春夜长（《杂诗》之十一），昭昭天宇阔（《辛丑岁七月赴假还江陵夜行途口》）。亭亭月将圆（《戊申岁六月中遇火》），在目皓已洁（《癸卯十二月与从弟敬远》）。长吟掩柴门（《癸卯岁始春怀古田舍》之二），邈与世相绝（《癸卯十二月中作与从弟敬远》）。日月依辰至（《九日闲居》），天地长不没（《形赠影》）。白发一已繁（《岁暮和张常侍》），我无腾化术（《形赠影》）。卧起弄书琴（《和郭主簿》），卫生每若拙（《影答形》）。欢言酌春酒（《读山海经》之一），泛此忘忧物（《饮酒》之七）。方与三辰游（《读山海经》之八），千载抚尔诀（《和郭主簿》之二）。（洪仁谟《足睡堂集》卷四）

"集陶"，就是用陶潜的诗句重新组合成自己的新诗，这并非是一种文字游戏，而是一种需要高超智力的艺术再创造。这六首集句诗不仅借鉴了陶潜的名句意境，而且渗入了诗人自己的深切感受，是具有独立文学价值的创作，情真词挚，意境完整，如出己手。集陶诗的出现，更加说明陶潜对朝鲜诗坛的深远影响。

结　语

以上检阅了朝鲜王朝时代申钦、金寿恒、李晚秀、赵荣祏、洪奭周、洪仁谟等六家的和陶渊明《归园田居》诗韵的作品，可以看出一些共同的特色：

其一，朝鲜文士和陶诗是受到苏轼和陶诗的感召，或者说是通过苏轼的中介，用申钦的话来说，叫作"丽泽于苏，而函丈于陶"，即近受苏东坡和陶诗的恩泽，远承陶渊明原作的高风亮节。

其二，朝鲜文士大多有遭受贬谪的经历，正是这种政治上的失意导致他们的心境切近苏轼和陶潜，因而写出和陶的作品。他们的作品不是单纯地师法中土诗人，而是其当代政治现实的反映。

其三，朝鲜文士和陶诗所表露的情怀不一，既有申钦、金寿恒那种亲近自然，接近下层民众之作；也有赵荣祏那种"一身且自顾，四民无所属"，闭门独居，孤芳自赏之作；还有李晚秀"臣罪臣自知，臣心先王烛"那种谪居负罪心态。

本文仅根据笔者掌握的资料，考述朝鲜文士部分和陶诗作，挂一漏万，在所难免。但仅根据本文所披露的资料也可显示出，陶渊明及苏轼的和陶诗作，在朝鲜王朝的确产生了深远的影响。陶渊明不仅仅是中国的诗人，他的影响早已溢出国界。当前，由于科技进步，韩国、日本、越南等国大量古代文献已经有电子文本，并且向全世界研究者公开，陶渊明域外接受史之研究已经时机成熟，应当提上议事日程了。

原载《浔阳论陶——2014年陶渊明与生态文明国际学术研讨会论文集》，江西人民出版社2015年版

陶渊明"好读书,不求甚解"析论

齐益寿[①]

"好读书"与"性嗜酒"是陶渊明平生两大嗜好。如果一定要在两者之中掂出轻重,分个先后,对陶渊明而言,他毋宁是将"好读书"放在较为优先的地位的。在《五柳先生传》中,陶渊明自述其平生嗜好,便是将"好读书,不求甚解"置之于"性嗜酒,家贫不能常得"之前的。然而作为读者而言,历代对陶渊明嗜酒所生的兴趣,则远超过对陶渊明所读何书及其心得所在的好奇。是以有关陶渊明的酒品、酒趣、酒意、酒诗的论述,至今仍绵绵不绝;而关注陶渊明所好之书及心得收获者,则寥寥可数。偶有论及者,又鲜能观照全局,实事求是,而不免随兴所至,自由心证。至于陶渊明所谓的"甚解",论者多以汉儒之溺于章句训诂,未能探究本旨为说,然而此说究竟是"甚解"的唯一答案,抑或是诸多"甚解"中的一种而已?从陶渊明读书重在"会意"而言,则凡有碍于"会意"的种种解读,岂非皆有成为"甚解"的可能,而不限溺于章句训诂之一端?至于什么才是"会意",本文将试作说明,并略为举例。最后则由陶渊明好读之书的种类,及其重"会意"而"不求甚解"的读书要诀,来省思对

---

① 齐益寿,台湾大学中国文学系教授。

当今中文学界有何启示。

一、好读何书?

与陶渊明有邻里之谊一年之久（义熙十一、十二年间）的颜延之，在悼念陶渊明的《陶征士诔》中曾说诔主"心好异书"，意指陶渊明所好者乃《山海经》《穆天子传》等这一类记载异闻异事的书。陶集有《读山海经》诗十三首，第一首便说："泛览《周王传》，流观《山海图》。俯仰终宇宙，不乐复何如?"可见颜延之称陶渊明"心好异书"不为无据。然而"异书"在陶渊明好读之书中所占的比重及其对陶渊明人格思想之形成所占的分量，是否能与其他典籍相提并论? 颜延之仅提到"异书"而不及其他，能无偏颇? 清沈德潜《古诗源》卷三评陶渊明《饮酒诗》云："晋人诗旷达者征引老、庄，繁缛者征引班、扬，而陶公专用《论语》。汉人以下，宋儒以前，可推圣门弟子者，渊明也。"① 陶诗时常征引《论语》是事实，如卷一的九首四言诗中便五度引用《论语》的典故。《时运》诗的"延目中流，悠想清沂。童冠齐业，闲咏以归"是引《先进》篇中曾点自述其志的典故。《荣木》诗"先师遗训，余岂云坠? 四十无闻，斯不足畏"是引《子罕》篇孔子谈后生可畏的典故。《赠长沙公》诗"进篑虽微，终焉为山"亦是引《子罕》篇孔子举为山之喻以勉人持之以恒的典故。《劝农》诗"沮溺结耦"既引《微子》篇"长沮、桀溺耦而耕"的典故，而"孔耽道德，樊须是鄙"又引《子路》篇樊迟请学稼学圃的典故，一首诗中出现两次《论语》的典故。然而陶诗虽好征引《论语》，且《论语》中孔子的言行对陶渊明思想人格的形塑亦至关重要，但说"陶公专用《论语》"却言过其实。朱自清从古直《陶靖节诗笺注定本》，统计其中的用典情形："《庄子》最多，共四十九次；《论语》第二，共三十七次；《列子》第三，共二十一次……照本书所列，单是《庄子》便

① ［清］沈德潜《古诗源》，台北华正书局，1983年，第207页。

已比《论语》多；再算上《列子》，两共七十次，超过《论语》一倍有余。"①因而认为沈德潜所谓"陶公专用《论语》"是有问题的。朱氏虽有见于沈氏的言过其实，但他从陶诗所征引的儒道两家典籍次数的多寡，以推证"陶诗里主要思想实在还是道家"，恐怕也是有问题的。一个人是否受到前人思想的影响，主要是看前人思想是否能内化为其人格理想与价值追求，而非看征引某家典籍次数之多寡。从所好之书能内化为人格理想及价值追求，对陶渊明而言，最主要的应该是儒家的经书和历代的史书。经史之外，陶渊明虽也博涉子书和集部，但其重要性当不能与经、史相提并论。

1.陶渊明与经书

对于儒家的经书，陶诗中屡屡发出由衷的爱慕。如《饮酒》诗其十六云："少年罕人事，游好在六经。"《辛丑岁七月赴假还江陵夜行涂口》诗云："闲居三十载，遂与尘事冥。诗书敦宿好，林园无世情。"可见陶渊明在三十岁前尚未出仕的青少年岁月中，在这约占人生之半的过程中（以陶渊明享年六十三岁计），经书才是他的"宿好"。经由长年的温故知新，经书中的圣贤已内化为其人格理想；经书中的思想，已内化为其价值追求。因此他对魏晋以来的知识界好尚玄虚，不肯将经书内化为精神生命，不肯效法孔子席不暇暖、处处问津的积极救世情操，深表不满。《饮酒》诗末首说道："如何绝世下，六籍无一亲？终日驰车走，不见所问津！"便是这种不满的表达。《饮酒》诗当为义熙末为婉拒朝廷征召而作，古直曾指出第九首"实为却聘之作。《宋书》本传云：'义熙末，征著作佐郎，不就。'殆即咏此事也"②。其实不仅第九首为却聘之作，第十二、十五两首亦有拒征之意，拙作《陶渊明〈饮酒〉诗三问》中已有

①　朱自清《陶诗的深度——评古直〈陶靖节诗笺定本〉》，《朱自清古典文学论文集》，台北源流出版社，1982年，第568页。

②　古直《陶靖节诗笺》卷三，台北广文书局，1964年，第10页。

论述①，兹不赘。晋安帝义熙年号共十四年，义熙末当为义熙十三、十四年，这时陶渊明已入晚年，距离去世不过十年左右。晚年的陶渊明尚且为当时之人不亲六经、不学孔子而愤愤不平，儒家经书对陶渊明影响之深由此可见。

陶渊明景仰孔子，笃好六经，其为儒家经典所内化的人格理想与价值追求，可用《周易·乾卦·文言传》中的一句话来概括："君子进德修业，欲及时也。"这句话本是解释乾卦九四爻辞的，陶渊明却情有独钟，一再加以引用。《晋故征西大将军长史孟府君传》文末赞曰："孔子称进德修业，以及时也。"《读史述九章·屈贾》又说："进德修业，将以及时。如彼稷契，孰不愿之？"可见在"进德""修业"皆已充实的基础上，期待实时为人所识，为世所用，好为"大济苍生"作出贡献，一如后稷弃及司徒契能为帝舜所赏识重用，而功成业就，名垂千古，这不但是陶渊明心目中的孔子之襟抱，也是陶渊明自己从少年到不惑之年前半生所努力的目标。然而陶渊明所处的时代环境毕竟不同于孔子，孔子虽处在"政由宁氏，祭则寡人"的时局，鲁国君权旁落，三家专政，但内部尚未出现动乱。陶渊明仕宦期间，则接连有孙恩之乱，王恭起兵欲清君侧，桓玄先攻杀荆州刺史殷仲堪及南蛮校尉杨佺期，后更攻入京师，却旋篡旋灭。在一拨又一拨的大动乱中，造成刘裕的崛起。刘裕为取代东晋，既兴兵北伐以收时誉，又不断诛除异己。陶渊明处此血腥杀戮的时局，是成者为王，败者为寇的时代。孔子虽因季桓子接受齐国馈赠的女乐而三日不听政，郊祭又不致膰俎于大夫，而辞去鲁大司寇之职，以五十五岁之高龄周游列国，继续探寻治国、平天下的机遇，直到六十八岁因所遇不果返鲁，周游天下达十四年之久。陶渊明则于入仕十余年后的四十一岁便看清对现实已无能为力，不得不辞去彭泽令，以躬耕固穷终其一生。虽然陶渊明胸怀旷达，得失两忘，"不以躬耕为耻，不以无财为病"（萧统《陶渊明

① 齐益寿《陶渊明〈饮酒〉诗三问》，《魏晋南北朝文学与文化论文集》，南开大学出版社，2002年。

集》），但晚年所作的《杂诗》中，遇有难眠之夜，仍不能不为"进德修业，将以及时"的壮志未酬而感到悲凄不宁。《杂诗》第二首便是这一层心境的表述："气变悟时易，不眠知夕永。欲言无予和，挥杯劝孤影？日月掷人去，有志不获骋。念此怀悲凄，终晓不能静。"由此可见儒家经书所建构的价值理想对陶渊明内化之深。

《周易·乾卦·文言传》中"君子进德修业，欲及时也"这句话，本是用以解释乾卦九四"或跃在渊，无咎"的爻辞，陶渊明却将之形塑成儒者之学养襟抱，概括出孔、孟以来儒者的人格理想与价值追求，因而也成为检验真儒的最佳尺度。从这个尺度来检验陶渊明，则可知沈德潜把陶渊明许为圣门弟子并无误判，尽管他说陶诗专门征引《论语》的话是言过其实的。然而将陶渊明视为真儒，南宋真德秀已露端倪，他在《跋黄瀛甫拟陶诗》中说道："予闻近世之评诗者曰：'渊明之辞甚高，而其旨则出于庄、老……'以予观之，渊明之学，正自经术中来，故形之于诗，有不可掩。《荣木》之忧，逝川之叹也；《贫士》之咏，箪瓢之乐也……虽其遗宠辱，一得丧，真有旷达之风；细玩其词，时亦悲凉感慨，非无意世事者。"①自从钟嵘《诗品》评陶渊明为"古今隐逸诗人之宗"以来，后代学者多以陶诗旨出于庄、老，真西山看出渊明之学源于经术，可谓别具慧眼。因为陶诗中不乏悲凉感慨之作，这是不容否认的，如《述酒》《拟古》《杂诗》《咏荆轲》《咏三良》《读山海经》中咏精卫、刑天、夸父等篇，莫不激荡淋漓，感慨悲凉，足见陶渊明"非无意世事者"。清代诗评家颇能兼顾陶诗和畅与忧愤两面，如潘德舆《养一斋诗话》说："陶公虽天机和畅，静气流溢，而其中曲折激荡处，实有忧愤沈郁，不可一世之概。"②钟秀《陶靖节记事诗品》亦云："陶靖节胸次阔大，……故忧国乐天，并行不悖。"又云："秀谓知有身而不知有世者，僻隐之流也，其乐也隘；知有我而不知有物者，孤隐之流也，其乐也浅。惟陶公则全一身

---

① 《陶渊明研究资料汇编》上册，中华书局，2004年，第104页。
② 郭绍虞编选、富寿荪校点《清诗话续编》下册，台北木铎出版社，1983年，第2152页。

之乐，未尝忘一事之忧，如《饮酒》第二十是也。晋人放达，非庄即老，独元亮抗志大圣，寄慨硕儒，于天命民彝之大，世道人心之变，未尝漠然于怀。"又云："陶征士诣趣高旷，而胸有主宰，平生志在吾道，念切先师，其性定已久。故有时慨想羲皇，而非狃于羲皇；寄托仙释，而非惑于仙释。"钟秀将陶公定性为"志在吾道，念切先师"的儒者，认为大圣硕儒的襟抱才是陶公胸中的主宰，不因有时慨想羲皇、寄托仙释而变易，可谓知言。陶渊明游好于六经最大的心得收获，当在于儒者襟抱之奠定与充实，形成他忧国乐天并行不悖的诗歌特质。

2.陶渊明与史书

陶渊明对于史书阅读之广博，学养之深厚，似乎尚未引起研究者足够的重视。陶集中的诗文，颇好引书用典暂且不论，单以古人为题的诗文，已不胜枚举。如咏三良、荆轲、二疏的三首咏史诗，咏荣启期、原宪、黔娄、袁安、阮公、张仲蔚、黄子廉等人的七首《咏贫士》诗，评述《史记》中伯夷、叔齐、箕子、管仲、鲍叔牙、程婴、公孙杵臼、孔门七十二弟子、屈原、贾谊、韩非、鲁二儒、张长公等人的《读史述九章》，咏赞荷蓧丈人、长沮、桀溺、於陵仲子、张挚、邴曼容、郑次都、薛孟尝、周阳珪等隐者的《扇上画赞》。此外，《五孝传》中传赞天子之孝的，有虞舜、夏禹、殷高宗、周文王四人；传赞诸侯之孝的有周公旦、鲁孝公、河间惠王三人；传赞卿大夫之孝的有孔子、孟庄子、颍考叔三人；传赞士之孝的有高柴、乐正子春、孔奋、黄香四人；传赞庶人之孝的有江革、廉范、汝郁、殷陶四人。《四八目》（又称《圣贤群辅录》）更是网罗古今约四百名的历史人物，标出品目逐一条列，上起"燧人四佐""伏羲六佐""黄帝七辅"，下至两晋之世的"河东八裴""琅邪八王"以及各有五世盛德之称的"太原王"与"京兆杜"。各条品目之中，或仅列出姓名，如"四凶"这条品目，仅列出"谨兜、共工、鲧、三苗"四人姓名；或将品目中人物的功能稍作说明，如《黄帝七辅》品目中，列出七人的不同职责："风后受金法。天老受天箓。五圣受道级。知命受纠俗。窥纪受变复。地典受州络。力墨受准，斥州选举，翼佐帝德。"或列出品目中人物姓名后，又略加考辨。如"舜七友"的品目中，列出"雄陶、方回、续牙、伯阳、东不訾、秦不虚、灵甫"七人姓名后，有云："右舜七友，并为历山雷泽之游。《战国策》颜歜云：'尧有九佐，舜有七友。'而《尸子》只载雄陶等六人，不载灵甫。皇甫士安作《逸士传》云：'视其友则雄陶、方回、续牙、伯阳、东不訾、秦不虚、灵甫之徒，是为七子。与《战国策》相应。'"又有将同一品目的人物加以总的品状者，如列出苍舒、隤敳、梼戭、大临、尨降、庭坚、仲容、叔达八人之后加以品状："右高阳氏才子八人：齐圣广渊，明允笃诚。天下之民，谓之八恺。"列出伯奋、仲堪、叔献、季仲、伯虎、仲熊、叔豹、季狸八人姓名之后，亦有品状："右高辛氏才子八人：忠肃恭懿，宣慈惠和。天下之民，谓之八元。"而每一则品目，均载明原书出处，如从"四凶"至"八元"，是"悉见《左传》季文子辞"；从"燧人四佐"至"黄帝四辅"，是"见《论语摘辅象》"。《四八目》曾被《四库提要》断为伪作，但自潘重规先生于1964年发表《圣贤群辅录真伪辨》这篇宏文，力辩清人举为伪作者皆不足据，"四八目是陶公所作甚明。这是后人既不必伪作，也是后人所不能伪作的"[1]。潘氏又撰《圣贤群辅录新笺》（香港新亚书院学术年刊第七期），袁行霈先生以为其"考辨入情入理，可谓定论矣"[2]。《四八目》中所征引的史书性质的著作甚为广博，计有《史记》、《汉书》、司马彪《续汉书》、张璠《后汉纪》、干宝《晋纪》、张勃《吴录》、孔衍《春秋后语》、赵岐《三辅决录》、周斐《汝南先贤传》、嵇康《高士传》、袁宏与戴逵《竹林七贤传》、魏明帝《二十四贤甄表状》，以及不知撰人的《济北英贤传》《京兆旧事》《三君八俊录》《周氏谱》《荀氏谱》，再加上既是经书亦是史书的《尚书》《春秋》《左传》等等，由此

① 《大陆杂志》第十九卷，第十、十一期合刊，台北大陆杂志出版社，1964年，第104页。

② 袁行霈《陶渊明集笺注》，中华书局，2003年，第600页。

可见陶公对史籍涉猎之深广。如此《四八目》的性质，或许不必如潘氏所谓的只是陶公"上友古人，读书札录的成绩"，而可能是一部以人物品目为纲，以时代先后为纬的通史纲目，它上起三皇时代的燧人氏四佐、伏羲氏六佐，下至东晋的琅邪八王、河东八裴、太原五王、京兆五杜。这当是别出心裁的一部通史间架：不以帝王诸侯为核心，而是以辅佐大臣为主脉。在《四八目》之末尾，陶渊明跋云："凡书籍所载及故老所传，善恶闻于世者，盖尽于此矣。汉称田叔、孟舒等十人，及田横二客、鲁二儒，史并失其名。夫操行之难，而姓名翳然，所以抚卷长叹，不能已已者也！"由此可见陶渊明搜求之广，罕有遗漏，不但包括史书在内的一切书籍所载的"善恶闻于世"的知名人物，而且还包括故老所传的尚未记录于文献的知名人物，像"中朝八达""河东八裴""琅邪八王"以及各有五世盛德的"太原王"及"京兆杜"共数十位近世的知名人物。陶渊明如此周密地搜掘，严谨地择汰，一部以人物品目为纲、以辅佐大臣为主脉的使人耳目一新的通史轮廓，已经呼之欲出了。可惜陶渊明因故而未能完成，使这部新史徒有骨架而未具血肉。虽然如此，我们从陶渊明因鲁二儒、田横两客，以及自动随赵王敖入狱的十位郎中（除田叔、孟舒外）的八位，皆操行卓荦却姓名不传，而为之长叹不已中，便不难嗅出这部通史的一股新气息：陶渊明对于历史人物的是非褒贬，操行所占的分量当不在事功之下。只尚事功而不尚操行的价值观，陶渊明是不以为然的。在《感士不遇赋序》中，陶渊明对世人尚功而不尚行深表不满。《序》云："悲夫！寓形百年，而瞬息已尽；立行之难，而一城莫赏。此古人之所以染翰慷慨，屡伸而不能已者也。"弃官之后以躬耕守拙固穷养真的陶渊明，最能体会"立行之难"。但自古以来未闻有一城之赏，封给立行者。凡所封赏，尽是有功于帝王的人。一旦有功于帝王与有益于天下苍生二者适相抵牾，则仅以帝王家的利害作为赏罚的标准，如何能使是非褒贬不生错乱？是以陶渊明重操行胜于事功的价值观，必然会使他所欲论述的通史，不同于当时人的视野。朱熹曾比较陶渊明与当时的名流，说道："晋、宋人物，虽曰尚清高，然个个要官职，这边一面清谈，那边一面招权纳货。陶渊明真个能不要，此所以高于晋、宋人物。"①辛弃疾也在一首《鹧鸪天》词中，将陶渊明与王、谢诸人相比较，说道："晚岁躬耕不怨贫，只鸡斗酒聚比邻。……千载后，百篇存，更无一字不清真。若教王谢诸郎在，未抵柴桑陌上尘。"②陶渊明之所以能超出晋宋诸名流的视野，当得力于他对史籍的博览及史学修养的深厚。由于史学修养深厚，才能培育出贯穿古今的胸襟视野，而不为一时一地的流俗好尚所局限；才能磨炼出独立的思考与判断，不因众口铄金、积非成是而转移。

二、"会意"举隅

陶渊明读书"不求甚解"，每当有所"会意"，便喜悦到忘记吃饭的地步。这令人想起孔子"在齐闻韶，三月不知肉味"（《论语·述而》）的经验。读书而有所会意，其中包含三个层面：一是读者所会之意，二是作品所载之意，三是作者所蕴之意。其中读者所会之意占很重的分量。在阅读行为中，读者是主体，不同的读者由于学养、经历、视角、方法的差异，对作品所载之意的解读便有深浅广狭之别。而作品所载之意与作者所蕴之意二者并非均处于水乳交融，其间的分合消长，亦需读者据其学养经验加以辨识判断。如《五柳先生传》开头数句曰："先生不知何许人也，亦不详其姓字，宅边有五柳树，因以为号焉。"此数句字面之意至为明白，但作者所蕴之意却在字句之外，需由其他途径方可窥知，故孟子既要人"以意逆志"，复教人"知人论世"。"以意逆志"就是"当以己意迎取作者之志"（《孟子·万章上》）。"知人论世"就是"论其当世行事之迹也。言既观其言，则不可以不知其为人之实，是以又考其行也"。（《孟子·万章下》）是以欲知此数句中作者所蕴之意，便需考察陶渊明的"当世行事之迹"。钱锺书对"不知何许人，亦不详其姓氏（氏当作

① 《诸本评陶汇集》，陶澍集注《靖节先生集》，台北华正书局，1975年，第1页。
② 邓广铭《稼轩词编年笺注》卷四，台湾中华书局，1965年，第476页。

字）"二句有极精辟的解读："岂作自传而并不晓己之姓名籍贯哉？正激于世之卖名声、夸门第者而破除之尔。"①东晋是门阀政治盛行的时代，甲族子弟弱冠而仕，便平流进取，坐致公卿。政治上既享特权，经济上亦复如是，山林湖泊之地，一旦相中，便可上书朝廷请求赏赐，如谢灵运于宋文帝元嘉中先后要求赐给会稽东郭的回踵湖及始宁的岯崲湖，以便决湖为田。宋文帝已令州郡履行，而为会稽太守孟顗所阻。由于高门大族备受礼遇，"卖名声，夸门第"之风自然大行其道。陶渊明对自己出自陶唐氏的家族极为热爱，在《命子》诗中对历代知名的祖先无不颂扬，尤其对勋德双全的曾祖父长沙公陶侃，更是赞美备至。陶侃敉平苏峻之乱，使朝廷转危为安，身兼荆、江二州刺史，都督八州诸军事，据上游，握强兵，虽功高可以震主，而无觊觎之志，犯上之行，比起高门大族中的王敦以及桓温、桓玄父子，相去何其悬殊！然而为自己的家族感到自豪是一回事，夸耀门第坐享特权是另一回事。陶渊明既具儒者的襟抱，又有"大济苍生"的壮志宏愿，但在仕途上奔走十年之后，既知时不可为，便激流勇退，放下身段，以躬耕务农终其一生。选择过心安理得的"晨兴理荒秽，带月荷锄归"生活的陶渊明，一旦与"朝集金张馆，暮宿许史庐"的傲慢自大不可一世的高门大族相对比，后者灵魂的龌龊不堪便难以遁形。再高的门第，再显的郡望，陶渊明何尝放在眼里？因此"先生不知何许人也，亦不详其姓字"二句，在钱先生的解读之外，我们还感觉到这两句语调的舒徐不迫，语气的轻淡平和，但轻淡中似乎带一点冷峻，平和中似乎带一点诙谐，陶渊明以"不知""不详"两个否定句，似乎对门第郡望作出委婉的揶揄嘲讽，令人想起左思八首《咏史》诗对门阀制度的控诉，但左思似乎用了千钧之力，而陶渊明仅仅用了四两，其散文艺术的高妙，实在令人赞叹。

因此，当读者之意与作品、作者之意相融贯，这便是一种会意。像上述钱先生对《五柳先生传》的解读，便是有所会意的解读。然而某些著

① 钱锺书《管锥编》第四册，中华书局，1982年，第1228—1229页。

作，并不具备一个独立的原始作者，例如《左传》《国语》《史记》等史书，是由史家搜集史料，分门别类，然后加以意匠经营，方能有成，因为史料与史料之间，往往出现断层或空隙，需由史家加以推想填补。是以无论是史料的新、旧记录，无论是史家对断层或空隙的推想填补，其中都有尚可斟酌的空间，尤其是史书中许多事件的细节部分，会使读者产生不同的推想和填补。譬如秦穆公以三良殉葬，是千真万确的史实。但是整个事件过程的细节以及关系人物的心理，都会留给读者一些想象的余地。在《咏三良》诗中，陶渊明将君臣遇合的想象——肝胆相照、生死与共——填入秦穆公与三良之间的留白，并以"临穴罔惟疑，投义志攸希"刻画一副从容镇静的赴义神情，颠覆了自《诗经·秦风·黄鸟》诗以来"临其穴，惴惴其栗"这种恐惧战栗的旧有想象。

当独立的原始作者不存在，史家充其量只是个编撰者。在原始作者形同缺席情况之下，前面所说的作者所蕴之意，既难以考究，这时面对文本所载之意，则读者会意的空间便因而大增。因此陶渊明的咏史诗及咏神话题材的《读山海经》诗，其中所会之意，常令人惊异。《咏三良》这首咏史诗已见前述，《读山海经》诗所歌咏的夸父、精卫、刑天诸神亦复如此。夸父追日的神话，是说夸父虽然追上了太阳，但渴死于路上，整条黄河渭河的水都救不了他。因此《大荒北经》所载的"夸父不量力，欲逐日景"之说，或许是众多读者的共同反应。但陶渊明不以为然，而把《海外北经》所载"道渴而死，弃其杖，化为邓林"作特殊的解读，认为夸父追日，虽败于生前，但成于身后，所谓"余迹寄邓林，功竟在身后"。明黄文焕在《陶诗析义》中，对陶渊明这个令人惊异的"会意"，再加以发挥，认为这首诗"寓意甚远大，天下忠臣义士，及身之时，事或有所不能济，而其志其功足留万古者，皆夸父之类，非俗人目论所能知也。胸中饶有幽愤"。黄氏让不自量力的夸父脱胎换骨，使之成为留名万古的忠臣义士的象征，便是受到陶渊明的"会意"所启发的。至于女娲游于东海被溺而化为精卫鸟，刑天（旧本作形夭）与帝争神而被断首这两则神话，陶渊明既悲其良辰不待，又壮其猛志常在。悲其良辰不待，当是一般人的反应；而壮其猛志常在，则属陶公特殊的"会意"。黄文焕对此又作出精彩的发挥："被溺而化为飞鸟，仍思填海；被断而化为无首，仍思争舞；是谓化去不悔。海未必可填，舞未足终胜。死后无裨生前，虚愿难当实事。时与志相违，是谓'昔心徒设''良辰难待'……志士之为精卫、刑天者，何可胜叹！懦夫之不知有精卫、刑天者，何可胜嗤！"由于陶渊明独特的"会意"，经由黄文焕精彩的发挥，使精卫和刑天都成了空有虚愿而时不我与的志士的象征。

陶渊明除了读书善于"会意"，还对大自然善于"会意"，因而留下不少佳句名篇。如"孟夏草木长，绕屋树扶疏。众鸟欣有托，吾亦爱吾庐。……微雨从东来，好风与之俱"（《读山海经》其一），"采菊东篱下，悠然见南山。山气日夕佳，飞鸟相与还。此中有真意，欲辨已忘言"（《饮酒》其五），"弱湍驰文鲂，闲谷矫鸣鸥"（《游斜川》），"鸟哢欢新节，泠风送余善"（《癸卯岁始春怀古田舍》其一），"平畴交远风，良苗亦怀新"（《癸卯岁始春怀古田舍》其二），"倾耳无希声，在目皓已洁"（《癸卯岁十二月中作与从弟敬远》），"露凝无游氛，天高肃景澈。陵岑耸逸峰，遥瞻皆奇绝。芳菊开林耀，青松冠岩列。怀此贞秀姿，卓为霜下杰"（《和郭主簿》其二），"青松在东园，众草没其姿。凝霜殄异类，卓然见高枝。连林人不觉，独树众乃奇"（《饮酒》其八），等等。这些诗句都成为一般人接触陶诗时最为引人入胜之处。

三、结 语

本文认为，陶渊明好读之书，主要是经书和史书。陶渊明将经书内化为其人格理想及价值追求，而培养出儒者的襟抱，奠定了"进德修业，将以及时"的人生方向。为此，陶渊明从而立之年起，在仕途中奔走十余年，希望能及时为人所知，为世所用，寻得知音，共同为"大济苍生"而努力。结果却知音难觅，时不可为。既然孤掌难鸣，而形势险恶，乃毅然辞官，以躬耕固穷终其一生。陶渊明的躬耕，与长沮、桀溺的耦耕，却貌同心异。长沮、桀溺耦耕以避世，对世道人心已经绝望。陶渊明仍结庐人境，不避车马，但不为车马喧哗所扰；既可与农人共话桑麻，又能与文友赏文析疑，饮酒赋诗。步入晚年之后，孔子的典范仍然活在心中，故能从文化史的宏观视野，对孔子作出"弥缝使其淳""礼乐暂得新"的崇高评价，并对时人之不亲六经而追逐清谈，不为苍生而为门第，抒发其愤慨。黄文焕《陶诗析义》评"弥缝"二字云："'弥缝'二字，道尽孔子苦心。决裂多端，补绽费手。"可谓一针见血。清温汝能《陶诗汇评》则说："渊明《饮酒》诗，独至末章具见本领。'弥'，补也；'缝'，合也；二字固尽圣人参赞之妙。然予谓着眼尤在一'使'字。非孔子无弥缝手段；非孔子不能使淳。'使'字有无限功用在。渊明为圣贤中人，故能道之亲切有味乃尔。"可谓鞭辟入里。至于"礼乐暂得新"，是说春秋时诸侯之间常有聘使往来，行礼奏乐，却不知礼乐的精神本质，只是徒具形式。因此孔子大声疾呼："礼云礼云，玉帛云乎哉？乐云乐云，钟鼓云乎哉？"（《论语·阳货》）又深深慨叹道："人而不仁，如礼何！人而不仁，如乐何！"（《论语·八佾》）孔子重视礼乐的精神本质，将异化变质的礼乐重新植根于仁爱的土壤之中，终使礼乐精神为之一振，使人心受到潜移默化影响。这是孔子对文化精神莫大的贡献。晚年的陶渊明对孔子作出如此深刻的解读，这说明陶渊明不仅对典籍、对大自然善于"会意"，对评论人物也极具"会意"的智慧。

陶渊明从史书中得到的最大收获，应该是开拓出贯通古今的恢宏视野，锻炼出思考判断的独立精神。而恢宏的视野与独立的精神，会层层堆积出文化的沃土，让生长在上面的智慧之树，频频结出"会意"的硕果。

重"会意"而"不求甚解"，是陶渊明启示后人的重要读书要领。"甚解"的形态虽然层出不穷，但不论是碎义逃难的章句训诂，或是孤立意象去比附史事的穿凿附会，或是视数目统计的量化为客观，或是拘执于字面符号，而不能穿越表象，深入意境：这些不同的形态却有共同的交集，那就是见树不见林，重枝节而不顾枝干，好剖析而不善会通。重会意恰好相反：既见林亦见树，既重根干亦不忽视枝节，既重会通亦知剖析。

陶渊明重会意的读书秘诀，是从他深厚的经史素养中自然形成的。有深厚经史素养的人能从"会意"中得到"欣然忘食"的喜悦，自然就"不求甚解"了。

放眼当今台湾的中文学界，经、史分了家，中文、历史分成两个系，而开在中文系的经书与开在历史系的史书，都不是很齐全。中文系虽也开一两门史书点缀，如《史记》《汉书》，但比起开在中文系的子书之多，不可同日而语。在中文系课程结构上，子部、集部的课蔚然大盛，经部、史部的课有日益萧条之势。不但在课程结构上如此，学者的研究方向亦复如此。长此以往，我们的中文学界由于对经史的忽略，会不会变成不知"会意"为何物，而唯"甚解"是求呢？我们是否正在走向与陶渊明重"会意"相反的路上呢？希望这只是杞人忧天。

编者按：本文为2009年陶渊明学术研讨会参会论文，会议在九江学院举办。原文第二部分论"何谓甚解"未编入。该部分指出前人多以汉儒溺于章句训诂、失却本旨为"甚解"，又指出后人对陶诗颇有"甚解"之处。